心理学通识课

莫雷 等 著

中共中央党校出版社

图书在版编目（CIP）数据

心理学通识课 / 莫雷等著 . -- 北京 : 中共中央党校出版社，2022.8
ISBN 978-7-5035-7324-8

Ⅰ . ①心… Ⅱ . ①莫… Ⅲ . ①普通心理学 Ⅳ . ① B84

中国版本图书馆 CIP 数据核字 (2022) 第 102384 号

心理学通识课

责任编辑 蔡锐华　吴容华
版式设计 豆安国
责任印制 陈梦楠
责任校对 王明明
出版发行 中共中央党校出版社
地　　址 北京市海淀区长春桥路 6 号
电　　话 （010）68922815（总编室）　（010）68922233（发行部）
传　　真 （010）68922814
经　　销 全国新华书店
印　　刷 北京文昌阁彩色印刷有限责任公司
开　　本 710 毫米 ×1000 毫米 1/16
字　　数 340 千字
印　　张 22.5
版　　次 2022 年 8 月第 1 版 2022 年 8 月第 1 次印刷
定　　价 68.00 元

微 信 ID：中共中央党校出版社　**邮　箱**：zydxcbs2018@163.com

本书作者

莫　雷　　陈彩琦　　田丽丽
范　方　　攸佳宁　　迟毓凯

总　序

领导干部要有通识通学通才

得知中共中央党校出版社准备出版一套领导干部通识教育读物，深受鼓舞。这一套系列丛书，涵盖文学、历史、哲学、经济、政治、军事、管理、科学、艺术等各个主要学科领域。它们将能丰富我们的知识，拓宽我们的眼界，推动我们的思维认知、选择决策，延伸发展我们的执政能力、教化能力、全面深化改革能力，优化领导干部素质，提高领导干部的境界和威信。

为了完成党领导全国各族人民，统揽伟大斗争、伟大工程、伟大事业、伟大梦想，推动中国特色社会主义伟大事业的历史使命，我们的领导干部，不但必须掌握既有的专门学科知识与技能，更要具备统揽大局、统筹全局的通识通学通才。

新中国成立前夕，在毛泽东提议下，党中央重新编审了一套12本干部要学习的马列主义著作，毛泽东专门把这套书定名为“干部必读”。这

12本“干部必读”，也是一套马列主义著作的通识课，许多老同志至今对此记忆犹新，感奋不已。改革开放初期，邓小平提出了实现干部队伍革命化、年轻化、知识化、专业化的战略方针。其中的知识化，既包括了专业教育，也包括了通识教育、通才教育。习近平总书记十分重视对领导干部的本领和能力的培养教育，他提出“领导干部要爱读书读好书善读书”，领导干部要增强“八大本领”，年轻干部要提升“七种能力”。习近平总书记强调，经济、政治、历史、文化、社会、科技、军事、外交等方面的知识，领导干部要结合工作需要来学习，不断提高自己的知识化、专业化水平。要坚持干什么学什么、缺什么补什么，有针对性地学习掌握做好领导工作、履行岗位职责所必备的各种知识，努力使自己真正成为行家里手、内行领导。这样才能成为一个复合型领导干部，也就是一个通才。

作为复合型领导干部，还要善于汲取世界先进文明成果。文明因多样而交流，因交流而互鉴，因互鉴而发展。马克思主义和社会主义思想传入中国，再到改革开放以来全方位对外开放，中华文明始终在兼收并蓄中历久弥新。我们只有张开双臂拥抱世界，才能不断扩大对外开放，社会主义市场经济才能取得高质量发展。

孔子提出了“君子不器”的观点，就是说，君子的使命感责任感在于修齐治平，大任在于家国天下，不能仅仅满足于技能性操作，更要把握天命天道，以及多方面的追求规范，用今天的话来说，就是要把握历史的发展规律，要树立正确的“三观”与科学的价值体系，从而更好、更全面地推动中国的进步与发展。

我们常说，博观约取，厚积薄发。通识教育就是一个“博观”“厚积”的过程，这个过程做扎实了，就能“约取”“薄发”。领导干部要做到通识，要融会贯通多学科、跨学科与人民历史性实践的方方面面的文明成果。这样一个成果的获得，也正是马克思提出的实现人的全面发展的理想在中国特色社会主义现代化中的体现。经过摸索探寻研讨总结，希望这套丛书的出版能有助于领导干部自我教育的提升，有利于我们的干部通识教育的完善与发展。

王蒙，著名作家、学者，曾任文化部部长，2019年9月被授予“人民艺术家”国家荣誉称号。

前言

“心理学有一个漫长的过去，但只有短暂的历史。”这是德国心理学家艾宾浩斯的一句著名评论。说心理学有漫长的过去，是因为人类对于心理现象的探索可以追溯到几千年前，最早如各种巫术与原始宗教，其后如中国的先秦诸子、印度的佛陀和西方的苏格拉底、柏拉图、亚里士多德等哲学家们，都对人类的心理活动有过种种论述。说它只有短暂的历史，是因为直到1879年冯特在德国莱比锡大学创建世界上第一个心理学实验室，才标志着科学心理学的正式诞生，从此心理学开始脱离哲学的藩篱而成为一门独立的学科，迄今为止也只有一百多年的历史。正因为科学心理学的历史短暂，当前社会中充斥着对心理学的种种误解，诸如把心理学当成是读心术、心灵鸡汤、玄学……这些误解不仅有损心理学以及心理学工作者在人们心目中的形象，也限制了心理学发挥其自身价值的空间，甚至一些伪心理学知识已经对人们的生活造成危害。因此，本书的一个重要目标便是正本清源，破除人们心中对于心理学的一些常见误区和伪心理学知识，普及真正的科学心理学的研究结论。

同时，随着我国发展进入新时代，社会主要矛盾已转化为人民日益增长的美好生活需要和不平衡不充分的发展之间的矛盾，加强社会心理服务体系建设，培育自尊自信、理性平和、积极向上的社会心态，不断实现人民对美好生活的向往，提升人民群众的获得感、幸福感和安全感，已成为心理学所不容推卸的重要责任。因此，除了普及科学的心理学知识以外，推动心理学研究成果向服务国家和社会发展的重大需求转化应用是本书的另一大重要目标。为此，本书着重介绍了我国心理学研究成果应用在解决群体事件与应急管理、心理健康与危机干预等社会治理领域重大问题上的最新进展，为推进中国特色社会心理服务体系建设提供有益参考。

此外，考虑到本书的主要读者群体是我国党政机关和企事业单位的领导干部，所以本书也着重介绍了管理与领导心理学，希望这部分内容能够帮助领导干部在实际工作中应用心理学的有关理论知识解决管理和领导工作中的难题，以更好地在本职岗位上为我国社会的发展贡献自己的力量。这也是发挥心理学服务社会作用的一大重要渠道。

基于上述设想，本书以心理学体系为基本框架，介绍了基础心理学、社会心理学、健康心理学、发展与教育心理学、管理心理学等主要分支的核心内容，力求反映心理学的研究成果与趋势，对人类心理学基本原理做了整体概述。

全书共五篇十九章。第一篇为心理学概论，共包含四章内容。第一章破除了人们对心理学的常见误解，明确了科学心理学的研究任务、研究原则与方法以及对社会发展的意义；第二章从心理过程与个性心理特征两个方面介绍了普通心理学的主要研究对象和一些有趣的结论；第三章和第四章则梳理了心理学的学科体系与历史发展脉络，以让读者对心理学有一个全面、宏观的整体认识。

第二篇为社会心理学，分为三章，分别从个体的社会心理现象（社会认知、态度与价值观）、个体间的社会互动（人际关系、人际沟通）、群体的社会心理与社会行为三大方面进行了介绍。社会心理学作为心理学的主要分支学科之一，是心理学应用于人类社会实践和服务于人类社会发展的重要支撑。其中，一些有趣的社会心理现象如首因效应、从众效应、社会助长与社会惰化效应等，在人们的日常生活中发挥着重要的作用。

第三篇为公共危机事件与应急管理，分为三章，介绍了如疫情、地震、洪水、火灾、族群矛盾、宗教矛盾、移民拆迁、利益冲突、仇恨犯罪等公共危机事件下国内外有关心理危机干预和群众舆情管理的最新心理学研究理论和实践经验，为维护社会稳定、实现“平安中国”的社会治理基本要求贡献心理学的方法和技术。

第四篇为心理健康与危机干预，分为五章，介绍了华南师范大学心理学全国A+学科团队依托两个国家社会科学基金重大项目“中国特色社会心理服务体系的构建”与“个体心理危机的实时监测与干预系统的建构”的领先科研成果，分别为正常群体、心理困扰人员和心理障碍人员的心理健康服务工作以及个体的自我心理调适与情绪管理等提供切实可行的顶层设计和实操指南。

第五篇为管理与领导心理，分为四章，以领导、追随和情境三个概念为核心，综合了多学科的相关内容，分别介绍了人性假设与权力心理、领导者的胜任特征、对追随者的影响策略和情境管理与团队引领，为领导干部的工作开展提供具有真知灼见的心理学指引。

本书各篇章内容的撰写者均长期深耕研究相关领域，由莫雷教授对全书内容进行了整体设计，组织相关领域的专家分工进行撰写。第一篇由陈彩琦副教授撰写，第二篇由田丽丽教授撰写，第三篇由范方教授撰写，第四篇由攸佳宁教授撰写，第五篇由迟毓凯副教授撰写，莫雷教授参与了各篇的撰写工作并对全书进行了统稿。本书内容反映了六位学者以及华南师范大学心理学科团队长期以来在心理学领域重要研究问题上所累积下来的深厚见解与扎实成果。

莫　雷

2022年5月于广州

目　录

第一篇

心理学概论：走进心理学

第一章　心理学概述

一、什么是心理学

心理学是一门给人无限遐想的学科，充满了神秘感，既有人文科学的穷理，又有自然科学的格致，还有生活智慧的玄奥。世界有三大谜：物质起源之谜、生命起源之谜和意识起源之谜。其中，意识起源之谜就归属于心理学课题。同时，心理活动又是现实中人们广泛涉及的主题，无论职场栉风沐雨，还是生活人情世故，都离不开心理学。

心理学大众化程度很高，正像弗洛伊德对爱因斯坦所说“你研究的是数学和物理（别人很难插上话），不像我们研究的心理学，人人可以说上几句”。所以，对于心理学，人们总是有很多自发的想法或者生活智慧。例如，对心理学，人们常有这样的猜想和疑问：心理学家知道别人心里想什么吗？人人都是心理学家吗？心理学家能算命吗？什么才是真正的心理学？下面我们将对这些问题做出解答。

（一）心理学不是什么

1.心理学不是读心术

当人们听说你学过心理学的时候，他们通常会充满好奇地问：“你知道我心里在想什么吗？”很多人以为心理学家的眼睛就像心灵的X射线，可以透视别人的内心活动。

针对这个问题，可以这样回答：“我虽然不知道你在想什么，但知道你们在想什么。”因为人与人之间千差万别，心理学关注的不是每个人心里的特定想法，而是利用统计学原理去研究人们相对普遍的心理规律。比如，有研究发现，忙碌会增强自我重要性，使个体把关注点越来越多地放在自己身上，显得自私（Kim等，2018）。忙碌的人在路边看到有人受伤求助，更容易视而不见。

此外，心理活动不单纯是人在某种情境下的所思所想，还包括人的感觉、知觉、记忆、思维、情绪和意志等丰富的心理活动。心理学家的工作是探究这些心理活动发生发展规律、影响因素以及相互之间的联系。他们通常根据人的外显行为和情绪表现等来研究人的心理。也许他们可以根据你的某些外在行为或测验所得结果推测你的内心特点，但再高明的心理学家也很难看穿你某时某刻的内心想法。

不过，随着认知神经科学的发展，尤其是脑与计算机接口技术（Brain Computer Interface，简称BCI）的进步，科学家正逐步实现通过脑电等生物物理信号识别意识内容并进行“意念控制”。例如，2020年，浙江大学脑机接口团队报告，高位截瘫的患者可以通过BCI技术，用大脑意念控制机械臂来喝可乐。每年都有成千上万的人因中风、事故或疾病而丧失言语能力。随着认知神经科学的进一步发展，这项研究中采用的技术终有一日可以使这些瘫痪患者实现完全无障碍沟通。另据《新英格兰医学杂志》2021年7月刊文，加州大学旧金山分校医疗中心的研究人员成功开发出了一种“语言神经假肢”，将控制声道的大脑信号直接转化为屏幕上的文字，使一名重度瘫痪失语的男子能够用文字进行交流。可见，借助高科技手段在一定程度上是可以识别头脑中的想法的。当然，我们距离破解他人的意识内容还有很长的路要走。

2.心理学不是心灵鸡汤

有些人认为，每个人都有丰富的心理体验，人人都可以总结出有关心理的经验之谈，可谓人人都是心理学家。实际上，人们常常用优美的语言或者生动的故事来表达自己的心理见解，给人以启迪或教诲，即心灵鸡汤。甚至有人通过编造颇有励志性的“研究”来传播“心理学”。

例如，一个有关人生目标与财富成就的研究流传甚广。据传，1953年美国耶鲁大学对应届毕业生进行了一项有关目标的调查。研究人员问参与调查的学生这样一个问题："你们有人生的目标吗？"只有10%的学生确认他们有目标。研究人员又问了第二个问题："如果你们有目标，那么你们可不可以把它写下来呢？"结果只有4%的学生清楚地把自己的目标写了下来。20年后，耶鲁大学的研究人员在世界各地追访当年参与调查的学生，他们发现，当年白纸黑字写下人生目标的那些学生，无论是事业发展还是生活水平，都远远超过了另外那些没有写下目标的同龄人。这4%的人拥有的财富居然超过了那96%的人拥有财富的总和。那些没有写下人生目标的96%的人，一辈子都在直接间接地、自觉不自觉地帮助那4%的人实现人生目标。

这个"研究"也许激励了不少人，但显然低估了成功的复杂性。事实上，经过考证，耶鲁大学从来没做过这个研究（Tabak，2007）。生活中，我们经常看到一些所谓哲人、禅师、牧师的智慧故事。不可否认，很多故事确实有启迪性，但心理学不是通过讲故事进行研究的，也不是通过讲故事来传播的。心理学家主要通过在同行评审的学术期刊发表论文来表达自己的见解和发现。拍脑门想出来的东西，不管多么有道理，如果没有经过充分的论证和检验，那都不是心理学发现。

以成功为例，心理学家罗伯特·斯滕伯格（Robert Sternberg，1996）在其三元智力理论的基础上提出了成功智力理论。他强调智力不应仅仅涉及学业，更应指向真实世界的成功。成功是通过分析、创造和实践三方面智力的平衡获得的，其中分析性智力是进行分析、评价、判断和比较的能力；创造性智力是面对新任务、新情境产生新观念的能力；实践性智力是把经验应用于适应、塑造和选择环境的能力。具备这些能力，而且懂得在什么时候、以何种方式来有效地运用这些能力的人更能够获得成功。这种既有系统的理论架构，又有充分实证数据支持的发现，才是典型的心理学研究。

3.心理学不是玄学

也许有人疑惑：心理学家会算命吗？俗话说，"三岁看大，七岁看老""性格决定命运"，这些让心理学有一定宿命论的色彩，大众媒体时常传播有关生肖、血型、星座、面相、手相、姓名、手机号码与个人性格和命运关系的"理论"。因为巴纳姆效应，很多人觉得玄奥、深信不疑、不可自拔。

巴纳姆效应，又称福勒效应，是心理学家伯特伦·福勒（Bertram Forer，1948）通过实验证明的一种心理学现象：人们常常认为一种笼统的、一般性的人格描述十分准确地揭示了自己的特点。当有人用一些笼统的、含糊不清的、宽泛的形容词来描述你的时候，你往往很容易就接受这些描述，并认为说的就是自己。

某些星座类App用笼统的、毫无科学根据甚至直接是随机的内容，概括一个群体的性格，很多人觉得挺准。例如，有个自称在线看手相的卖家，服务费5元一次，让买家拍下手掌图片发过去，10分钟后给结果。评论区里一片“好准啊”的好评，给人一种仙人下凡之感。直到后来有几个买家按捺不住喜悦之情，把卖家的看相结果贴出来。这时，买家们才发现，卖家给每个人发的结果几乎是一样的。

披着“心理”外衣的江湖方术，使心理学常常被扣上“算命”“巫术”“迷信”甚至是“伪科学”的帽子。事实上，在1825年，德国哲学家、心理学家赫尔巴特（Herbart）发表《作为科学的心理学》，就第一次庄严宣布心理学是科学。1879年，冯特（Wundt）在德国莱比锡大学创立了世界上第一个心理学实验室，标志着心理学成为一门独立的学科。现在，心理学的各个领域都采用严格的研究设计，从实验控制、数据分析，直到结论的提出，都遵从严格的科学标准。基于科学的心理学理论，对行为进行准确测量、预测和控制也是完全可能的。如在事业或者爱情的预测上，算命先生的预测远远没有人格测验可靠和准确。

（二）心理学是什么

“心理学”一词的英文是Psychology，最早由希腊语中的Psyche（灵魂）和Logos（学问）两个词构成，意思是“阐释灵魂的学问”。

当代心理学教材一般把心理学界定为研究心理现象本质和规律的科学。这个定义是准确的，不过如果理解不到位，很容易跟其他相关学科混淆。这里我们特别强调，心理学之所以是心理学，不是因为其特定的研究对象，也不是其特定的研究目的，而是其特定的研究方法。

从研究对象上看，心理现象并不是心理学特有的研究对象。哲学、宗教、文学、教育学、管理学、经济学等很多学科也重视对人的意识、思想、情感和行为的研究。例如，佛学通过“苦集灭道”理论对人类的痛苦原因及克服方法有系统论述，影响深远。这看起来很像心理学，但不是心理学。从研究目的上看，这些相关学科也是为了开发人类潜能、健全人格、提升幸福感。心理学与其他相关学科最大的不同是，用来研究人类心理现象的方法不同。它强调用科学严谨的方法来研究人类心理和行为。

所以，对心理学更准确的定义是：心理学是对思想、情感和行为的科学研究（The scientific study of thoughts，feelings，and behaviors）。科学方法的使用，尤其实验方法的使用，是心理学区分其他相关学科的本质特征（Elmes等，2011）。斯坦诺维奇（Stanovich，2015）指出：“心理学如果罔顾科学的标准，就是等于将自己的合法性打了折扣。如果心理学不坚守科学的标准，大可以关门大吉。”所以，我们在学习心理学的过程中，要学会鉴别哪些才是真正的心理学知识，而哪些是哲学、宗教、文学思想，避免把一些禅师、牧师、文学家的故事和言论误认为是心理学知识。

强调心理学的科学性，也需要警惕披着科学外衣的伪心理学知识。

很多人相信“我们只用了大脑能量的10%”这种说法。很多受过良好教育的人对此也深信不疑。媒体和商家也喜欢对此大肆渲染。如有一家航空公司的广告词是“据说我们只用了大脑能量的10%，如果选乘我们公司的航班，你的大脑能量将会用得更多”。很多培训机构也以此为噱头，大力推销开发大脑另外90%潜力的课程，但神经心理学和认知神经科学的研究都表明，这种说法是没有科学依据的。如果在事故或者疾病中，哪怕大脑出现远小于90%的损伤，都会带来灾难性的后果。功能性核磁共振技术研究表明，哪怕简单的认知任务都需要全脑加工区域的共同参与。经考证，美国心理学之父威廉·詹姆斯（William James）曾经说过，他怀疑一般人是否取得了超过他们智能潜力10%的成就。有一个叫洛厄尔·托马斯（Lowell Thomas）的记者把这种说法“演绎”为“大脑的10%”。这种传言有一定的安慰和激励作用，给人带来希望，所以流传很广，但它并不是科学的心理学知识。

我们再举一个左右脑的例子。很多人相信“一些人是左脑型的，另一些人是右脑型的”，认为大脑左半球是逻辑性的、分析性的、线性的、男性化的、冰冷的，而右半球是直觉性的、整体性的、艺术性的、创造性的、女性化的、温暖的。社会上充斥着很多右脑开发、大脑半球训练方面的书。如《右脑：理解大脑半球》（Ornstein，1997）一书指出，我们应该用不同的方法去挖掘“创造性”的右脑和“智能性”的左脑。大量教育和商业机构利用这种观点去推广右脑开发计划。事实上，尽管罗杰·斯佩里（Roger Sperry）的割裂脑研究证实了大脑左右半球的功能具有相对独立性，并获得了1981年诺贝尔奖，但是二者只有相对的优势，并不是一个半球不能加工给定的任务，而只是其中一个半球能加工得更快更好。两者在加工方式上的差别大于加工内容上的差别。现代脑成像研究表明，正常人的大脑两半球是广泛共享信息的，习惯性地通过交流处理多数任务。美国科学院专家组的结论是“我们还没有直接的证据表明不同大脑半球的使用方法是可以训练的”（利林菲尔德，2012）。

二、心理学研究的任务

心理学研究的任务是描述、解释、预测和控制人的心理与行为，并把研究成果应用到各个实践领域，提高工作效率、提升生活质量。它们之间是层次递进的关系：正确的描述是合理解释变量间关系的基础，只有合理的解释才能产生正确的预测，根据正确的解释和预测才能进行有效而合乎预期的控制。

（一）描述

描述心理现象的特点和状况是心理学研究最基本的目的。描述的关键是找到客观测量心理和行为的方法，核心技术是获得变量数据的方法。具体包括自陈型测评法、作业型测评法、评估型测评法、心理实验范式、眼动技术、脑电技术、功能性核磁共振技术、光学成像技术、脑磁图技术、大数据分析等。

准确客观的描述对个体差异等现实问题的研究具有特殊意义。如心理危机识别、特殊人群的心理危险性评估、心理疾病诊断、高层次人才选拔等都需要对心理进行科学的描述和测量。有关变量之间关系的科学研究也离不开描述和测量。例如，想要探讨社会文化环境对暴力行为的影响，首先需要对攻击性行为的表现和指标进行客观描述。

如，微表情分析也是一种典型的心理描述。利用面部行为编码系统（Facial Action Coding System，简称FACS），专家可以分析被观察者的肢体语言和微表情，进而作出被观测者是否撒谎的分析报告。国际上针对微表情的研究已经应用到国家安全、司法系统、医学临床和政治选举等领域。在公共安全领域，有些训练有素的危险人物可能会轻易通过测谎仪的检测，但是通过微表情，一般可以发现他们虚假表面下的真实表情。

（二）解释

如果说描述解决了“是什么”的问题，那么解释就是解决“为什么”的问题。描述必须忠实于可知觉到的信息，而解释却需要研究者超越被观察到的现象，进行创造性的推理和检验。心理学许多研究领域的中心目标就是找到行为和心理过程的运行机制和影响因素。心理学家希望发现行为是如何工作的，如：什么情况会导致一个人犯罪？哪些因素会影响国民的获得感和幸福感？他们试图对心理活动的形成原因、发展变化及相互关系做出理论解释。

以公交安全事件为例，过去几年我国发生了多起乘客抢夺司机方向盘或者殴打司机的恶性事件，引发严重的公共安全事故。如“重庆公交坠江事件”，因乘客坐过站，要求司机停车，并与司机发生争吵互殴，直接导致公交车冲出车道坠入桥下江水中。乘客为什么会发生这种冲动性暴力行为呢？我们可以从宏观的社会环境去解释，如以往对相关暴力事件惩处所产生的社会影响，惩处力度不够可能导致部分乘客肆无忌惮；也可以从具体情境中个体的行为反应去解释，如车上乘客的旁观者效应可能导致危险行为不能被及时制止；还可以从微观的大脑功能及相应的生物化学反应去解释，前额叶神经细胞之间多巴胺信息传递效率低以及杏仁核、下丘脑功能的失调，可能是危险性冲动行为的深层次原因。此外，危险性冲动行为背后的影响因素可能还包括价值观、性格、应对方式等主体变量，挫折经历、生活压力、舆论环境等环境变量。相关的心理学理论解释有本能理论、挫折攻击理论、社会学习理论等。

（三）预测

预测是根据研究建立的某一科学理论，通过一系列的逻辑推理，对研究对象以后在特定情境中的反应做出推断的过程。对一个特定行为的原因解释，常常能让研究者对未来的行为做出精确的预测。例如，在公共卫生领域，对某种疾病的产生原因分析，对于随后的疾病发生情况具有很好的预测作用。如某国家曾经暴发糙皮病，很多人以为是环境卫生引起的，主张通过改善卫生条件来阻止疾病蔓延。而医生古德伯格（Goldberg）经过研究发现这一病症是由于营养不良造成的。他的预测得到了检验，以碳水化合物为主食的人，果然更容易出现糙皮病。

在社会心理服务中，通过大数据进行心理危机预警，是一种典型的预测。通过考勤信息、刷卡消费信息、门禁系统的出入和人脸识别信息、网购物品信息、社交媒体言论信息等，运用特定的算法，可以自动识别哪些人可能会出现危害公共安全的行为，并做出及时的预警。目前，这种技术已经用于社会心理服务工作。

（四）控制

控制是心理学研究的最高目标。所谓控制，是指根据科学理论操纵一定的情境，采取一定的措施，使研究对象产生符合预期的行为改变效果，如使攻击性行为发生频率降低，增强国民安全感和幸福感等。比如，我们可以运用行为强化原理，通过加强对见义勇为行为的奖励，达到弘扬正气，改善社会风气的目的。

同样就社会治理来说，我们可以通过构建社会心理服务体系，采取一系列心理疏导和干预措施，培养人们自尊自信、理性平和的社会心态，从而减少戾气和暴力倾向，维护社会和谐稳定，提高国民幸福指数。

三、心理学研究的原则与方法

心理学研究的任务是描述、解释、预测和控制人的行为，这些目的是怎么实现的呢？在研究过程需要遵循哪些原则呢？这里将做概要介绍。

（一）心理学研究的原则

1. 客观性原则

客观性原则一方面是指对任何心理现象必须按它们的本来面目加以考察，必须根据心理的外在客观表现来研究；另一方面是指研究者对待客观事实要采取实事求是的态度，既不能歪曲事实，也不能主观臆测。人的心理活动总是通过各种外部活动表现出来的。研究者不仅要听其言，更要观其行，从客观事实中去发现规律。例如，“我认为……”“我觉得……”之类有关心理的看法不算心理学知识。

2. 发展性原则

发展性原则要求把心理现象看作不断发展变化的过程，强调在人的毕生发展中研究心理现象及其规律。研究者不仅要关注当前的心理品质，同时还要考虑随着年龄增长而出现的变化。

3. 教育性原则

教育性原则强调研究行为本身应该具有教育意义，有利于被试的身心健康。各种心理训练，如挫折承受能力训练等，都应有助于被研究者的身心健康；不利于身心发展的内容，如应激性实验可能导致心脏疾病或心理障碍，不宜在人类被试身上实施。

4. 系统性原则

系统性原则要求研究者不仅要将研究对象放在有组织的系统中进行考

察，而且要运用系统方法去考察。由于心理问题的复杂性，不同的研究者往往从不同的角度入手，对同样的现象往往得出不同的解释。系统性的研究有助于把支离散乱的研究结果统一起来，使我们对心理问题的成因和发展规律有全面的理解。

5.伦理性原则

研究者在进行心理学研究时，经常要采用一些控制情境或被试的研究方法。研究者应特别注意在创设情境时，切忌采取欺骗隐瞒、威胁恫吓等可能造成研究对象身心损害的方法。如社会心理学中著名的津巴多“模拟监狱实验”，让一部分人扮演罪犯，在监狱中承受罪犯的折磨，让另一部分人扮演看守的角色，观察其行为由温和向暴虐的转变。这一研究揭示了情境对人性善恶有重要影响——只要环境允许，邪恶就会上身，但因实验伦理问题而备受争议。

（二）心理学研究的方法

从总体来看，心理学的研究方法可以分为三类水平：第一类是描述水平，第二类是相关水平，第三类是因果水平。

描述性研究法主要通过观察、案例分析、访谈等方式获得证据以表明或证明关于心理问题与规律的看法，属于定性研究。描述性研究法不同于一般的思辨法和内省法。做描述性研究时，研究者要先有一定的设想，即研究假设，然后根据这个设想进行观察、访谈等调研活动，形成一定的案例或事实，从而验证设想。而思辨性的研究是选取或收集已有的事实材料作为证据。

相关研究法和因果研究法，主要通过测量、评定、实验等方式获得数据材料以证明有关心理现象与心理规律的看法，都属于定量研究。定量研究方法也要先有一定的设想，然后根据这个设想进行一定的测量或实验，以获得证实这个设想的证据。不同的是，它所要获得的不是一般的事实证据，而是量化的证据。因此，定量研究必须首先考虑如何将概念操作化、数量化。

相关研究法与因果研究法的主要区别在于，相关研究法所获得的是存在变量的数据，即未经研究者施加影响下的一直存在于被试身上的心理特征的数据。而因果研究法所获得的是引发变量的数据，即在研究者实施实验处理之后的由研究引起变化的心理特征的数据。

1.描述性研究方法

描述性研究方法包括观察法、访谈法、个案法等。

观察法通过研究者的感官或借助于一定的科学仪器，在一定时间内有目的、有计划地考察和描述人的各种心理活动和行为表现并收集研究资料。作为科学研究手段的观察法不同于日常观察，具有目的性和计划性。在观察之前，研究者对观察对象的选择以及观察什么、怎样观察和记录等，都要做详尽的考虑和明确的规定，以便尽可能地收集到对课题有意义的经验事实材料。根据观察情境，观察法可分为自然观察和实验观察；根据观察手段，可分为直接观察和间接观察；根据观察者的角色，可分为参与观察和非参与观察。

访谈法通过与研究对象进行口头交谈，了解其内在心理活动的内容、特点和过程。实施访谈法需要提出一些精心设计的、针对性很强的问题，引导访谈对象说明自己对某事件的看法，以及思考问题的内部过程。按有无中介媒体分类，访谈法可分为间接访谈和直接访谈；按有无结构，可分为非结构性访谈、结构性访谈和半结构性访谈；按访谈对象的人数，可分为个别访谈和集体访谈。

个案法是指对特定的典型案例进行全面、深入、详尽的考察和研究，并据此对个案所属总体的普遍意义做出恰当估计的方法。个案法一般采用多种方法进行综合观测，以收集有关案例的各方面情况。利用个案法可在不同条件之间进行比较。条件主要有两种：即基线条件和干预条件。前者指未实施特定实验干预时的基本状态，后者指引起研究对象行为变化或修正研究对象原有行为的各种干预状态。

2. 相关研究方法

问卷法和测验法在相关研究方法中用得比较多。

问卷法是通过严格设计的书面调查表收集心理学变量数据的一种研究

方法。问卷法能以较小的投入在较短的时间获取大量心理变量的数据，能搜集到较为真实的材料，可有效获取量化资料。由于问卷法具有规范化特征，可采用计算机技术对资料进行统计分析。

测验法通过心理测验来收集变量的数据。心理测验是通过观察少数有代表性的行为或心理现象，来推论和量化心理活动特点的标准化工具。心理学研究通过测验法获得变量的数据与问卷法相比具有明显的优势：测验法所用的量表编制严谨，标准化程度高，结果准确可靠；心理测验施测规范，结果评价和处理方便；心理测验都有常模，可以将被试的测验结果与一般群体的结果进行对比研究。到目前为止，人们已经成功开发了涵盖心理学多数领域的量表，有的可以直接使用，有的经过简单修订后即可使用。

3. 因果研究方法

实验法是最主要的因果研究方法。

实验法通过操纵或控制一些研究变量，探讨一个或几个反应变量随着被操纵变量的变化而变化的趋势，以探求心理现象的原因和规律。这些被操纵或控制的变量就是自变量，反应变量就是因变量。所以实验法的实质就是通过变量的控制，揭示自变量和因变量之间的因果关系。

心理学实验根据不同的标准可分成很多类别。根据研究目的，可分为因素型实验和函数型实验；根据实验情境，可分为实验室实验和现场实验。

因素型实验主要用于探索心理现象的产生条件和影响因素。这类研究首先要控制其他因素，突出其中一个因素，探察此因素与心理现象的关系，然后以同样的方式逐个探察。函数型实验主要用于考察研究条件与心理现象之间的关系，结合回归分析等统计技术，可确定自变量与因变量之间的数量化关系。如著名的耶克斯－多德森定律、邓宁－克鲁格效应都属于函数型研究。

实验室实验是指在研究者特别创设的情境中进行的实验。这种实验变量控制严格、实验设施完备、测量精确，还可以对被试进行随机取样、随机分派，具有很高的内部效度，但生态效度比较低。现场实验是指在日常生活自然情境中进行的实验。这种实验能很好地揭示被试的真实心理活动特点，但由于被试不能随机分配，通常只能采用准实验设计，严密性相对较差。

四、心理学研究对社会发展的意义

（一）心理学研究对服务社会发展的理论意义

1.心理学研究有助于坚定辩证唯物主义思想

心理学很容易受到唯心主义的影响。在日常生活中，人们有意无意地会过分扩大内在心理的作用。如，有人认为“心有多大，世界就有多大”“世界再大，大不过一颗心；走得再远，远不过一念间”。著名的阳明心学也认为“心外无物”“本自具足，不假外求”。这些说法意味着人的心理问题通过自我调节就能解决，心理需要通过自由意志就能满足，与外部客观条件无关。如果这样，不需要社会经济发展，只要自我安慰或自我麻醉人们就能过上“幸福”的生活。唯心论很容易引发虚无主义思潮，无视历史，否定现实，危害社会。

辩证唯物主义认为，物质是第一性的，意识是第二性的，意识是高度发展的物质——人脑的机能，是客观物质世界在人脑中的反映。1861年，法国外科医生布洛卡（Broca）发现，大脑左半球皮层额下回受损伤的病人罹患了运动性失语症，后又陆续发现皮层颞上回受损伤引起感觉性失语症，额中回受损伤产生失写症等。现代认知神经科学的发展，为心理是人脑的机能提供了坚实的科学依据。同时，心理是人脑对客观现实的反映。心理现象是在与客观世界相互作用的过程中通过大脑活动而产生的。所以生活、劳动等客观现实是心理的内容和源泉。

社会心理学中著名的米尔格拉姆服从权威实验（1963）和津巴多的模拟监狱实验（1972）都证明，对于“人性之恶”的产生，外部情境的力量远远大于个体倾向的影响。我们总是倾向于认为自己是好人，低估了环境是如何驱使我们做坏事和好事的（津巴多，2021）。诸如此类的研究，对于树立辩证唯物主义的心理观具有重要意义。它提示我们国家安定、经济发展、社会进步才是让人民群众过上美好生活的关键。也正因此，本书特别强调心理学的科学性。

2. 心理学研究促进现代科学技术发展

Boyack等（2005）对全球7121份核心学术期刊百万篇以上论文分析表明，心理学是现代科学已经形成的7个支柱学科之一，与数学、物理、化学、地球科学、医学、社会科学并列。对全球6218种期刊643万余篇引文分析表明，心理学是枢纽学科之一（Rosvall & Bergatrom，2008）。目前，跟心理学有关的成果已经获七项诺贝尔奖。《科学》杂志在庆祝创刊125周年之际，提出125大前沿问题，其中前25大问题中，有3个心理学问题。它们分别是：第2大问题——意识的生物学基础是什么？第15大问题——记忆如何存储和恢复？第16大问题——人类合作行为如何发展？可见，心理学在当代科学体系中占据重要地位。

认识世界和改造世界，是科学的使命。心理学一方面在意识、认知、情感、人格与社会心理等研究方面积累了大量科学发现，另一方面心理学的很多研究成果对社会经济的发展有直接贡献。例如，管理心理学可提升生产组织和人力资源管理的效率；工程心理学对“以人为中心”的用户体验研究提高了产品的受喜爱程度和市场效益。研究表明，如果在产品设计早期就考虑人的因素，其费用仅占总投入的2%；而如果在产品交付使用时发生问题再引入人的因素的改进，费用可占总投入的20%以上。

此外，心理学还在科技创新前沿勇当排头兵。例如，人工智能和虚拟技术是当代科技前沿的热点。人工智能研究如何使用计算机来模拟人的思维过程和智能行为，研制像人类一样可以胜任多种任务的通用智能系统。心理学在人工智能的理论构建，技术开发和实际的应用中起到了重要作用。如，心理学中的物理符号系统假说是人工智能早期高速发展的理论基础。当前，研究者又提出了“以人为中心的AI（Human-Centered AI，HAI）”智能系统研发新模式，强调人因设计、伦理化设计、充分反映人类智能的技术（葛列众，2021）。可见，心理学在科技前沿研究中发挥着重要作用。

本书第一篇和第二篇分别从个体和社会两个层面展示了心理学一些经

典研究和科学发现，有助于我们获得对心理学研究的专业理解和应用启示。

（二）心理学研究对服务国家重大需求的实践意义

面向国家重大需求，解决国家重大项目中的瓶颈问题是心理学研究的首要任务。国家在国防科技、社会稳定、经济发展、人民安康等领域对心理学都有重大需求。例如，随着尖端科学技术的发展，智能化的新型人机关系在越来越多的尖端武器装备和复杂人机系统中出现，其中复杂的人机交互问题，就是心理学需要加以解决的核心问题之一。航空航天、航海、核电及交通领域事故分析报告表明，70%的重大事故与人因失误密切相关。心理学研究在载人工程、先进武器装备等国家重大项目中，对解决人机交互、系统安全等核心瓶颈问题正发挥着越来越重要的支撑作用。

心理学服务国家重大需求尤其体现在社会治理领域，为社会发展和治理提供决策咨询。这也是本书的主要着力点。当代心理学研究直接服务于社会心理服务体系建设、群体事件应急管理、心理健康服务与危机干预，为平安中国、健康中国、和谐社会助力，可大大提升社会治理的专业化水平和治理效能。

1.心理学研究在群体事件与应急管理中的作用

维护社会稳定、实现平安中国是社会治理的基本要求。深化平安建设，完善立体化社会防范体系和公共安全体系离不开心理学的参与。例如，突发公共卫生事件是影响社会稳定的一个重要因素。在新冠肺炎疫情发生后，我国心理学工作者广泛开展了心理援助工作，为医护人员、医病患者、封控区群众等重点人群提供了专业的心理健康支持服务，对避免恐慌焦虑、稳定社会情绪起到了重要作用。

以华南师范大学心理学科的抗疫援助为例，在武汉封城的第三天，他们就建立了防控疫情的“心晴热线”，对民众的疫情恐慌心理进行紧急疏导。在两年时间里，提供心理援助服务累计5万多人次。同时，开展了疫情下民众心理状况的监测追踪，对20多万名大中小学生的危机心理进行了全程监测追踪，完成四轮测试调查，先后向政府部门提交了五份咨询报告，被中共中央重要部门、教育部、广东省教育厅采纳，为政府部门防控疫情的科学决策提供了重要依据。

此外，地震、洪水、火灾等自然灾害、族群矛盾、宗教矛盾、移民拆迁、利益冲突、仇恨犯罪等问题都有可能引发公众安全事件或者群体冲突。其中包括的很多问题都需要心理学工作者参与解决。例如，突发性危机情境下抢购现象的发生机制及其应对策略，突发公共卫生事件下社会情绪特点与应对，风险沟通的模式与公众理性的培育，严重突发事件的心理危机干预途径等。此前，汶川地震心理干预和灾后心理重建工作也体现了心理学在有效服务国家大局、提升公众心理健康水平方面的贡献。

本书的第三篇针对此类问题的心理学研究和应对方法进行了详细的介绍，具体包括灾难心理与心理危机应对，公共危机事件的应急管理与心理干预方法，群体事件与舆情管理方式等。通过学习，我们可以掌握国内外有关群体事件与应急管理的最新的理论研究成果和实践经验。

2.心理学研究在心理健康与危机干预中的作用

习近平总书记在党的十九大报告中提出健康中国战略，指出人民健康是民族昌盛和国家富强的重要标志。要完善国民健康政策，为人民群众提供全方位全周期健康服务。人们常把健康比作1，事业、家庭、名誉、财富等就是1后面的0，人生圆满全系于1的稳固。习近平总书记在全国卫生与健康大会上指出，要把人民健康放在优先发展的战略地位。

《世界卫生组织组织法》写道："健康不仅仅是没有疾病和病症，而且是一种个体在身体上、精神上和社会上完全安宁的状态。"可见，心理健康是健康的重要组成部分。为了服务健康中国建设的重大需求，心理学工作者做了大量工作。例如，中国科学院心理研究所和社会科学文献出版社联合发布"中国国民心理健康发展报告"系列蓝皮书，介绍近年我国国民心理健康的现状、各类群体的特征、国民对心理健康服务的需求、目前存在的主要障碍，以及心理健康素养研究的核心成果。相关研究具有很强的前瞻意识和问题解决意识，作为重要的智库研究成果，为国家和社会提供了重要国民状态指标，为公共政策的制定提供了科学参考。

又如，当前关爱青少年身心健康已经成为党和国家高度重视、社会高度关注的问题。广东省把心理健康教育作为落实立德树人、发展素质教育的重要内容，坚持发展预防与干预相结合，通过专门课程、学科渗透与组织活动相结合，融合学校主导、家庭协同与社会支持，提高学生心理健康水平、预防心理危机事件的发生。华南师范大学心理学科形成的“‘双系统三平台’中小学心理健康教育模式”被誉为“广东模式”，在全国产生重大的示范作用，获得国家级基础教育教学成果一等奖。

本书第四篇系统阐述了在社会心理服务体系视域下，心理健康维护和心理危机干预的原理和实践模式。内容包括对正常群体的发展性工作、对困扰群体的干预性工作、对心理疾病群体的治疗性工作、自我心理调适与情绪管理方式，以及突发公共危机事件下对心理危机个体的紧急干预方法。通过学习，我们可以系统掌握社会心理服务体系框架下的心理健康服务和心理危机干预工作模式。

3.心理学研究在提升社会治理效能中的作用

党的十九大报告指出，要加强社会心理服务体系建设，培育自尊自信、理性平和、积极向上的社会心态。建设社会心理服务体系，不仅需要专家学者的理论研究和顶层设计，更需要各级党政领导重视和推动。社会心理服务体系建设，需要政法委、卫健委、公安、教育、妇联等众多政府部门的协调与整合，才能真正落地。

2021年7月，华南师范大学与广州市南沙区委政法委共同启动“南沙区社会心理服务体系构建”项目。这是全国首个真正落地的中国特色社会心理服务体系建设项目。该体系包括发展性任务和干预性任务两大基本任务；建立“实时掌握舆情、主动开展服务”的工作模式；基于脑科学、人工智能、互联网，创建“三重监测、三级预警、即时干预”的心理危机实时监测与干预运作平台系统。该体系由政法委和卫健委牵头，其他相关部门共同参与，覆盖所有人群，有固定活动场所。

可见，社会心理服务体系建设等社会治理工作的成效，需要高超的领导艺术和管理能力。本书第五篇“管理与领导心理”就是针对这种需求编写的。内容涉及权力的心理机制、行为决策的影响因素、党政领导的胜任特征、认知改变策略、行为激励策略、关系影响策略、情境领导策略、团队发展管理策略等。领导心理的学习，不仅有助于培育自尊自信、理性平和的心态，对于增强中华民族的共同体意识、提高国民的获得感和幸福感乃至提高各方面的社会治理效能都有重要作用。

第二章　心理过程与个性心理特征

一、心理现象概述

心理学是研究心理现象的本质和规律的科学，是对思想、情感和行为等心理现象的科学研究。那么典型的心理现象包括哪些呢？概括起来，心理现象可以分为两大类：心理过程和个性心理特征。心理过程都要经历心理活动的发生、发展和结束的不同阶段，属于心理现象的动态部分。个性心理特征是指个体区别于他人的、相对稳定的心理和行为模式，属于心理现象的静态部分。心理过程又包括认知过程和情意过程；个性心理特征包括人格和能力（见图2-1）。

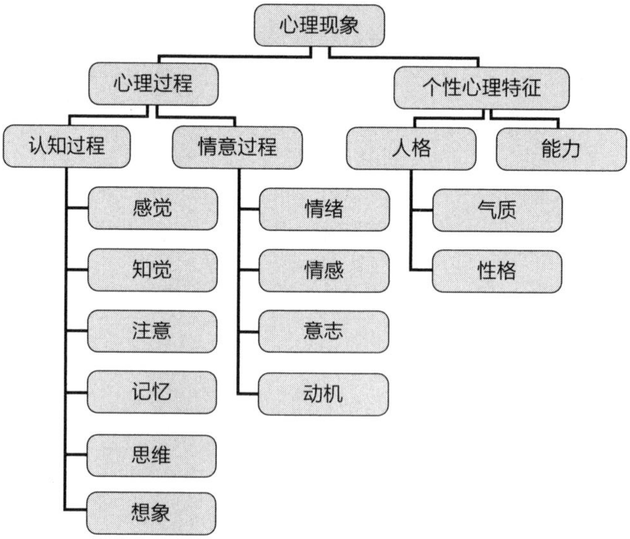

图2-1　人类的常见心理现象

认知过程是指人们获得知识和应用知识的过程，包括感觉、知觉、注意、记忆、思维、想象等具体形式。虽然人类对认知的研究古已有之，但真正对认知过程研究起着重大推动作用的是20世纪50年代兴起的信息加工心理学。信息加工心理学也被叫作现代认知心理学，它把认知过程看成信息的输入、编码、转换、储存、提取和应用的过程。

人类的认知过程开始于感觉与知觉。感觉是人脑对直接作用于感官的客观事物的个别属性的反映。知觉是人脑对直接作用于感官的客观事物的整体属性的反映。注意是指人脑对外界刺激信息的选择以及对所选择信息的指向和集中。人类不仅能对直接作用感官的刺激做出反应，而且还能对过去曾经作用于感官的刺激做出反应，并且能储存和积累过去的各种行为经验，这就是记忆。在记忆功能的基础上，人们能运用头脑中已有的知识和经验去间接、概括地反映事物，揭露事物的本质及其内在的联系和规律，形成概念，进行推理和决策，解决面临的各种各样的问题，这就是思维。此外，人类认知系统中还具有想象功能和语言功能。人们利用语言把自己思维结果与别人进行横向和纵向的交流，使人类认知成果的传播和深化成为可能。

情意过程也是人类基本的心理过程。情绪和情感是伴随认识过程而产生的对外界事物的态度体验，是对客观事物与主体需要之间关系的反映。一方面，情感是个体存在状态的一种反映，积极的情感是个体追求的目标。人人都有追求幸福快乐的倾向。另一方面，情感对人的认知和行为起着调节和控制的作用。如道德情感是直接推动人产生道德意志和道德行为的动力。意志是有意识地确立目的，调节和支配行动，并通过克服困难和挫折，实现预定目标的心理过程。需要、动机、兴趣、爱好、信念、价值观等个体动力因素对意志行为具有目标导向性和任务维持性。因此，我们将它们整合到情意过程之中。需要是人体内部的一种不平衡状态，是对维持和发展其生命所必需的客观条件的反映。动机是推动人从事某种活动，并朝向一定目标前进的内部动力。

个性心理特征包括人格和能力。人格又包括气质和性格。能力是顺利有效地完成某种活动所必须具备的心理条件。气质是表现在心理活动的强度、速度、灵活性与指向性等方面的稳定的心理特征，也就是我们平常所说的秉性。性格是表现在对事物的态度和习惯化行为方式上的人格特征。

以上是最基本的心理现象，如果放在社会治理等现实情境下去研究，可以衍生出大量的现实课题，如共同体意识、国家认同、社会信任、国民获得感、幸福指数、心理危险性等。

不同的心理现象相互依存、相互影响，是紧密联系在一起的。心理学研究积累了大量科学、有趣又有用的研究发现。

二、认知过程

（一）感觉

1. 感觉研究概述

感觉是人脑对直接作用于感官的客观刺激个别属性的反映。我们感觉到苹果外表是红色的，闻起来是香的，摸起来是圆的，但是这些属性结合起来并不能代表刺激整体。当我们知道是苹果的时候，已经变成知觉了。

根据引起感觉的刺激物和产生感觉的分析器的不同，可以将感觉分为外部感觉和内部感觉。外部感觉指的是人脑对于外部刺激的个别属性的反映，包括视觉、听觉、味觉、嗅觉和皮肤感觉，是我们获取外界信息的渠道。而内部感觉指的是人脑对于内部刺激的个别属性的反映，包括运动感觉、平衡感觉、肌体感觉，例如我们在过量运动后感觉肌肉酸痛、较高速旋转时感到眩晕。

感觉是人类认识客观世界的开端，既是认知活动的起点，又对很多高级心理活动有重要影响。例如，感觉会影响个体的判断。研究发现日常偏好辛辣食物的个体对自我的攻击性认知更高，品尝甜糖果的被试对自我亲和力的评价较品尝不甜糖果的被试更高（Batra等，2017；Meier等，2012）。这说明味觉会影响个体对自我的判断与评价。感觉还会影响个体的决策。将被试分为两组，一组饮用苦味的咖啡，一组饮用没有味道的纯净水，之后观察两组被试在超市的购物情况，发现饮用咖啡的被试在超市消费时出现了更严重的冲动购物行为。也有研究发现，饮用了酸味饮料的被试更加倾向于做出冒险决策行为（Thanh & Marianne，2018）。

2. 有趣的感觉现象

（1）感觉剥夺的研究

感觉是一切信息的来源，对我们的生活举足轻重，如果失去感觉，身心状态将会发生巨变。1954年，麦克吉尔大学实验室进行了一项感觉剥夺实验，让大学生被试在限制视觉、触觉和听觉的情况下，在实验室逗留几天。实验似乎很简单，只要在实验室里睡觉、发呆就可以了，或许是许多人“梦寐以求”的生活。然而，实验进行了两三天大学生们就感到无聊、烦躁，决定要逃离这种单调乏味的环境，甚至在实验过后的几天，他们还出现注意力涣散、思维模糊、幻觉、生理失调现象。可见，感觉对高级认知活动和身心健康都非常重要。

新冠肺炎疫情期间，处于风险地区的居民需要居家隔离。疫情较严重的地区甚至规定严禁外出，由工作人员送物资上门或每天每户一人外出采购物资。居家隔离时，人们的感觉受到大幅限制，无法见到外面的世界、不能和人交谈，每天只受到相同的外界刺激。在这样的环境下，很多人会出现焦虑、烦躁、抑郁、饮食睡眠障碍。感觉剥夺实验告诉我们，感觉被限制或被剥夺时，其他认知活动和身心健康也会受到影响。因此，疫情防控期间不得外出的情况下，人们出现的身心问题可能只是感觉限制引起的，不必惊恐和担忧。可以在家里做正念练习，提高内外部感受性，平缓自己的情绪；也可以通过运动、听歌、看电影、和朋友视频电话聊天等方式，以增加外部刺激的方式来充实自身的感觉，从而缓解因感觉受限带来的负面影响。

（2）颜色的心理效应

颜色是一种重要的视觉体验，可以帮助我们更好地识别场景，进行视觉记忆，也具有一定的审美价值。不同的颜色能带来不同的感受，有歌词唱到“灰色是不想说，蓝色是忧郁”。电影里也常用不同颜色的布景或者滤镜来营造气氛，促进影片的情绪表达。人们常常认为红色代表热情、兴奋或者愤怒，更具有攻击性；蓝色代表沉默、抑郁或者冷静，表示涵容和沉稳。这不只是文学渲染的效果，实际上，不同的颜色确实会引发不同变化。

在拳击、跆拳道和摔跤运动中，身穿红色运动服的运动员获胜率更高，可能是因为红色代表攻击性和兴奋。《科学》杂志有研究发现，红色能够使人更加警觉而保守，引发回避动机，使人更关注细节避免犯错；蓝色则使人变得平静和开放，引发趋近动机，有利于创造性激发（Mehta & Zhu，2009）。趋近意味着探索和安全，回避则意味着拒绝和危险。在红色刺激的引导下，人们对于需要注意细节的任务表现得更好，而对需要创造性的任务则表现得较差，这是因为过于警惕和保守对于创造性任务起了反效果。脑电研究发现，红色能够诱发右侧额叶更强的激活，而这种激活模式恰恰是产生回避动机的生理反应（Elliot et al.，2007；Davidson et al.，1979），这可能是红色引起回避和警惕的生理原因。

在侦察询问中，环境的布置常常避开红色、橙色等暖色调，以避免引起犯罪嫌疑人激动的情绪。红色常被用于标识禁止、错误、停止等，如红绿灯中红色代表停止，提示慢性的标志牌也常常使用红色。生活中，我们可以利用颜色引发的不同心理效应，调节情绪：心情低沉的时候增加周围环境及视野中的红色或暖色部分，以调动情绪；浮躁时调节环境中的蓝色，以平静情绪。当然，颜色心理效应也存在文化差异，在我国很多时候红色表示喜庆和欢乐。

（二）知觉

1.知觉研究概述

知觉和感觉都是人脑对作用于感觉器官的刺激属性的反映，但是感觉是对个别属性的反映，而知觉是对整体属性的反映。感觉是知觉的基础，知觉是对感觉的联合和深度加工。比如，个体通过感觉形成对香蕉颜色、香味、软硬等属性的认知，再将这些属性进行结合，通过以往经验的参与，形成对香蕉的整体认知，即知觉。

根据不同标准，知觉有不同的分类。按照刺激对象，知觉可以分为社会知觉和物体知觉。社会知觉指对自我、他人和社会关系的知觉，如人际交往中的第一印象效应、光环效应、刻板印象等都属于社会知觉。物体知觉指对物理刺激的知觉，比较普遍。按照感官，知觉可以分为视知觉、听知觉、嗅知觉、味知觉等。按照事物的特性，知觉又可以分为空间知觉、时间知觉、运动知觉等。

知觉具有选择性、整体性和理解性。当视野出现多种事物时，个体会选择其中一个或几个作为知觉对象，其他作为背景，这就是知觉的选择性。在知觉过程中，个体会根据已有的知识经验把知觉对象的多种属性结合成一个整体，这便是知觉的整体性。当我们看到一幅房子的简笔画时，并不会把它知觉为很多线段，而是凭经验将其知觉为一个房子。个体在知觉事物时，往往会利用已有的知识和经验去理解、解释，这便是知觉的理解性。具有不同知识和经验的个体，在知觉同一事物时往往理解不同，其知觉结果也不同。就如一千个人眼里，有一千个哈姆雷特。知识经验在知觉中占有重要的地位，当在知觉某个物体时，个体对该物体的了解越深入，对于它的知觉就越迅速、越透彻。

知觉与人类的情绪体验有密切关系。Sackett等（2010）通过控制时间知觉，发现感知到的时间快慢和快乐体验有关。实验中，主试给每个被试一篇文章，要求被试快速并且准确地画出有双字母组合的单词（如hook的oo，accuracy的cc）。实验实际时间是10分钟，但是主试事先告诉A组被试实验时间是5分钟，告诉B组被试实验时间是20分钟。实验完成后被试用7点量表评定是否喜欢这个实验。结果发现，A组被试觉得时间过得慢，觉得实验无聊；B组被试觉得时间过得快，认为实验很有趣。

Rajamma等（2009）发现，时间知觉还和购物决策有关。当人们知觉到客观等待时间过长时，会放弃已经选购好的商品。Wittmann等（2008）发现，当个体知觉到的主观等待时间过长，也会影响决策和评价。主观时间知觉的影响大于客观时间知觉通过在商场设置哈哈镜、互动感应墙等体验活动，有助于减少顾客的主观等待时间知觉，改善顾客消费体验，促进消费行为。

2. 有趣的知觉现象

（1）错觉现象

人们常说“眼见为实”，可有时候我们的知觉并不准确。错觉便是这样一种特殊的知觉现象，有时受背景或经验的干扰，我们知觉到的印象与实际事物并不相同，有图形错觉、时间错觉、运动错觉、空间错觉、触觉错觉等。典型的错觉现象有缪勒－莱尔错觉、奥尔比逊错觉、编索错觉、海林错觉等。

几年前网上很火的“蓝白裙子争议”的图片，实际上就是一种背景光线引发的错觉。3幅裙子图片呈现的颜色：中间是原色，左边是白金色，右边是蓝黑色。如果把图片解读为裙子逆光、场景曝光，则会将裙子知觉为白金色。相反，将图片解读为场景黄白光、裙子在光线自然照耀下，则会将裙子知觉为蓝黑色。可见，对背景光环境的不同解读，直接影响了知觉结果，产生错觉。不同的情绪状态也会影响知觉，例如百无聊赖时觉得时间过得很慢，全神贯注投入工作时觉得时间过得飞快，开心使时间变快，悲伤使时间变得漫长，这些都说明情绪状态会影响时间知觉。

错觉是一种歪曲的知觉，其产生具有固定的倾向，因此常被应用到生活中。舞台设计常常运用到错觉现象，以二维平面呈现出三维立体的效果，增加舞台背景的真实性。服饰方面，穿横条纹衣服比穿竖条纹衣服更显胖，上装和下装的不同比例可以使人看起来更高或更矮。销售上，把20元的商品放在低价区会使顾客觉得商品价格比较高，而放在高价区则使人觉得该商品很便宜。

（2）无意识知觉现象

据说，20世纪50年代，新泽西州一家电影院将可口可乐和炒玉米的广告插播在电影放映期间，以观众无法察觉的、极快的速度呈现。之后的6周内，当地的可口可乐和炒玉米的销量明显增加。虽然后来的研究者并未能完全重复该结果，但有大量研究都发现了无意识知觉对知觉启动、情绪反应、态度改变和行为激活的作用。

无意识知觉是指人们觉察不到却能够对人产生影响的知觉，也被称为无觉察知觉、阈下知觉。有研究发现，无意识知觉到的刺激对情绪反应的影响可能会更大。实验者每次给被试呈现一个文字，该文字刺激是被试所不熟悉的汉文，要求被试对文字评价好坏。在文字刺激呈现之前，一幅愉快或愤怒的人脸图画以很短（4毫秒）的时间快速闪过，结果发现被试对文字情绪色彩的评价受到了人脸的影响。对于另一组被试，人脸停留1000毫秒，使被试能够清楚觉察到，对文字评价反而无显著影响（Murphy & Zajonc，1993）。

由于无意识知觉不直接影响人们的观影效果，将广告植入电视剧中，成了当今广告传播的研究热点。在播放广告期间，快速插入一些引起人积极情绪的图片以使积极情绪与广告产品产生联结，也是无意识知觉在广告中的很好应用。

（三）注意

1.注意研究概述

注意是指心理活动对特定对象的指向和集中，是个体心理活动处于某一时刻的状态。指向性和集中性是注意的核心特征。指向性是指在心理活动中，个体有选择性地把心理资源指向某个对象作为注意焦点，而忽略其他对象。比如，机场接人时在人群中注意到自己的朋友，忽略其他行人。注意既可以指向外界刺激，如各种客观事物，也可以指向内部活动，比如思想、情感等。注意的集中性指心理资源聚焦在某个对象上。比如，学生在认真听课时，对教室外面的动静，可以充耳不闻，视若无睹。

根据意志努力程度，可以将注意分为不随意注意、随意注意和随意后注意。不随意注意，也叫无意注意，是指事先没有目的，也不需要意志努力的注意。比如，学生在聚精会神上课时，外面突然传来一声巨响，学生会不自觉地将视线转移到室外，就是不随意注意。随意注意，也叫有意注意，是指有预先目的，需要意志努力的注意。比如，学生在上课时，要排除外界的干扰，将注意焦点放在教师身上，这需要意志努力去排除各种干扰。随意后注意是指有预先目的，不需要意志努力的注意。比如，一开始写材料，需要咬咬牙才能坚持，等思路打开进入状态，就可以沉浸其中，不需要意志努力了。随意后注意跟后来积极心理学讲的“心流”（Flow）是类似的概念。

随着认知神经科学的发展，结合解剖学、电生理、脑损伤等方面的研究，人们对注意脑机制的认识越来越清晰。注意不是一个单一的系统，而是由三个不同的注意网络组成的，分别为警觉网络、定向网络和执行控制网络。

警觉被定义为实现和保持高唤醒的准备状态，比如在过马路时对于四周环境保持警觉。警觉功能有助于提高个体在认知任务上的表现，与大脑右侧额叶、丘脑和颞顶交界区有关，受去甲肾上腺素调节。定向是指对输入的感觉信息的选择。定向系统与额叶眼动区、顶内沟、上丘脑、丘脑枕核相关，受乙酰胆碱调节。执行控制是指抵制干扰信息、监控和解决反应冲突，维持目标任务的高级过程。执行功能有很多不同的形式，如冲突监控与解决、抑制、任务转移、计划、工作记忆更新、自我控制等。执行控制网络主要由前扣带回和外侧前额叶组成，与多巴胺有关。起初，这三个网络被认为是独立的，但是后来的研究表明它们是相互影响的。执行控制网络受警觉网络的抑制并且被定向网络强化。警觉网络在线索之后的500毫秒内可加快定向效率。该模型说明注意功能可以通过神经递质调节，也支持了注意是拥有自己的解剖、细胞结构、神经递质、遗传基因和发展规律的有机系统，而不只是一种伴随状态（Posner，2004）。

2. 有趣的注意现象

（1）无意盲视和变化盲

当我们把注意集中在一个对象上，其他不被注意的事物发生的变化往往察觉不到，这就是无意盲视。走路时看手机，专注于手机的内容而没有发现疾驰而来的车辆；一心观赏美景却没有发现迎面走来正在和我们打招呼的朋友，这些都是无意盲视。最经典的无意盲视实验是“看不见的大猩猩”实验。实验要求被试看视频时数清楚白衣服的人传了几次球。结果发现，当专注于球被来回抛动时，约70%的人没有注意到有只大猩猩穿过人群，并在屏幕中央捶胸。可见，哪怕我们瞪大眼睛，也很容易对眼皮底下出现的事物视而不见。

无意盲视的发生往往伴随着对另一件事物的投入，从而没有发现非注意对象的变化。当注意力集中在一个情境中，比如，很投入地看电视剧，可能会无法发现上一秒和此时的影像出现差别，这就是变化盲视。英国的一档节目中，工作人员A随机找路人问路，在问路过程中一个工人推着货物从两人中间穿过，打断了两人之间的谈话，这时换成工作人员B继续问路，许多路人都没有注意到问路人已经调换了。这是因为路人专注于问路的情境，集中注意力向对方表达路线，因此很难觉察到被打断前后问路人发生的变化。

无意盲视和变化盲都是由注意资源的有限性引起的，非注意对象的变化很难进入意识知觉。在生活中，无意盲视的现象时常发生，并可能引发严重的意外事故。驾驶员专注看导航而忽视其他行人，尤其是突然跑出来的小孩，很容易造成交通事故。人们边走路边玩手机，会忽视周围车辆情况，可能使自己被撞伤、绊倒甚至出车祸。因此，我们需要警惕无意盲视带来的潜在危险，在关键任务中合理分配注意力，避免意外事故的发生。

（2）专注与幸福感

幸福是许多人终其一生的追求，很多人不断探索“幸福在哪里”，却苦苦不得其果。注意力作为一种重要的认知活动，不仅影响学习和工作，还与幸福感有关。

积极心理学家提出的“心流”概念，是指一种注意力高度专注、浑然忘我的巅峰体验，是一种全然沉浸于所做之事的忘我状态。在心流状态中，个体全神贯注地进行某项活动，能够体会到兴奋感和充实感。《科学》杂志一项研究发现，流浪的心灵是不幸福的（Killingsworth & Gilbert，2010），也就是心不在焉、三心二意的人幸福感比较低。研究者通过苹果手机应用，询问用户当下的幸福感、正在做的事情、是否正在思考与从事活动无关的事情。收集到来自80多个国家的250条数据，结果发现，46.9%的用户做事情时心不在焉，甚至有30%以上的用户在几乎每一项活动中都会走神。当人们心不在焉地做事情时，不论他们走神的内容是令人开心的还是不开心的，都会使他们当下的幸福感降低。而专注于所做的活动，专注于此时此刻的人幸福感最高。

塞利格曼的幸福五因素模型，也把专注地投入（Engagement）作为幸福的核心要素之一。因此，在心情不好的时候，与其“多想想开心的事情”，不如选择一件事情并完全投入其中。减少心不在焉和心智游移，不仅能够提高学习和工作效率，还能使我们感到更充实和快乐，岂不是两全其美！

（四）记忆

1.记忆研究概述

记忆是个体对过去经验的保持和再现。从信息加工的角度看，记忆是人脑对外界输入信息的编码、储存和提取。任何体验过的情绪、经历过的事件、做过的行动，都可以成为个体的经验保持在大脑里，在以后的生活中再次回想起来，这便是记忆。记忆和感觉、知觉一样，都是对客观事物的反映，但是记忆是对过去经验的反映，而感觉、知觉是对当下刺激的反映。

记忆有三个基本过程，即识记、保持和再现。识记是信息的输入和编码过程。保持是信息的储存过程再现，包括回忆和再现，就是信息提取的过程。

根据不同的分类标准，记忆有不同的分类。根据内容，可以将记忆分为形象记忆、情绪记忆、动作记忆和语义记忆。形象记忆是以感知过的事物形象为内容的记忆，具有直观性。情绪记忆是以体验过的情绪、情感为内容的记忆。动作记忆是以过去经历或者学习过的身体运动状态或动作为内容的记忆。动作记忆一旦形成就很容易提取，比如学会开车后，我们一般坐上车就知道怎么操作，不需要多加思考。语义记忆是以语词、概念、命题、规律等为内容的记忆，具有逻辑性、概括性等特点。根据意识参与程度，可以将记忆分为外显记忆和内隐记忆。外显记忆是指有意识地提取信息的记忆。内隐记忆指在无意识状态下，过去的知识经验对当下活动产生的影响。根据信息保持的时长，还可以将记忆分为感觉记忆、短时记忆和长时记忆。感觉记忆指的是刺激停止之后，信息在大脑保持极短的时间的记忆，保持时间大约0.25秒到2秒。短时记忆指保持信息在5秒到1分钟。短时记忆的容量有限，只能储存七加减二个单位的信息。长时记忆指经过精细加工，长时间保持在大脑中的记忆，能保持1分钟以上甚至一生，其容量几乎是无限的。此外，还有前瞻性记忆、回溯性记忆、错误记忆、真实记忆、自传体记忆、自我参照记忆、元记忆等概念。心理学对记忆的分类和研究极其丰富。

我们头脑中储存了大量的信息可以在需要时进行提取，但是有时候提取信息时出现困难，无法提取，这便是遗忘。一般来说，熟悉的、形象的、有意义的事物更不容易遗忘。需要识记的材料越多，遗忘的速度越快。如果个体处于低度学习状态，那么学习的材料保持得很短。如果处于过度学习的状态，保持的效果要好得多。过度学习是指达到恰能成诵后还能继续学习一段时间的状态。系列位置效应启发我们，前面的材料和后面的材料记忆效果最佳，而对中间部分记忆最差。我们在政治理论学习和党史学习中，可以灵活运用上述记忆规律。

2. 有趣的记忆现象

（1）错误记忆现象

生活中有时候也会出现这样的情况：朋友正在津津有味地讲述和你一起经历的某件事情，你却毫无印象，甚至你可以肯定这件事从未发生过。其实，记忆有时并不可靠，容易产生记忆错觉。

错误记忆，是指人们错误地声明一个以前未呈现过的词或从未发生过的事曾经呈现或发生过。其关键点是：一方面没记过，另一方面信誓旦旦地坚信记过。如果要求人们回忆或再认一件没有出现过的事情，尤其容易发生错误记忆。有研究发现，记忆可能会因为事后的询问而出错（Loftus & Elizabeth，2003）。在一个实验中，先给被试观看一个交通事故的影片，随后问实验组：“当两辆车猛撞到一起时，速度大概是多少？”对照组则不询问关于速度的问题。几周后，实验人员问他们是否在视频中看到了撞碎的玻璃，实验组有32%的人回答“是”，而对照组只有12%。实际上，视频中并没有出现玻璃撞碎。由于问题的暗示性和引导性，被试的记忆出现了错误而不自知。

在司法审讯中，错误记忆可能会造成不良后果，有些无辜者可能由于目击者的错误记忆而被指认是犯罪嫌疑人。审讯词的引导性、刻板印象、嫌疑人是否在队列内等因素都会影响目击者的记忆正确性。比如，人们通常更倾向于认为暴力犯是男性，因此目击者有可能会将身材高大的女性错误记忆为男性。因此，在司法审讯中，需要重视目击者证词的可靠性问题，力求得到客观正确的结果。

（2）记忆的自我参照效应

当记忆材料与自我相联系时记忆效果比其他条件好，这就是记忆的自我参照效应。在实验时询问“这件物品是你的吗？”或“这件物品和你的一样吗？”等和自我相关的问题，比起询问“这件物品是红色的吗？”这类与自我无关的问题，更能加深个体对物品的记忆。

自我参照记忆的对照任务除语音、语义加工外，还可以加入他人参照任务，如“下列单词适合描述刘德华吗？”也可以加入自传回忆任务，如“下列单词是否让你回忆起了关于你自己的重大事件？”还可以将自我（或）他人与名词相联系，如“医生是不是你（或）他人曾经向往的职业？”记忆的自我参照效应受到多方面因素的影响。研究表明，年幼儿童和老年人的自我参照效应相对较弱。高自尊的人对正面评价信息的记忆更准确，低自尊者对负性信息的记忆更准确。女性整体表现出恋人参照效应，而男性没有（周丽，苏彦捷，2008）。与自我有较高关系亲密度的人，如父母、好朋友等，会出现关系自我参照效应。关系越亲密，自我参照效应就越强。

自我参照效应可应用于记忆力的提升。在学习的时候将要记忆材料通过联想和自己的过往经历挂钩，往往能取得很好的记忆效果。教师在教学过程中，把记忆内容与学生个人信息相联系起来，可促进教学成效。在社会治理工作中，把工作内容和服务对象的个人经历或者利益结合起来，更容易得到对方配合，提高治理效能。

（五）思维

1.思维研究概述

思维是人脑借助于言语、表象和动作实现的，是对客观事物间接的和概括的反映，是揭示事物本质特征及内部规律的过程。恩格斯曾说，我们不能从太阳总是在早晨升起便推断它明天会再升起[①]。人们对日夜更替、四季变换规律的把握，靠的就是思维。根据活动内容与性质，思维可分为动作思维、形象思维和抽象思维。动作思维依靠实际动作为载体，动作停止，思维也停止。尚未掌握语言的婴幼儿的思维主要是动作思维。形象思维以直观形象和表象为支柱，多见于学龄前儿童。艺术家在美术、音乐等的创作上，也以形象思维为主。抽象思维也称语词逻辑思维，是人类思维的典型形式，借助语言形式运用抽象概念进行判断、推理，得出命题和规律。在个体思维发展中，到青年后期才具有较发达的抽象思维。此外，思维根据方向，可分为辐合思维和发散思维；根据意识参与程度，可分为分析思维和直觉思维；根据结果，可分为常规性思维和创造性思维。

思维包括概念、判断、推理和问题解决等多种形式。概念是思维的最基本单元。判断是反映概念的特征或各概念间关系的思维形式。推理是由一个或几个已知判断引出新判断的思维形式。问题解决是最复杂的思维形式，以推理为主，包括记忆、学习、技能、情绪、动机等多种心理活动的综合参与。思维具有深刻性、灵活性、独创性、批判性、敏捷性和系统性六种品质。深刻性指思维的抽象程度和逻辑水平。思维的灵活性使个体能够从多方面多角度思考和分析问题，举一反三，触类旁通。独创性指个体能够重组已有知识经验，使用新异、独特的方式来解决问题，得出新的思维成果。批判性指个体能够独立思考，而不是人云亦云。敏捷性指在处理和解决问题时能够迅速进行思考并做出判断。系统性则指能够整合不同类型的信息，形成有序的思维框架。

2.有趣的思维现象

（1）不确定条件下的决策偏差

经济学的理性人假设认为人类的本质是理性的，人们能够以利益最大化的方式衡量得失并做出决策。然而，有时仅仅改变一下问题表述的方式，

① 参见《马克思恩格斯选集》第三卷，人民出版社 2012 年版，第 922 页。

决策判断就会出现明显的偏差。

框架效应便是这样的现象，对同一问题采取两种不同的描述，会导致不同的决策。这是经典的例子：加油站A的油每升卖5.6元，如果使用现金支付可以每升优惠0.6元；加油站B的油每升卖5元，如果使用信用卡支付需要收取0.6元手续费。两个加油站的购买成本实际上是一样的，但多数人还是会选择加油站A。当某一价格带来的是“损失”而不是“收益”时，人们就会对价格更敏感。因此，在销售或定价时，很多商家都会选择把商品价格与“收益”联系起来，促进消费者购买商品，比如“换季清仓”让人觉得都是过时的旧货，“反季特卖”则带来一种捡便宜的感觉，更能促进人们消费。

问题的表述方式会影响人们的决策，最先出现的信息同样会影响人们的决策，这就是锚定效应。人们会对起点信息给予过多的重视，最先获取的信息就像锚定点确立了评价体系的大小。1974年，卡尼曼邀请被试估计联合国席位中非洲国家的占比，先由被试通过转轮选定一个起点数字，实验员反馈猜测数字比实际值偏高或偏低，被试再次进行调整。结果发现，如果起点数字比较小，再次调整的数字也偏小。例如，起点为10的被试再估计值为25；而起点偏高，如60的被试再估计值为45，也偏高。这就是起点信息造成的影响，人们习惯于把结果信息与起点信息进行比较。锚定效应常被用于谈判中。比如，应聘时薪资范畴在5000元到8000元，如果由企业方提出5000元再由应聘者讨价还价往上提，那么谈到最后价格一般也偏低；但如果应聘者提出8000元再由企业方往下压价，最后价格还是会相对偏高。在谈判前先确定目标价格，谈判时注意锚点的出现，可以一定程度上缓解锚定效应。

框架效应和锚定效应说明人的思维并不完全是理性的，很容易产生思维偏差。此外，卡尼曼还提出了确定效应、反射效应、小概率事件等，并构建了不确定条件下的决策的前景理论。此外，决策偏差还受赌徒谬误、幸存者偏差、情绪状态、个人经历等多种因素影响。这些非理性现象提醒我们，在做决策判断时，要尽可能谨慎，避免中圈套。

（2）问题解决的加法倾向

面对现实问题，人们总是想着要增加哪些措施，采取哪些行动来解决。

这种问题解决的加法倾向存在于大多数人的思维习惯中。其实，做减法，取消原来不合理的一些规定或者程序，往往更有效。

Adams等（2021）在《自然》杂志发表了人们在问题解决中的加法策略倾向研究。研究者邀请被试进行一系列的问题解决实验，例如在10×10的白色方格纸上有阴影方格标出的一些图案，要求被试尽可能少地移动阴影方格使图案对称（见图2-2）。

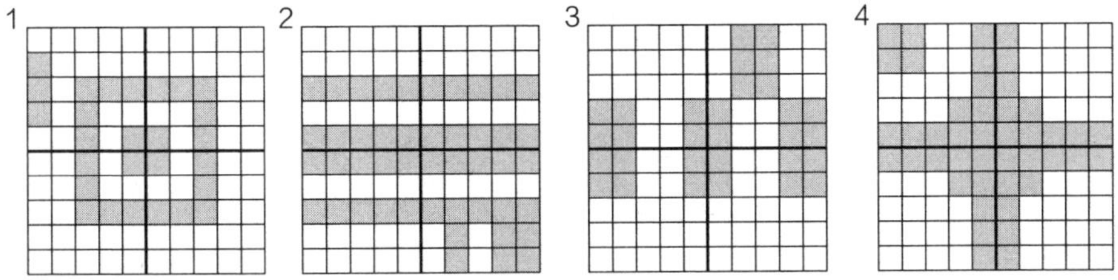

图2-2　问题解决的加法倾向①

结果表明，被试多数选择在对称轴的另一边增加相同图案的绿色方格或者移动方格来使图案对称，而不是移开造成不对称部分的图案。即便有时候减去比增加更经济，被试还是更倾向于选择增加。比如，尽管增加柱子需要花费金钱，被试还是倾向于在只有一根柱子的积木下增加柱子而不是减去原有的柱子（见图2-3）。

可见，很多时候减法策略比加法策略更有效，但人们总是倾向于忽视做减法。对于写作、烹饪、演讲、策划等多种工作，一味增加并非解决问题的捷径，重点还在于恰到好处、突出重点，很多时候我们需要做减法。学生“双减”，教师减负，企业减税，员工减压，行政管理职能的“放管服”，都体现了减法倾向问题解决策略的应用，值得提倡。

① 图片来源：Adams,G.S.,Converse,B.A.,Hales,A.H.,&Klotz,L.E.,(2021).People systematically overlook subtractive changes. *Nature*, 592(7853), 258-261.

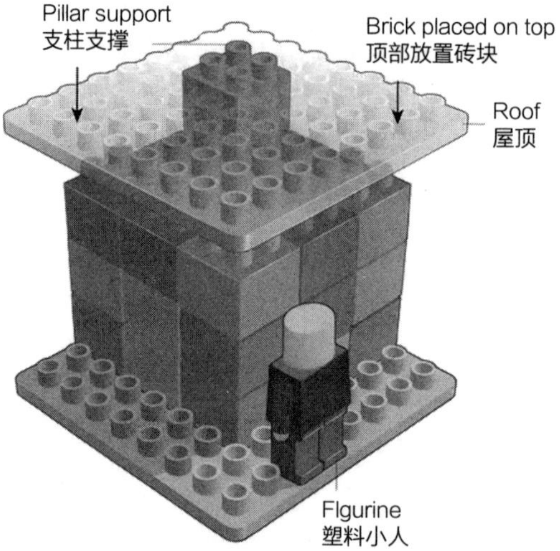

图2-3 问题解决的加法倾向[①]

三、情意过程

（一）情绪和情感

1.情绪和情感研究概述

情绪和情感是人们对客观事物的态度体验及相应的行为反应。情绪和生理需要是否得到满足有关，如喜怒哀惧；而情感与人的社会需要相联系，比较复杂，如美感、道德感等。

人们根据自己的需要对刺激情境进行解释或评估，当情境符合需要时，产生积极的情绪和情感体验，否则产生消极的体验。情绪和情感的产生除了受刺激情景、需要和已有知识经验的影响外，也离不开神经生理基础。研究者现已确认大脑皮层、丘脑、下丘脑、边缘叶等结构与情绪活动有密切联系，情绪的生理反应主要由植物性神经系统控制。

① 图片来源：Adams,G.S.,Converse,B.A.,Hales,A.H.,&Klotz,L.E.,(2021).People systematically overlook subtractive changes. *Nature*, 592(7853), 258-261.

当我们出现不同情绪时，往往伴随着不同的生理反应。关于情绪与生理的关系，心理学积累了很多理论。詹姆斯－兰格理论认为，自主神经系统活动导致情绪的产生，悲伤是因为哭泣，愤怒是因为打斗，恐惧是因为颤抖，即先有生理变化，随后产生情绪，情绪是生理变化的结果。坎农认为，情绪与生理反应是同时产生的，没有前后之分。他发现外界刺激输入感官系统引起神经冲动，神经冲动经过内导神经传达到丘脑，然后丘脑将信号向上传到大脑，产生情绪的主观体验，向下传到交感神经，引起情绪的生理反应，情绪的主观体验和生理反应是同时产生的。阿诺德认为，要对刺激进行认知评定才会出现情绪，不同个体对同一情境的评估结果不同，就会产生不同的情绪。如果评定结果显示情境是有利的，就会产生积极情绪；反之则产生消极情绪。初生牛犊不知道老虎的可怕之处便不把情境评定为有害，也就不会产生恐惧。沙赫特－辛格理论认为，情绪是生理唤醒、认知评价和环境因素交互作用的结果，三方因素整合到大脑皮层才会产生相应情绪。拉扎勒斯认为，人和环境相互作用才会产生情绪，个体不仅仅要受环境影响，还不断地评价环境与自身的关系，同时还要调节自己的反应。

2. 有趣的情绪和情感现象

（1）情绪的具身启动效应

心理学家威廉·詹姆斯曾说：“如果你不开心，那么，能变得开心的一个很好的办法是开心地坐直身体，并装作很开心的样子说话及行动。”如果你的行为散发的是快乐，就不可能在心理上保持忧郁。体会了其中的真谛，你的人生将会充满快乐。

情绪能够影响我们的身体姿态，这是毋庸置疑的，奇妙的是身体姿态同样能够影响情绪：摆出自信的姿态，心理会体验到自信，摆出无奈的姿态，内心也会感到柔弱。研究发现，通过让被试做出高权力姿势和低权力姿势，其内分泌指标和行为就会发生相应的变化。做出开放、四肢伸展的动作的人，两分钟后体内睾酮素水平升高、皮质醇水平降低，觉得自己更有能量，也更倾向于冒险；而做出萎缩拘束姿态的人两分钟后出现了相反的反应。也就是说，当我们摆出强势的身体姿态，真的能够变得更自信、更有能量感。

身体姿势的改变能够引起相应的生理变化和情绪变化，因此我们也可以通过这种方法来进行自我调节。摆出昂首挺胸的姿态可以提升自己的自信心，做出微笑的表情来使自己变得开心，放松肩膀和面部肌肉可以舒缓心理压力。被研究者曾经因为车祸，认知功能受到影响，在读普林斯顿大学博士的时候，感到自卑，觉得自己配不上这所名校。后来她故作坚强，刻苦学习，每天昂首挺胸、装作自己配得上这所学校的样子，过了一段时间，果然成为那里优秀的博士。

（2）数钱可以减轻人的痛苦

金钱除了具备购买功能，也具备了一定的社会功能。因为金钱可以用于购买商品，拥有更多财富的人会比贫穷的人更自信。人们通常想从社会系统中获得对自己有益的物质上的金钱和精神上的被认可。

拥有金钱或许可以使人变得快乐，甚至数钱也可以有相同成效。研究表明，数钱可以减轻人们社交上的痛苦和身体上的痛苦（Zhou，Vohs & Baumeister，2009）。比起数纸片，数纸币更能减轻人们因为社交上被排斥和拒绝而产生的痛苦，也使人更能忍受浸入热水产生的身体痛苦。而回顾已经花费的金钱，则会加深社交排斥和浸入热水产生的痛苦感觉。

还有研究者发现，在允许说脏话的情况下，被试可以把手放在冰水里面忍耐更长的时间（Stephens et al.，2009），也就是说，适当地说脏话也是可以减轻痛苦的。可见，人们有不少意想不到的舒缓心理痛苦的方式。

（3）发脾气的性别效应

情绪在人与人沟通中所起的作用，重点在于听话者如何理解说话人所表达的情绪。人的情绪有时非常复杂，流泪不一定代表难过，也可能是喜极而泣。对别人情绪的理解需要综合当事人的性格特点和行为习惯，以及当时所处的情境。然而，有时人们并不能如此客观地理解。

有研究者通过实验探讨人们对于男性和女性愤怒的理解，发现愤怒能够提高男性的社会影响力，对于女性却起到降低社会影响力的作用（Salerno & Peter，2015）。当一个男性愤怒地表达意见，人们会为他的愤怒而动摇，重新慎重考虑他的意见；而当一个女性愤怒地表达意见，人们却更倾向于忽略和否定她的想法，认为她不过是任性地固执己见。这个研究的结果引发人们的思考：是否女性的社会影响力会不可避免变得更低呢？在司法判决中，人们对于男女性愤怒的理解差异有时会使得裁决变得不公正。例如，和婚姻有关的判决中，如果重视男性的愤怒、忽视女性的愤怒，有可能会造成歪曲事实的不良后果。

（4）共情的研究

共情指个体理解他人的情绪状态并做出相应的情感反应。观看感人的电影时潸然泪下，听到好朋友倾诉伤心事时感同身受，都是共情的表现。情感性的共情可能是与生俱来的，有研究发现新生儿能够对其他婴儿的哭声做出哭泣反应（Field et al.，2007），当婴儿听见其他婴儿的哭泣声时，也会表现出痛苦和抑郁的情绪反应。而理解他人的情绪及原因，则需要随着个体的认知能力发展而发展。

由于共情的存在，人们往往不会对遭遇困境的人冷眼旁观。例如，汶川特大地震、疫情期间武汉封城……当祖国一方同胞有难，其他人也总是会忧心忡忡、牵肠挂肚，愿意提供精神和物质方面的援助。这种“一方有难，八方支援”的亲社会行为，是以共情为基础的。共情—利他假说认为，当他人受难时，旁观者会对其产生共情、同情、怜悯等情绪，这种情绪越强烈，旁观者的帮助动机就越强，越有可能产生利他行为。有研究发现，幽默与共情之间存在相互抑制的关系（李龙骄等，2021）。弗洛伊德认为，幽默有时隐藏着攻击性，是一种“高明的”冒犯他人的方式。高共情特质的人，出于对受难和攻击的敏感，难以将幽默理解成良性的玩笑，更容易捕捉到幽默背后的攻击性，也更容易产生误解。因此，高共情特质的人在社交活动中更少使用幽默策略。所以，不合时宜的幽默可能会中伤共情能力较强的人。

（二）动机

1. 动机研究概述

动机是指引起和维持个体的活动，并使活动朝向某一目标的内部心理过程和内部动力。动机与活动之间的关系有一定的复杂性，如同一项活动可能由不同动机驱动；不同的活动也可能受相同动机推动。因而，只有了解行为背后的真实动机，才能真正了解一个人的行为。

动机具有激活、指向、维持和调节功能。激活功能指动机推动有机体产生某种活动。例如，饥饿使有机体产生进食的行为。动机的强度不同，对行为的推动力也不同。极度饥饿的状态下，强烈的推动力可能使个体甘冒受惩罚的危险去获取食物。这也是一些公共危险行为发生的原因。指向功能指动机使有机体的行为指向一定的目标和对象。维持和调节功能具体表现为，当人们面临动摇、冲突或者冲动的时候，强烈的动机能使人坚持目标，减少背离目标或价值观念的放弃或者冲动行为。理想、信念、信仰高级动机是我们践行社会主义核心价值观，坚持党性的保证。“人民有信仰，国家有力量，民族有希望”体现了动机的力量。

动机由需要和诱因共同组成。因此，动机的强度和力量取决于需要的性质，也取决于诱因力量的大小。首先，动机的强度与目标的价值有关，目标对个体的意义越大，动机的力量越强。其次，个体对实现目标的概率的估计或期待也有重要意义。当个人将目标看得十分重要，而且对实现目标的可能性估计得越大时，由目标激发的动机力量越强。弗卢姆（Vroom，1964）曾用公式说明了激发力量、目标价值与期待的关系，他认为：激发力量=效价 × 期待，其中激发力量指目标激发人的内部力量的强度，效价指目标对个人的价值，而期待指个人根据经验判断达到目标的可能性。弗卢姆的公式启发人们可以通过设立因人而异的目标，来调动不同个体的积极性。这对提高行政管理效率很有借鉴意义。

2.有趣的动机研究

（1）耶克斯-多德森定律

动机能引发和维持认知活动，但是动机的强度与活动效率并不是成正比关系。学习动机过低的员工，可能会吊儿郎当地应付工作，工作效率低下；而工作动机过高的员工，夜以继日地操劳，可能因为压力过大、负荷过重而影响工作效率。有研究者发现，唤醒和绩效之间呈倒U型的关系，即太低或者太高的唤醒程度会导致绩效较低，而适度的唤醒水平会提高绩效。

在具体活动中，动机强度对工作效率的影响还受具体任务难度的影响，也就是说在不同难度水平的任务中，达到最佳的工作效率所需的个体动机水平是不同的。耶克斯（Yerkes）和多德森（Dodson）致力于这方面的研究，并发现了著名的耶克斯-多德森定律：每种活动都存在动机的最佳水平，动机的最佳水平因活动的性质不同而不同：在比较简单的任务中，工作效率随动机的提高而上升；随着任务难度的增加，动机的最佳水平有逐渐下降的趋势。所以有些工作在高唤醒水平下完成度更好，有些工作在低唤醒水平下完成度更好（见图2-4）。

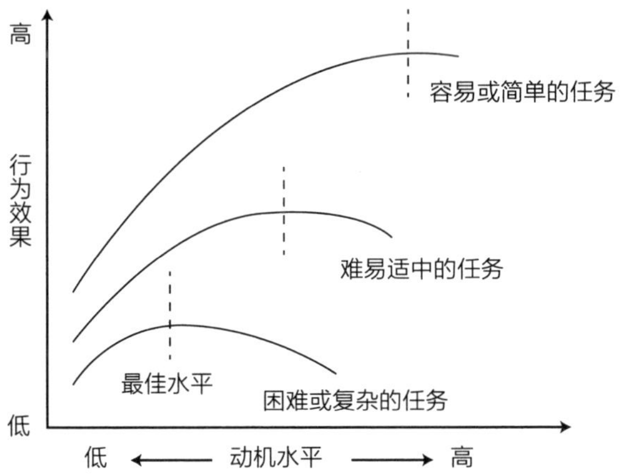

图2-4　耶克斯-多德森定律

在进行比较简单的任务的时候，可以通过提高动机来达到最佳的工作效率。而面对比较困难的工作时，我们需要酌情降低动机，降低期望值，以达到最好的工作效率。

（2）权力动机的研究

权力动机就是指个体渴望影响和支配他人以及周围环境的愿望或驱力。高权力动机者渴望得到名誉、声望和影响力。表现出公开的亲社会行为是获取名誉和影响力的一种有效方式，例如关心和帮助他人、捐款等。这些行为在被他人看见甚至报道时能带来赞许和名誉。有他人在场或他人关注时，个体往往表现出更多的亲社会行为。

研究发现，在被他人观察或公开情境下，高权力动机个体宁肯放弃自己的一部分物质利益，以公平和合作的形象展示自己，这种“追名弃利”可以为他们换取更好的名誉或者潜在的更高的地位，从而更可能去实现自身的影响力。相反，匿名情境下的亲社会行为并不能为个体带来名誉和地位，高权力动机者不会出于策略的考虑去表现出亲社会行为（王建峰，戴冰，2020）。

基于名誉解释取向的高成本信号理论（Costly Signals Theory）可以有效解释上述行为。据该理论，动物（包括人类在内）会选择用高成本的行为来传递某类重要信息，而这些信息往往意味着高价值。例如，雄性孔雀又长又大的尾羽虽然导致其更容易被天敌所发现以及造成觅食的不便，但这种高成本的信号向雌性孔雀传递了自身生殖适应的高价值。只要获得了高价值，就可以弥补一开始所消耗的高成本。同样地，该理论也可以解释许多慈善行为。为什么捐款人想要剧场、学校、医院等以他们的名字命名？为什么各类媒体上流传着各种各样的慈善家名单？我们对别人赚了多少钱感兴趣，但我们对他们捐了多少钱更感兴趣。人们（尤其是渴望权力的人）喜欢被人看到自己的行为慷慨仁慈。可见，对于有些慈善捐助者，不宜道德绑架，其行为背后可能有一定的权力动机因素，可以理解。当然，社会上很多捐助者，纯粹是为了做慈善，出于价值信仰和家国情怀，值得崇敬！

（三）意志

1.意志研究概述

意志是个体自觉确定目的，并根据目的调节支配自身的行动、克服困难，实现预定目标的心理过程。意志是人类主观能动性的集中表现。在现代心理学中，有关意志的研究似乎很少，相关的实证文献似乎不多，其实，当代认知心理学中有关认知控制、执行功能、自我控制的研究都属于意志范畴。

意志对认知活动有着非常重要的作用。需要和情感是认知活动的动力，而只有意志才能使动力转化为行动。一方面，意志可以促使与目标有关的行动发生；另一方面，意志可以抗拒与目标无关或阻碍目标完成的行为。意志使个体能从多个动机中选择与目标一致的动机，并驱使动机转化为实际行动，以达成目标。比如，在工作尚未完成时可能会产生玩手机的动机、放松的动机、吃的动机等，意志在众多动机中选择完成工作的动机，因为当前的目的是完成工作。意志还能对认知心理进行调节，控制情感、调节心理状态，为认知活动目的的完成提供良好的内在环境。此外，意志还具有激励作用，以坚持性抵抗外界压力和困难，直到目的达成。

2013年，一位华裔女心理学家安杰拉·达克沃思（Augela Duckworth）因为意志重要性的研究获得了麦克阿瑟天才奖。她通过大量调查和实验，发现智商、家庭社会经济条件、人际交往、长相等很多因素，对学习的影响都不是主要的，决定学生能不能学好的关键是毅力（2017）。她指出，不管学校多好，不管老师多么负责，如果学生缺乏学习意志和毅力，那么这样的学生是很难教好的。这个研究对于解除对教师的道德绑架有重要意义。有句教育名言——“没有教不好的学生，只有不会教的老师”，给一线教师带来极大压力。达克沃思为化解这种压力提供了科学依据。

Pace Ugo等人（2018）认为，意志控制是个体内部自我调控系统的重要成分，反映了个体自我调控的能力。有学者认为，意志控制和执行功能是自我调控的两个主要内容，且近些年二者的研究出现整合的趋势。自我调控是指个体监控、调节和控制自己的认知、情绪和行为的过程；而执行功能是指有意识地控制自己的思想和行动。自我调控、执行功能和意志三者都体现了意识的能动性和主动性，在出现内在矛盾和冲突时起调节和控制的作用。我们可以看到这些概念有较大的重叠性。执行功能的内涵的研究有助于我们加深对意志的理解。最新研究表明，执行功能具体包括：任务激发（Task Initiation）、计划并确定优先级（Planning And Prioritizing）、指向目标的坚持（Goal-directed Persistence）、认知灵活性和任务转移（Flexibility And Shifting Focus）、持续性注意（Sustained Attention）、反应抑制（Response

Inhibition）、心理活动组织（Organization）、时间管理（Time Management）、情绪控制（Emotional Control）、元认知（Metacognition）等（Lezak，2015）。

2.有趣的意志研究

（1）延迟满足实验

延迟满足是指为实现更有价值的长期目标而放弃眼前即时满足，并进行自我控制的行为。20世纪60年代，斯坦福大学的教授米歇尔（Mischel）做了一个著名的“延迟满足”实验。研究人员找来数十名儿童，让每个人单独待在一个只有一张桌子和一把椅子的小房间里，桌子上的托盘里有这些儿童爱吃的棉花糖。如果他们马上吃掉棉花糖，后面就没得吃了；如果能暂时忍住诱惑，等研究人员回来时再吃，还可以再得到一颗棉花糖作为奖励。实验过程是对意志力的考验，孩子们会用捂住眼睛、背转身体、拉自己辫子、踢椅子、用手打棉花糖等多种方法去抵制诱惑。结果，大多数孩子坚持不到3分钟就放弃了。大约1/3的孩子坚持到了最后，延迟满足时间大约15分钟，获得了奖励。研究者后来对孩子们进行了长期的追踪研究，发现实验中成功延迟满足的孩子在后来的学业和生活中都更加成功。我国学者陈会昌通过长达二十几年的跟踪研究，验证了这个发现，并提出主动性和自控力是儿童成长最重要的两颗种子。

大量研究表明，儿童的延迟满足能力与其学业情况、社交能力和压力应对都有很大关联。延迟满足的能力越好，儿童日后的发展就越积极。面对手机、网络游戏等方面的诱惑，延迟满足能力越强的儿童越能调控和管理自己的行为，为有价值的目标而努力。Bonato和Bolan的研究（1983）发现，肥胖儿童比体重正常儿童表现出对食物延迟满足的不足。

延迟满足能力对于成人同样重要。减少肥胖、管理身体、投入工作、摆脱手机依赖，都需要拥有一定的延迟满足能力。提高延迟满足能力，可以运用想象法，想象目标达成和目标未达成时别人的评价和自己的情绪，从而抑制选择一时快感；也可以通过代币奖励法、榜样激励法等方法。

（2）自我控制与抗疫心理

新冠肺炎疫情暴发时，出于对疫情传播的担心，加上封控隔离措施的实施，有些居民出现了心理问题。风险弹性模型表明，外在的风险和不利环境会加剧恐惧、焦虑、抑郁等情绪的发生，而充足的内外部资源能够很好地抵消负面结果的影响。自我控制能力是一种重要的内部心理资源，自我控制水平高的人在面对问题时能更好地应对和解决问题。

Li等（2020）发现，个体感知到新冠肺炎的严重程度越高，越可能时常感受到情绪低落、不愉快甚至失眠等。研究发现，相比于低自控者，高自控个体更有可能提前计划应对方式、调节由高发病率和高传染率引起的消极情绪（如焦虑、恐惧），从而有助于减轻疫情感知严重性对个体心理健康的负面影响。

自我控制能够缓解感知到的新冠肺炎疫情严重程度对心理健康的危害。高水平的自我控制者即使清楚疫情带来的危害，也较少因此滋生严重的心理健康问题，表现得较为冷静与镇定。而自我控制水平低的人更有可能因为感知到疫情的严重程度，而出现抑郁、焦虑、无心工作等心理健康问题。这意味着那些自制力较低的人更需要心理援助。

提升疫情期间人民的心理健康水平，可以培养个体自我控制能力。通过一些干预项目可以有效地提高个体的自我控制能力，如冥想、全面的自控力训练、积极自我暗示等。

四、个性心理特征

（一）能力

1.能力研究概述

能力是指人们顺利完成某种活动所必备的心理特征，既指现有能力，也指潜在能力。与完成活动有关的心理特征或心理过程有很多，如动机、情绪、人格等，只有那些成功完成活动所必需的心理特征才叫能力。如只有能分辨颜色才有可能作水彩画；而其他因素如热情、活泼、上进等并不是必需的，不属于能力。

按其倾向性，能力可以划分为一般能力和特殊能力。一般能力是指大多数认知活动共同需要的能力，如观察力、注意力、记忆力、想象力、思维能力等。一般能力的总和就是通常所说的智力。特殊能力指专为顺利完成某领域活动所必需的能力，如音乐能力、数学能力等。

能力具有复杂的结构，对于它具体包含哪些成分，如何构成的，有许多不同的理论。桑代克（Thorndike）主张独立因素说，认为能力由许多独立成分或特殊因素构成，彼此相互独立，但从事任何活动都需要几种因素组合。斯皮尔曼（Spearman）提出双因素说，认为能力由一般因素（G）和特殊因素（S）构成，类似上面讲的一般能力与特殊能力。瑟斯顿（Thurston）的群因素理论把智力活动分成七个原始群：数字、言语、空间、词汇流畅性、推理或归纳、记忆和知觉速度。吉尔福特（Guilford）的三维结构模型认为，智力可以从内容、操作和产品三个维度来区分。内容维度包括听觉、视觉、符号、语义、行为；操作维度包括认知、记忆、发散思维、聚合思维和评价；产品维度包括单元、分类、关系、转换、系统和应用。据此，人的智力可以在理论上区分为$5 \times 5 \times 6 = 150$种。此外，智力还有很多其他理论，如阜南的层结构理论、戴斯的智力PASS模型、加德纳的多元智能理论、斯滕伯格的三元智力理论等。

2.有趣的能力研究

（1）加德纳多元智能的研究

加德纳（1983）认为，智能是个体用于解决实际问题和生产产品的生理和心理潜能。智能有八种基本的形式，分别是言语智能、逻辑智能、视觉智能、音乐智能、身体智能、人际交往智能、自我认知智能和自然智能（见图2-5）。言语智能是指个体利用言语进行自我表达，以及理解他人语言文字的能力。逻辑智能指逻辑推理和数学计算能力。视觉智能是利用三维空间觉知内外在图像、形成心理表象的能力。音乐智能指对节奏、音色等音乐组成的感知能力。身体智能是指协调身体、操作物体或进行运动的能力。人际交往智能指个体能够理解他人、与他人沟通交往的能力。自我认知智能是指能够进行自我觉察、自我控制的能力。自然智能则是指对自然界各物体的辨认和分类、洞察和预见能力。每个人都有这八种智能，但是不同人侧重面不同。我们所说的“偏科”正体现了个体在不同方面智能的发展不平衡。多元智能理论启示我们，学生IQ高固然好，但是IQ低不一定有问题。因为传统IQ测验主要测的是言语智能和逻辑智能，而这方面有问题的人，可能在其他方面发展良好，要充分发掘每个人的优势智能和闪光点。

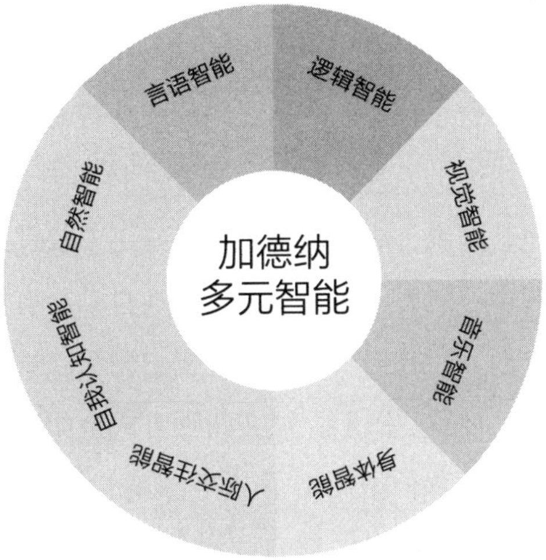

图2-5　加德纳多元智能模型

多元智能理论为“因材施教”提供了很好的理论依据。教师针对不同的教学内容需要运用不同的教学方法，以适应不同的智能特点；相同的教学内容，针对不同学生的智能特点，也应采用多样化的教学方法。加德纳认为，大多数人的各种智能都是能够得到充分发展的，展现了一种比较积极的教育观。在教育中不仅要重视不同学生的发展状况不同，也要对其发展充满信心，发展长处，补足短板，促进其全面发展。

（2）斯滕伯格成功智力的研究

斯滕伯格认为，传统的智力理论将智力简单化了，测得高智商的人未必获得高成就。为此，他提出了真正能预测成功的智力理论。斯滕伯格（1996）认为，成功智力包括分析性智力、创造性智力和实践性智力三个方面。成功是通过分析、创造和实践三个方面智力的平衡获得的。其中分析性智力是进行分析、评价、判断和比较的能力，也是传统智力测验所测量的能力；创造性智力是面对新任务、新情境产生新观念的能力；实践性智力是把经验应用于适应、塑造和选择环境的能力。其中，分析性智力又包括三种基本成分：元成分、操作成分和知识获得成分。元成分位于最高层次，用于执行计划、监控、评价等；操作成分用于执行元成分的指令，将已有信息和计划付诸行动；知识获得成分是学习新信息和存储新信息的过程。

斯滕伯格认为，成功智力就是个体充分发挥自己的潜能，最终达成目标的智慧技能。个体之间的成功智力发展存在差异，但差异主要不是在于发展水平的差异，而是表现在个体对自己成功智力优势领域的发现和利用上。也就是说，成功智力发展得好，不仅仅指个体拥有很强的计划、监控、执行和学习能力，而在于个体发现自己最有优势的智力领域并加以发展。在测量方面，斯滕伯格反对传统智力测验以选择题或文字题为主的形式，提出以语言、计算、图形、短文四种方式全面考察成功智力。

斯滕伯格提出了20个成功智力者的特征，对于高级人才培养极具指导意义。它们是：能自我激励；学会了控制自己的冲动；知道什么时候应坚持；知道如何充分发挥自身的能力；能将思想转变为行动；以产品成果为导向；完成任务并能坚持到底；都是带头者；不怕失败的风险；从不拖延；接受合理的批评和指责；拒绝自哀自怜；具有独立性；寻求克服个人困难的办法；能集中精力达到自己的目标；既不会对自己要求过高，也不会对自己要求过低；具有延迟满足的能力；既能看到树木也能看到森林；具有合理组织的自信及完成其目标的信念；能均衡地进行分析性、创造性和实践性的思维。我们可以看出，很多通常所说的“非智力素质”被纳入成功智力特征，在智力开发中，尤其需要引起格外重视。

（3）能力和自信心的关系——达克效应

人们一般认为，能力越强的人越自信，但实际并非如此。能力低的人反而容易盲目自信，能力强的人反而比较谦卑。有研究发现，个体对自己的绝对能力水平评价相对客观准确，而对于相对能力，即团队或群体中的能力排名，评价并不准确。能力最高的人倾向于低估自己的相对能力，而能力最低的人反而高估自己的相对能力（Kruger & Dunning，1999）。这种能力高者低估自己的能力、能力低者高估自己能力的现象称为邓宁－克鲁格效应（The Dunning-Kruger effect），简称“达克效应”。他们还在阅读、驾驶、下棋或打网球等各种技能的研究中发现：能力差的人通常会高估自己的技能水准；能力差的人不能正确认识到其他高水平者的水准；能力差的人无法认知且正视自身的不足；如果能力差的人能够经过恰当训练大幅度提高能力水准，他们最终会认知到且能承认他们之前的无能程度。

达克效应，经过网友的演绎，可以描绘成图2-5这种形态。图中表述虽然不够严肃或严谨，但总体上是有实验依据的。当个体能力不足，且清楚地认识到自己能力不足时，自信程度较低。当他能力有所提升，为所学到的知识沾沾自喜，却没有意识到自己仍有许多无知之处时，自信暴增，到达“盲目乐观”。进一步的学习，让个体发现自己尚有许多不懂的地方，容易自信崩溃，跌入“绝望之谷”。随着知识和经验的进一步积累，能力越来越强，对自己能力的认知也逐渐提升，渐入佳境（见图2-6）。

达克效应提示我们，人们对自身能力的评价可能是片面的，而且越无知的人越容易盲目自信。为避免陷入“盲目乐观”的误区，我们需要保持谦虚、持续学习，体察世界之宽广、知识之无穷，不断充实自我。

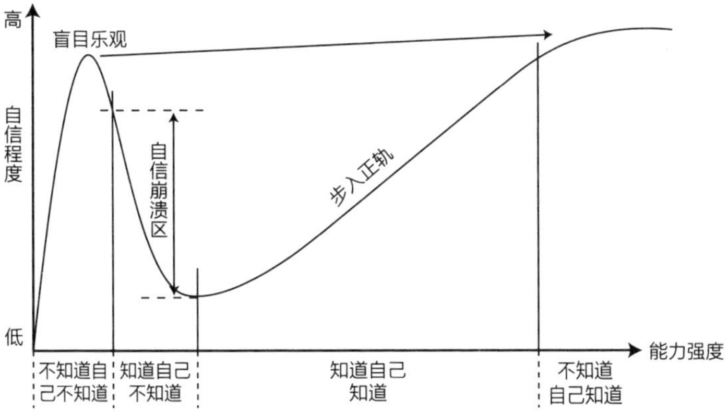

图 2-6　达克效应

（二）人格

1.人格研究概述

人格是个体在遗传素质的基础上，通过与后天环境的相互作用而形成的相对稳定和独特的心理行为模式。人格是一种内在的结构和组织，是区分个体差异的关键心理特征，是社会化的结果，具有整体性和稳定性。

人格主要由气质和性格组成。气质是指由神经结构和机能决定的心理活动的动力属性，如行为的强度、反应的速度、活动的持久性和稳定性等。气质是人们在许多场合一贯的稳定特点，气质差异给人的全部活动涂上一层独特的色彩。人格是指一个人在社会实践活动中所形成的对人、对事、对自己的稳定态度，以及与之相适应的习惯化了的行为方式。譬如，在对自己的态度方面，有的谦虚，有的高傲，有的勤勉，有的懒惰；有的人工作勤勤恳恳，赤胆忠心；有的人则懒懒散散，敷衍了事。气质没有好坏之分，但性格有道德色彩。

人格理论主要分两大类：类型理论和特质理论。最早的类型理论是体液说，由古希腊医生希波克拉底提出，他认为人有四种体液——血液、黏液、黄胆汁和黑胆汁。这四种体液在不同人体内所占比例不同，据此确定了胆汁质（黄胆汁占优势）、多血质（血液占优势）、黏液质（黏液占优势）、抑郁质（黑胆汁占优势）四种气质类型。生理学家巴甫洛夫（Pavlov）提出了神经活动的三个维度：神经细胞的兴奋和抑制过程的强度；神经系统的平衡性；神经过程的灵活性，即兴奋与抑制过程转换的快慢难易。依据这三种特性的结合，可以区分四种高级神经活动类型：强而不平衡的类型；强、平衡、灵活的类型；强、平衡、不灵活的类型；弱型。巴甫洛夫认为，高级神经活动类型是气质类型的生理机制，为古老的体液说分类找到了生物学证据。美国职业指导专家霍兰德根据职业兴趣，把人格划分为六种类型：现实型、研究型、艺术型、社会型、企业型、传统型，在生涯规划中应用广泛。荣格的人格类型理论及其衍生出来的MBTI测验的社会影响也很大。特质理论用多个基本的特质来描述人格。每个特质都是对立两端联系起来的一个纬度，任何人在这个维度上都有确定的位置。奥尔波特认为，特质构成一个人完整的人格结构。他把特质分为一般特质和个别特质，一般特质是一种概括化的性格倾向，个别特质是指个人所独有的性格倾向。个别特质又进一步分为首要特质、主要特质和次要特质。卡特尔特质划分为表面特质和根源特质。其中根源特质是人格结构中最重要的部分，也是行为的最终根源。大五模型是人格心理学的新型特质理论。心理学的经典人格理论很多，不胜枚举。不过大家要特别警惕九型人格理论及测验，因为缺少科学依据，并不被学界认可。

当代积极心理学提出的“人格优势价值实践模型”的六大美德二十四项积极心理品质（见图2-7），对健康人格培养也具有较大的实践启示。

图2-7　人格优势价值实践模型

2.有趣的人格研究

（1）有关大五人格模型及启示

大五人格理论通过大量词汇学和因素分析的研究，发现所有描述人类心理的形容词，最终可以凝练成五个主要因素，分别是开放性（Openness to experience）、尽责性（Conscientiousness）、外向性（Extraversion）、宜人性（Agreeableness）、神经质（Neuroticism）。这五个因素的英文字母缩写为OCEAN，所以大五人格也被叫作人格的海洋。通过这五个因素，我们基本就能对一个人形成全面而深入的认识。基于该模型开发的人格测验很多，有NEO-PI量表、BFI量表等，在学校、机关、企事业单位的人才测评中具有重要应用。

有研究发现，中小学生的校园暴力与大五人格中的神经质呈现正相关，与尽责性和外向性呈现负相关（周晨浩等，2019）。神经质得分越高，情绪稳定性越差，就容易产生冲动行为。外向性得分越低的个体，沉默而不擅长社交，容易导致情绪压抑从而产生心理问题。尽责性的个体，自我控制能力差，容易冲动和并出现攻击行为。因此，在教育中引导学生人格健康发展非常重要。大五人格模型相关的研究涉及许多方面，如大五人格与婚姻关系的研究、大五人格与幸福感的研究、大五人格与企业员工的组织公民行为的关系等。五项人格特质与心理健康也有不同的联系。除了作为有效科研工具，大五人格测验被广泛用于人才选拔。

（2）大米小麦文化与性格的关系

北方人豪爽，喝酒论碗；南方人委婉，饮茶缓缓。这样的场景并非人们对于中国南北方人民生活习惯的刻板印象，而是真实存在的南北方之间的差异。社会心理学家的研究发现，南北方人的性格差异竟然与他们吃面还是吃米有关。

起初，研究发现广州和北方城市如哈尔滨、北京的居民日常行为表现有所不同。广州居民似乎更在乎别人的感受，在和别人交谈时会考虑到自己的言行是否会伤害对方或让对方难堪；而北方人相对更直爽、坦率。学者在咖啡店进行了一系列研究，观察不同城市的人们在遇到需要侧身才能通过的走道里，是选择侧身通过还是选择挪动椅子以方便自己正常通过。结果发现，在上海、广州、香港，更多人选择侧身通过；而在北京和沈阳，更多人选择挪动椅子。文化心理学认为，个人主义文化的人在遇到问题时更倾向于改变环境，而集体主义文化的人倾向于改变自己来适应环境。经检验，美国作为典型的个人主义文化国家，大多数顾客选择搬动椅子，而集体主义文化国家日本的大多数顾客选择侧身通过。

这样的差异并不是由于城市的发展水平造成的，研究认为种植小麦和水稻可能与其有关，文化差异的原因可以追溯到早期的农业社会。由于小麦和水稻的种植方式不同，水稻需要消耗更多的农力和成本，因此种植水稻的农民常常互相帮助、共同合作，而种植小麦的农民主要靠自己的力量。研究者检验了南北方城市游客的成长地区，北方城市的人们确实大多在小麦地区成长。在印度的小麦和水稻地区进行了类似实验也呈现出相似的结果，表明南北方的差异并不是由气候冷暖造成。尽管很多现代人没有接触过农田和种植，却仍旧表现出了老祖先所传下的“大米小麦文化”差异。

第三章　心理学的学科体系

一、心理学体系概览

因为“有人的地方就有心理学”，心理学在生产、生活以及广泛的社会实践中都有重要作用。心理学自成为一门独立学科以来，随着研究技术不断进步，研究领域和研究主题不断扩大，当前已经形成包含百余个分支学科的学科体系。

如果把心理学整个学科体系形象地比喻为一棵大树，那么众多分支学科就可以比作一个主干和两个枝干，如图3-1所示。研究一般的心理现象与规律的学科组成主干，包括普通心理学、认知心理学、情绪心理学、人格心理学等。作为主干，它们研究的是最一般的心理现象和规律。

心理学大树的两个枝干：一个是研究不同领域的心理现象和规律的心

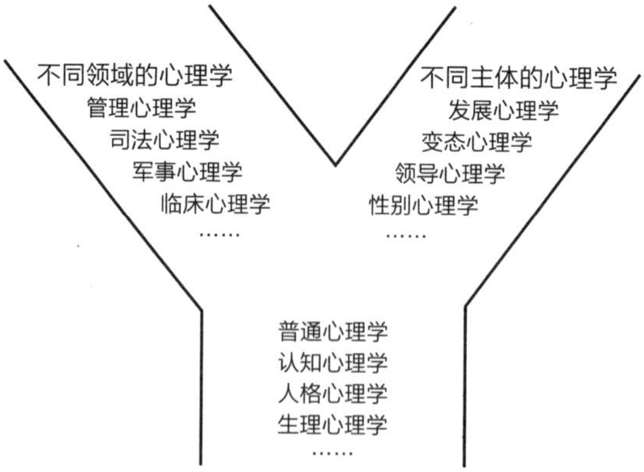

图3-1　心理学研究的内容体系

理学分支系列，如管理心理学、教育心理学、工程心理学、司法心理学、军事心理学、临床心理学、社会心理学等；另一个是研究不同主体的心理现象和规律的分支系列，如发展心理学、变态心理学、领导心理学、教师心理学、性别心理学等。

值得一提的是，这棵大树底下还有树根，包括方法类的一些基础学科，如心理学研究方法、实验心理学、心理测量学、心理统计学等。

由于社会实践的需求以及相关学科的发展，心理学研究领域不断扩展，心理学研究的主题也在不断扩大，心理学大树的枝叶还在不断延展壮大中。

二、研究一般心理现象的主要学科

（一）普通心理学

普通心理学是一门研究人的心理活动一般规律的科学。它以正常成人的心理活动为研究对象，研究范围包括两个方面：人的心理过程和个性。从整体上看，正常成人的心理活动达到心理发展的高级水平，体现出人类心理活动的典型特征。普通心理学并不研究人的某一年龄阶段或人的某一特定社会生活领域中的心理现象的特殊规律，而是研究心理现象的一般规律，如有关感受性的测量、学习与记忆的内在机制、思维的过程和决策机制、言语的理解与生成、能力的测量、人格的结构等。这些研究所得到的结果具有普遍意义，适用于各种主体和各种领域。

以记忆研究为例，近来有研究表明，对于生活中的负面信息和痛苦记忆，我们可以通过限制编码或抑制提取的方式对其进行主动控制，最终忘掉不开心的事情。这种能力叫主动遗忘，它是记忆控制的一种高级适应机制。当一段伤心往事突然侵入脑海，我们可以提醒自己“不要想了”，并努力地将它排除到意识之外，久而久之，这段记忆也会逐渐变得模糊，甚至完全被忘却。相比于放任自己对痛苦经历进行反复回味，这种主动控制过程可以帮助我们更快地摆脱痛苦记忆的困扰，其作用就像是“脑海中的橡皮擦”，慢慢地淡化那些不受欢迎的记忆痕迹。

研究发现，主动遗忘主要跟大脑的背外侧前额叶（DLPFC）有关，如果该区域受损，人们就无法有效控制信息的编码和记忆的提取，导致对负面信息的记忆增强和遗忘困难。许多抑郁症患者就有这样的问题，他们常常沉浸于负性记忆和消极想法中无法自拔，出现“反刍性沉思”，难以解脱精神痛苦。这就相当于抑郁症患者“脑海中的橡皮擦”消极怠工了。最新研究发现，经颅磁刺激（Transcranial Magnetic Stimulation，简称TMS）可以对这个脑区进行神经调控，从而使其恢复主动遗忘的功能（陈玉明等，2021）。他们实验发现，激活大脑右侧DLPFC可以同时作用于抑郁症患者对负性社会反馈的外显和内隐记忆，而激活左侧DLPFC只作用于外显记忆本身，说明右侧DLPFC可能在抑郁症患者主动遗忘的过程中起到了更核心的作用。因此，右侧DLPFC可能是治疗记忆控制障碍最有效的神经靶点，采用TMS激活该脑区有望恢复各类以记忆控制障碍为典型症状的患者“脑海中的橡皮擦”，显著提高他们对负性记忆的主动遗忘能力，从而帮助他们缓解痛苦、摆脱阴霾。

（二）生理心理学

生理心理学，也叫行为神经科学，主要研究心理现象和行为产生的生理机制。它试图以脑内的生理活动来解释心理现象。其主要研究方法是在脑的不同形态和功能下观察人的行为或心理活动的变化，比如车祸引起的海马体损伤会使人失忆，刺激颞叶会引起人对童年的回忆等。通过脑电技术，可以识别特定心理状态或者心理活动对应的电生理活动。通过功能性核磁共振技术可以探讨个体从事某种心理活动时大脑各部分的激活情况。近些年，研究者在行为动机、情绪情感、睡眠和觉醒、学习和记忆、语言和决策以及抑郁症等心理障碍等的生理机制研究取得了重要进展。

例如，我国学者胡海岚近年在情绪的神经编码、抑郁症发生的分子机制、社会竞争的神经基础等方面取得了重大成就。胡海岚团队在《科学》杂志刊文，发现“强者愈强”现象与大脑活动密切相关，而且可以被人为控制。大脑中存在一条介导“胜利者效应”的神经环路，它决定着“先前的胜利经历，会让之后的胜利变得更加容易”。胡海岚团队引入“钻管测试”来研究小鼠的等级地位：在一段只能让一只小鼠通过的玻璃管道中，两只小鼠狭路相逢，不进则退，占据优势者会在30秒内将对方推出管道。当科学家定向增强内侧前额叶脑区的突触强度，处于劣势的小鼠勇气倍增，顺利将处于优势小鼠逼出玻璃管道（Zhou，et al.，2017）。该研究表明，在相对简单的比赛中获得的成功经历，将重塑与增强信心有关的脑环路，从而提高在更困难比赛中获胜的可能。先天的弱势，也有可能被逆转。

（三）认知心理学

认知心理学，也叫信息加工心理学，产生于20世纪50年代中期，60年代后迅速发展，取代行为主义心理学并占据心理学研究的主导地位。认知心理学把人和计算机进行类比，把认知过程理解为对信息的输入、存储、提取和转换的过程。认知心理学的研究课题包括感知觉、模式识别，注意、学习、记忆、概念形成，思维、决策、表象、语言、情绪的发展过程等。

认知心理学有关短时记忆容量、错误记忆、注意资源有限性、决策认知偏差等研究，揭示了人类理性的有限性。例如，乔治·米勒发现人类的短时记忆容量是七加减二个组块，再聪明的人也不可能短时记住太多信息。视觉客体工作记忆的容量只有三到四个（Luck，1997）。在极限条件下，人类只能注意到一个颜色、两个位置（Huang，2007）。有关错误记忆的研究表明，即使是犯罪现场的目击者，即使秉持公正的态度，其对犯罪过程及当时环境记忆的可靠性也可能是有问题的。在不确定条件下，人类决策会产生很多偏差，如出现框架效应、锚定效应、可获得性效应、赌徒谬误、幸存者偏差等。所以，我们对人类的理性的期待要有所保留。

（四）人格心理学

人格心理学旨在探讨个体的人格发展与人格结构，以及影响其发展的先天因素和环境因素。人格是个体在行为上的内部倾向或行为模式，表现为个体适应环境时在能力、情绪、需要、动机、兴趣、态度、价值观、气质、性格和体质等方面的整合，具有动力一致性和连续性的自我。人格的稳定性和完整性是心理健康的基础。人格心理学的研究取向包括心理分析、特质论、行为主义、人本主义、人格的解剖学、行为遗传学、进化心理学等。人格心理学形成了很多具有深远影响的人格理论，如弗洛伊德的人格冰山模型、荣格的八类型理论、马斯洛的需要层次理论、班杜拉的社会学习理论、塔佩斯的大五人格理论等。

人格心理学特别重视社会文化因素对人类心理的影响，其研究成果和社会生活的联系也极为密切。2005年，《科学》杂志在创刊125周年之际列出了125个科学前沿问题，其中一个涉及文化的起源和变迁。中国科学院心理研究所蔡华俭（2020）系统研究了社会文化变迁对中国人心理与行为的影响。研究发现，半个世纪以来，中国人的现代性在逐渐增强，传统性在降低。现代社会广泛流行的、与个体主义相关的诸多价值（如自主、独特等）日益盛行，而传统社会流行的与集体主义相关的许多价值（如服从、内敛等）在衰落。独立建构的自我日益增强，而互依建构的自我不断减弱。与中国传统文化关系密切的人格因素（如人情、面子、关系、和谐等）的水平在降低，而适应现代社会要求的人格因素（如多元、开放、包容等）的水平在上升。中国人的成就动机总体上在下降，但追求成功的动机没有下降，而是避免失败的动机在增强。焦虑、抑郁、孤独等负面情绪在普遍增加，而积极情绪变化缓慢。生活满意度总体上有先下降后企稳回升的趋势，但不同群体的变化模式差异较大。人与人之间的信任水平总体在下降。关系继续在社会生活中发挥重要作用，社会支持在降低。在性行为和性心理方面的态度越来越开放、包容。这些发现表明，近半个世纪以来，中国人的心理和行为发生了广泛而显著的变化。这些发现在一定程度上可以帮助我们理解过去、当下和未来的中国人心态状况，从而为社会治理现代化、建设社会心理服务体系、培养“自尊自信、理性平和、积极向上”的社会心态提供借鉴。

三、研究不同领域心理现象的主要学科

（一）管理心理学

管理心理学研究组织中人的心理和行为规律，从而提高管理者预测、引导、控制人的心理和行为的能力，更为有效地实现组织目标。诺贝尔经济学奖获得者西蒙认为，管理心理学和组织行为学没有真正的差别。所以，管理心理学基本可以等同于组织行为学。其研究主题包括激励机制、管理决策、组织中的角色与人际关系、权力与影响、领导与执行、组织气氛和组织文化等。例如，研究怎样引导和激励怠惰的员工，怎样解决工作压力和职业倦怠，改进不良的态度和对组织变革的抵制。

现代管理心理学非常关注工作和生活质量，越来越重视工作满意度、安全与健康、组织文化、组织承诺、心理契约、压力管理、工作与家庭平衡等方面内容的研究；重视对积极心理品质和能力的测量；重视对自我效能感、希望、乐观、主观幸福感和心理复原力的研究。

以美国心理学家的双因素理论为例，说明管理心理学的应用。他把影响管理成效的所有因素分为两大类：保健因素和激励因素。保健因素是指造成员工不满的因素，如薪酬、公司政策、工作条件、工作保障、公司管理与监控、工作和人际关系等。如果满足这些因素，能消除不满情绪，维持原有的工作效率，但不能激励人们更积极的行为。激励因素是指能给员工带来满意的因素，如工作成就感、责任感和挑战性、个人发展机会、对工作成果的认同等。这些因素如果得到满足，可以对人产生很大的激励，即使得不到满足，也不会产生明显的不满情绪。如果保健因素不能得到满足，往往会使员工产生不满情绪，消极怠工，甚至引起罢工等对抗行为。如果激励因素解决不好，可能严重影响工作热情或工作效率。

根据这个理论，管理者在做工作设计的时候，要尽可能赋予职工自主权和控制权，让他们对自己的绩效做到心中有数，在一定范围内让职工自己决定工作节奏，尽量负责完整的工作，让他们有不断学习的机会。

（二）司法心理学

司法心理学是研究人们在司法活动中的各种心理特点和活动规律，并运用心理学的基本原理去揭露犯罪、改造罪犯，提高司法人员心理素质的一门学科。司法心理学研究主题包括：犯罪的心理基础和犯罪心理结构；实施犯罪时和实施犯罪后的心理活动；如何正确运用法律惩罚罪犯；犯罪规律；犯罪的预测和预防；审判心理；犯罪证据的信度与效度；被害者、证人、诉讼过程中司法人员的心理和罪犯改造过程中的心理等。监狱里一般都有专门的心理矫治科，对司法心理学知识有迫切需求。

以服刑人员的心理矫治为例，监狱警察可以通过正念训练矫正长期服刑人员的心理问题，增加他们的情绪调节能力。正念是一种通过觉察自身当下身心活动来缓解压力和调节情绪的方法。正念强调对此时此刻感受的清晰觉察，强调不评判、不反应和接纳当下。这种方法和中国的包容文化特征非常契合。正念训练对我国服刑人员的心理矫正具备很强的文化适切性。刘兴华等（2016）对40名男性长期服刑人员进行正念训练研究。把他们随机分为正念训练组和等待对照组。对正念训练组进行为期六周的正念训练，训练方案基于正念认知疗法（MBCT）开发而来，且加入了部分正念减压（MBSR）的内容，如正念瑜伽。干预前后均测量服刑人员的正念水平、焦虑、抑郁和心境。研究结果发现相比等待对照组，正念训练组在紧张焦虑、抑郁沮丧、愤怒敌意、混乱迷惑和消极情绪总分上显著降低。可见，源自东方传统文化的正念训练作为心理干预手段，对长期服刑人员的情绪稳定具有明显的干预效果。这为监狱心理健康工作提供了一种科学高效的、可操作化的方案模式，对服刑人员心理健康的维护和社会的长期安定具有积极意义。

（三）军事心理学

军事心理学是研究战争中人的心理活动及其对军事行为影响的学科。军事心理学主要研究在军事环境中人的心理和行为规律。研究主题涉及军事人才的选拔、分类、任命；军事训练的学习心理规律；军事人因工程研究；

军队士气与凝聚力研究；心理战；军事临床心理学；军事管理心理学等。随着兵种的发展，又出现了航空与航天心理学和航海心理学。前者除研究一般军事活动的心理规律外，还研究宇航员的意志品质的培训，在失重、超重条件下的心理变化及适应能力等。后者则研究在长期离开陆地情况下的心理变化，海上战斗和舰艇操纵中的特有心理学问题。军事心理学研究都属于保密范围，只有在失去军事价值的时候，才能够公开发表。现代高科技战争急需一大批心理素质过硬的军事指战员，以便在军事心理战的条件下，打赢战争，维护国家的安全和稳定。

例如，有关战斗应激反应（Combat Stress Reaction，简称CSR）的研究，对揭示战场环境下人的心理状态及其变化规律、对指导军事训练乃至实战具有重要意义。CSR是指军人在战斗或者非战争军事行动中经历了压力事件，从而产生的期待性、预测性、躯体上、认知上、情感上及行为上的反应。战斗应激反应分为五类：被动—依赖型、敌对—攻击型、抑郁型、心身相关型及精神病型。研究表明，提高军人的自我效能感，建立对自身的信任能显著降低CSR的负面影响。军官的领导魅力，可以将军事团队很好地凝聚在一起，也有利于降低CSR的发生概率。

军事认知神经科学研究表明，战斗应激反应引发个体的交感神经系统兴奋性增高，使个体进入“战斗—逃跑”状态。急性的战斗应激反应促使交感神经兴奋，儿茶酚胺分泌增多，有利于保持战斗状态；慢性的战斗应激反应引起糖皮质醇明显持久增高，而儿茶酚胺正常或降低，出现生理心理功能衰竭（Rahe，1988）。功能性核磁共振研究发现，战斗应激反应的参战人员表现出前额皮质控制功能的下降，活动减弱，而使杏仁核情绪加工增强（Van Wingen，2011）。也有研究发现，战斗应激反应会反作用于大脑神经系统，导致大脑神经长时程的结构改变。具体表现为相比未参与过战争的军人，经历过战斗应激反应的战士出现背侧前扣带皮层与杏仁核耦合的增强（Van Wingen，2012）。

（四）临床心理学

临床心理学，专门以行为异常或者心理疾病患者为研究对象，研究诊断、治疗、护理和预防心理疾病过程中的各种问题，并对有精神障碍或心身疾病的患者进行心理咨询和行为矫正，比如对强迫症的治疗，对抑郁症的治疗等。它主要的工作方式包括与病人谈话、实施心理测验以及提供团体或个人的心理治疗。在心理学发达的国家，从事临床心理学的人员在所有心理学从业者中所占的比例最大。

小林是一名高三学生，因为学业压力以及跟父母关系紧张，他有一个月没有办法正常入睡。每天夜晚躺下看着天花板，凌晨三四点会准时醒来，没有办法拥有完整的睡眠，导致所有的生活都被打乱，学习效率下降、食欲下降，有时会出现思维云集，特别是上课看着窗外发呆的时候，各种不利于自身健康的想法总在脑子里闪现。他讨厌按照父母设置好的道路前行，但又理解父母的良苦用心，这导致他很痛苦。小林的睡眠问题是情绪影响所致，而情绪的颠簸终究是具体的事件引起的。他面临着高考的压力，高考动机过强，随之忧愁抑郁情绪引起了躯体的某些症状。这是临床心理学常见的情形，可以通过心理咨询和行为矫正来帮助他缓解这种状态。

（五）咨询心理学

咨询心理学的研究对象主要是正常人，而不是患者，这是与临床心理学的本质区别。心理咨询是一个通过人际关系，运用心理学方法，帮助求助者解决自己问题的过程，其本质是助人自助。咨询心理学旨在帮助生活适应困难或心理困扰者，由了解自己到认识环境、澄清观念、解除困惑，进而革除不良习惯，重建积极的人生。它为解决人们在学习、工作、生活、保健和防治疾病方面出现的心理问题提供有关的理论指导和实践依据，使人们的认识、情感、态度与行为有所改变，以达到更好地适应社会、环境与家庭的目的，增进身心健康。机关、企事业单位设立的心理咨询室，就主要针对职工的心理问题，如对职工的人际交往困扰、婚姻家庭问题、亲子关系问题、职业倦怠问题等加以疏导，帮助他们解除困惑，促进其健康生活和工作。

以公务员的职业心理危机为例，说明咨询心理学的作用。公务员经常在工作中遇到压力或者问题，可能造成紧张、焦虑、烦躁甚至抑郁等消极情绪体验，如果得不到及时的心理疏导，可能引发严重的心理问题。近年来，由于突发公共事件增多、工作压力增大，公务员面临的职业心理压力越来越多。公务员作为一个特殊的职业群体，肩负着特殊的国家和社会责任，是政府工作的载体，其职业心理健康状况不仅关系到公务员整体素质的提高，而且从根本上影响公共行政管理水平，影响国家社会治理效率。

有调查表明，公务员目前主要以个人认定的方式来发现是否产生心理危机，其中超过半数的人以自己化解为主。研究者通过座谈发现，大部分公务员不愿意用公开的方式来承认自己已存在心理危机，原因在于担心存在心理危机与自己的升迁挂钩（钱金丽，2014）。可以通过现代心理咨询理论和技术对公务员心理危机进行干预；可以建立心理咨询热线，也可以安排心理通讯员，还可以通过第三方心理咨询机构对公务员心理问题开展咨询，以确保咨询质量和保密性。

随着社会的进步、人们生活水平的提高，心理健康问题正越来越多地受到关注，各种心理咨询中心、心理门诊、心理咨询热线也不断涌现。但是人们在踏入心理咨询室前通常会有很多的思想斗争："去还是不去？只有精神病人才会去这种地方？万一别人知道了还怎么见人啊……"其实，心理咨询虽然针对的是有心理问题的人，但是这种问题是限定在正常范畴的心理困扰，而不是出现严重心理异常的人。心理异常的人通常需要到医院精神科就诊。此外，心理咨询也有针对没有心理问题者的发展性咨询，目的是促进个体潜能的发挥，促进其更健全地发展，增强其生活幸福感。如新冠肺炎疫情期间，华南师范大学心理学院的"心晴热线"为缓解人们的心理困扰做了大量免费咨询活动，对平稳封控区群众的心态发挥了重要作用。

（六）消费心理学

消费心理学研究消费者购买、使用商品和劳务的行为规律。它涉及商品和消费者两个方面。与商品有关的研究包括广告、商品特点、市场营销方法等；与消费者有关的研究包括消费者的态度、情感、爱好以及决策过程等。其目的是研究人们在生活消费过程中，在日常购买行为中的心理活动规律及个性心理特征。研究消费心理学，对于消费者，可提高消费效益；对于经营者，可提高经营效益。

广告心理学是消费心理学的重要组成部分，主要研究如何将产品信息提供给社会大众，并由此引起消费者的购买意向及行动。它的基本任务是分析、研究和掌握广告对象的心理特征，为广告宣传提供心理学的依据。广告心理学主要研究两方面的内容：一是着重分析研究广告读者的心理活动特点和规律；二是研究形式不同、手段各异的广告宣传的心理效应和美术设计等技术过程中的心理问题。如广告心理学对简单曝光效应的研究表明，人们在一次或数次与广告短暂接触后，虽然不能记住该广告的信息，但是会对该信息产生肯定的情感反应。可见，广告对消费者产生的实际作用比以往我们想象的要大得多。

（七）社会心理学

社会心理学是心理学和社会学之间的一门边缘学科，主要研究个体和群体的社会心理现象。个体社会心理现象指受他人和群体制约的个人的思想、感情和行为，如人际知觉、人际吸引、社会促进和社会抑制、顺从等。群体社会心理现象指群体本身特有的心理特征，如群体凝聚力、社会心理气氛、群体决策等。我们经常会发现，当有很多人都在一家饭店门前排队，而旁边的店却门可罗雀时，如果不赶时间，我们也很有可能会加入到排队的行列，这就是一种典型从众行为，而发生这种行为的原因是我们对于具体信息的了解不深，倾向于相信多数人的判断，对偏离人群具有恐惧心理。社会心理学与人格心理学存在非常密切的联系，在社会心理服务体系建设中具有关键性的作用。本书第二篇的内容包含了社会心理学的核心知识。

这里简单介绍两个有趣的社会心理学效应，一个是登门槛效应，另一个是门面效应。

登门槛效应，是指个体接受了他人一个较小的要求后，为了维持前后一致的形象，避免认知上的不协调，就有可能接受更大的要求，也叫得寸进尺效应。在一个著名的实验中，心理学家弗里德曼等先让两个大学生访问郊区的一些家庭主妇。其中一个大学生请求她们在安全驾驶的请愿书上签名，这是一个很小的无害的要求。两周后，另一个大学生再次访问家庭主妇，要求在今后两周时间里在她们院子里竖立一个呼吁安全驾驶的大招牌。该招牌很不美观，这是一个高要求。结果答应了第一项请求的人中有55%的人接受这项要求，而那些第一次没被访问的家庭主妇中只有17%的人接受了该要求（Freedman等，1966）。这个实验说明人们都有保持自己形象一致的愿望，一旦表现出助人、合作的言行，即便别人后来的要求有些过分，也愿意接受。这种效应在现实生活中有广泛的应用。例如，商场里免费试吃、免费试穿、免费体验、赠送礼品的活动，能吸引顾客停下脚步去尝试商品，而接受热情周到的服务之后，当劝顾客买下时，很多顾客难于拒绝。在社会治理中，也采用逐步升级的方法，让有些原先不愿配合的人逐步接受管理要求。

门面效应，是指人们拒绝了一个很大的要求后，对较小的要求接受性会有所增加。社会心理学家查尔迪尼等在一个实验中，要求大学生担任一个少年管教所的义务辅导员。这是很高的要求，几乎所有的人都谢绝了。他们接着又提出一个小的要求，让大学生带领少年们去动物园玩一次。相比之下，这是一个较小的要求，结果50%的人接受了。而当研究者直接向大学生提出这一要求时，只有16.7%的人同意。那些拒绝了第一个高要求的学生认为这样做损害了自己富有同情心、乐于助人的形象，会产生负疚的心理，为恢复他们的利他形象，便欣然接受第二个较小的要求（Cialdini等，1975）。门面效应也是一种非常有效的影响人的策略。当想让别人为自己做某事时，可以先提出一个或者多个别人很难做到的要求，待别人拒绝且怀有一定的歉意后，再亮出自己真正要让对方做的事。由于前面拒绝了太多，人们为留些面子往往会尽力接受最后这项要求。研究发现，由于女性的同情心更强，更容易产生负疚的心理，因此，门面效应对女性的影响尤其有效。

（八）教育心理学

教育心理学是研究在教育情境下人类学习、教育干预效果、教学心理，以及学校组织的心理学。教育心理学是出现最早的应用性心理学科。它主要研究教育情境中教师与学生之间的互动行为，以解决教学中的实际问题，并期望通过建立系统的教学理论来提高整体的教学效果。研究主题包括学生心理发展特点、学习理论、教学理论、学习策略、知识掌握与技能形成、品德心理、教育评价和心理测量、教师心理等。例如，在干部培训过程中，学员的学习心理规律是什么？应该如何提高党史学习的效果？如何激发学习动机和学习热情？复习有哪些好方法等，都是教育心理学能解答的问题。

以美国心理学家韦纳的归因理论（Weiner，1974）为例，说明教育心理学的应用价值。归因是指人们对自己或他人的行为进行分析，推论出这些行为的原因的过程。在教育中，学生对成绩好坏的归因方式对后续的行为方式和动机强弱有重要影响。韦纳认为，人们对行为成败原因的分析可归纳为以下六个原因：能力；努力；任务难度；运气；身心状态；其他因素，如别人帮助或评分不公等。以上六点又可纳入三个向度之内：一是因素源，能力、努力及身心状况属于内部因素，任务难度、运气等则属于外部因素；二是稳定性，能力与工作难度是稳定的，其他各项则是不稳定的；三是可控性，以上六项中，努力是可以根据个人意愿控制的，其他均不可控。

韦纳等人认为，我们对成功和失败的解释会对以后的行为产生重大的影响。如果学生把成绩好归因为运气好，那么后续对自己还会信心不足；如果把成绩差归因为运气差，则不会损害自信心。如果把成绩好归为自己聪明，可能会增强自信；如果把成绩差归为自己笨，则会产生自卑心理，严重伤害学习积极性。可见，积极的归因催人奋进，消极的归因让人消沉。

积极的归因模式是，把成功归于内部稳定或可控的因素，如能力和努力，趋向进一步的成功；把失败归于内部可控的因素，如缺少努力。这样，不管成功还是失败，都会趋向下一步取得好成绩。

（九）环境心理学

环境心理学是研究环境与个体心理和行为之间关系的学科。它不仅研究环境对人的影响，同时也探讨人对环境的影响。其基本任务是对人类行为和人类生活物质环境之间关系进行研究，运用研究成果改善人类生活质量以及物质环境。这里所说的环境虽然也包括社会环境，但主要是指物理环境，包括噪声、拥挤、空气质量、温度、建筑设计、个人空间，等等。如对噪声与心理和行为关系问题的研究。从心理学观点看，噪声是使人感到不愉快的声音。对噪声的体验往往因人而异，有些声音被某些人体验为音乐，却被另外一些人体验为噪声。研究表明，与强噪声有关的生理唤起会干扰工作，但是人们也能很快适应不至于引起身体损害的噪声，一旦适应了，噪声就不再干扰工作。

环境心理学所涉及的内容相对较广，环境保护、人文地理学以及城市规划等各项内容都包含在其中。这里以景观感知理论为例，说明环境心理学的价值。景观感知理论结合环境心理学和景观美学，共同研究人对环境及景观的感知与偏好。景观感知的过程包括模式观察、形态认可、形态意义归结、情感负荷四个步骤。可以概括为景观刺激、产生感受、升华认知、情感反应的过程。可以通过多感官协作、放大视觉感官等方法提升人们的景观体验。例如，新加坡大巴窑感官花园给不同年龄层次、不同身体状况的人提供五感体验。视觉区的感知设计主要体现在水景设置、特殊装置设置和植物景观等方面。如种植各种颜色艳丽、色调不同的植物，形成繁花似锦的植物景观；结合不同的座椅，能观察到不同形状、颜色的花草，保证四季都有不同颜色的花；水泥道路地面拓印各色植物的叶子，因为老人经常低头走路，可以帮助刺激开发他们的脑部神经；园中设置一系列能刺激感官、富有趣味的小装置，如各种哈哈镜、回声装置等，最终形成良好的景观体验（徐峰，2021）。

（十）运动心理学

运动心理学是研究人在从事体育运动时的心理特点及其规律的心理学分支。它的主要任务是研究人们在参加体育运动时的心理过程，如感觉、知觉、表象、思维、记忆、情感、意志的特点，及其在体育运动中的作用和意义；研究人们参加各种运动项目时，在性格、能力和气质方面的特点及体育运动对个性特征的影响；研究体育运动教学训练过程和运动竞赛中有关人员的心理特点，如运动技能形成的心理特点，赛前心理状态、运动员的心理训练等。研究表明，对运动员的心理训练如心理表象技术的应用，即运动员在头脑中清晰再现一系列动作的形象，可以切实帮助他们提高运动的成绩。近年来，运动在心理健康中的应用也越来越广，例如，通过运动来转移注意力和进行替代强化，是戒掉青少年手机依赖和网络成瘾的有效手段。

运动也可以促进各类人群情绪稳定，有利于维护社会安定。例如，八段锦、太极拳等传统健身运动，对维护身心健康、改善社会心态具有积极作用。北京体育大学的研究表明，太极拳锻炼能促进中老年人良好心境状态（解缤等，2018）。研究发现，锻炼太极拳6个月以上，人们的心境状态在紧张、愤怒、抑郁、慌乱等方面的分数会显著降低。而且，长期的太极拳锻炼有助于他们更多地使用认知重评这样的积极情绪调节策略，最终获得良好的心境状态。

四、研究不同主体心理现象的主要学科

（一）发展心理学

发展心理学研究人类从胎儿到年老直至死亡的全过程的心理发生发展规律，旨在探究个体生命全程中身心变化规律及其与年龄的关系。根据个体发展的不同阶段，发展心理学还可以分为更细的分支，如婴幼儿心理学、儿童心理学、青少年心理学、成年心理学、中年心理学、老年心理学等。幼儿早期的发展是发展心理学家特别感兴趣的课题之一，他们所要探索的是儿童

思维、语言产生、知觉和活动能力的发展规律。这些研究的结果给儿童早期教育提供了可靠的依据。

另外，由于老年人占社会人口的比重提高，老龄化社会已来临，老年人的心理适应问题也开始受到了越来越多的关注。尤其近年来老年人被诈骗的案件越来越多。例如，某地市场监督管理局在突击检查时发现一家养生馆售卖“抗癌防癌”床垫，喊价近3万元人民币，专骗老年人。打感情牌是骗子们针对老年人的常用手段，他们为何总能轻而易举地博取老年人的欢心呢？这一方面可能是因为骗子们深知城市中独居的老年人很多，他们与子女平时沟通少，缺乏情感上的交流，因此用感情拉近自己和受害者的关系，实现行骗的目的；另一方面，心理学的研究告诉我们：老年人本身对“打感情牌”的营销模式缺乏抵抗力。

社会情绪选择理论认为，人的行为动机主要分为两种：知识相关的动机和情绪相关的动机（Williams等，2005）。在人生中的不同阶段，每一种动机在人们行为决策当中占的比重是不同的，年轻人的行为受到知识动机的影响较大，主要是为自己的将来考虑。而老年人的行为受情绪相关的动机影响更大，这种行为动机更加关注当下的感受和情绪。同样的例子，如果一个人被告知自己所剩的时间不多了，他很可能更愿意选择那些当下让自己开心的事情而不是学习新的技能。因此，老年人会更加青睐与情感有关系的信息和广告，打着“干爹”“干妈”的旗号也就成了骗子们的惯用伎俩。

（二）变态心理学

变态心理学是研究和揭示心理异常现象的发生、发展和变化规律，从而建立系统理论，为心理诊断和治疗提供理论基础的学科。它研究人的认知活动、情意活动、动机活动、智力和人格特征等方面的异常表现，如智力障碍、压力和顺应障碍、焦虑障碍、精神分裂症、人格障碍、忧郁症，等等。

变态心理学对于当前的社会治理和社会心理服务体系建设具有重要意义。部分青少年的品行障碍和成人的反社会型人格障碍是威胁公共安全的重要因素。我们需要加强对部分人群的筛查、预警和干预。

品行障碍指18岁以下青少年出现的持久性反社会性行为、攻击性行为和对立违抗行为。国内调查发现其患病率为1.45%~7.35%，男女之比为9∶1，患病高峰年龄为13岁。美国18岁以下人群中男性患病率为6%~16%，城市患病率高于农村。品行障碍极易引发少年犯罪，在一定程度上是医疗问题，18岁以后，很容易发展成反社会型人格障碍。反社会型人格障碍者具有高度的攻击性，无羞惭感，行为无计划性，对自己的人格缺陷缺乏自知力，不能从经验中吸取教训，屡教不改。因此，品行障碍的预防和矫治对社会治理具有长远的意义。可以通过家庭治疗、行为治疗、认知疗法和药物治疗等方式进行干预。改善亲子关系、加强正面养育、减少父母不良行为对青少年的影响；逐渐消除不良行为，建立正常的行为模式；必要时可以采取药物干预措施。

（三）领导心理学

领导心理学是研究领导者在领导活动中的心理行为和心理机制运行规律的科学。它实际上是管理心理学的一个分支，以组织中处于领导地位的人的心理活动为研究对象。研究的问题有领导者的判断、知觉、智力、经验、决策、情感、个性以及群体内的交往沟通等。具体研究课题涉及领导者的权力与威信、领导有效性的要素、领导者的人际关系、领导过程的实施、领导者的决策偏差、领导者对下属的行为激励和行为矫正、领导者的个体与群体选拔、领导者的自我修养等。

以领导信任为例，说明领导心理学的启示。有研究表明，让下属感到自己被信任，是领导者最佳管理策略之一（Nerstad等，2018）。这种被领导信任感不仅影响其工作态度和表现，也关系团队和组织的整体效能。如果不被领导信任，可能会打击员工的积极自我，也可能激发员工证明积极自我。如果员工感觉领导能力较高，感知能力不被领导信任将更多地降低其自我效能感，进而抑制其工作的努力，使工作绩效变差。相反，如果员工觉得领导能力较低，感知能力不被领导信任会使其产生较高的向领导证明自我能力的动机，进而促进员工努力工作，提升工作绩效。可见，当领导对某个领域或事情不擅长时，适当使用“激将法”往往能够激发员工积极的工作状态。领导在自己擅长的领域则需尽量避免对员工表达不信任，以防止打击员工工作信心，导致其产生消极的工作状态。所以，领导信任是一把双刃剑，要善于灵活应用。

（四）性别心理学

性别心理学主要是从人的社会性和认知等心理学方面的特征来研究人类两性之间的共性和差异的分支学科。主要研究问题有性别角色的形成和发展，攻击性行为，两性沟通、两性友谊与爱恋、两性关系与心理健康等。如有研究发现，男性的空间识别能力、手工能力以及逻辑思维能力强于女性，而女性则在语言技能、形象思维以及生活抗压能力方面胜过男性。女性更有同理心，对发生在别人身上的不幸事件，更容易产生共鸣。与男性相比较，女性的内在情感相对不易深藏和掩盖，在碰到不良刺激时，大多会在自己的情绪上表现出来。

性别角色和双性化人格是性别心理学一个有趣的主题。性别角色是指符合社会文化价值期望的典型男性化特质（如：独立的、有领导能力的、果断的等）和典型女性化特质（如：温柔的、深情的、善解人意的等）。两类特质相互独立，构成一个二维正交结构，并形成独立于生理性别的四种性别角色类型：男性化（高男性化、低女性化）、女性化（高女性化、低男性化）、双性化（高男性化、高女性化）和未分化（低男性化、低女性化）。

双性化是指个体同时具备传统观念所推崇的男性化和女性化特质，并认为相对于单一性别模式而言，双性化是最具社会适应特点的性别角色模式（Ashmore，1990）。研究结果显示，双性化人格模式的个体在自信心、自尊感、独立性、幸福感、社会适应能力、人格健康等方面优于男性化、女性化和未分化类型的个体，是最适合我国文化的性别角色发展模式（盖笑松等，2009）。

我国心理学家李红通过综述1978年以来性别角色与抑郁的关系变化趋势及其调节因素，回答了性别角色如何解释女性的高抑郁易感风险问题

（Lin等，2021）。通过系统检索，研究纳入了涵盖全球两万余名样本的58项研究进行元分析，结果发现男性化特质与抑郁存在显著的负相关关系，表现出稳定的保护效应，并且对女性而言同样重要，然而绝大多数男性都具有较高的男性化水平，而较少的女性表现出高男性化倾向，因此，女性的高抑郁易感性可能源于其缺乏有效预防抑郁的男性化特质。研究进一步发现，双性化性别角色个体易感抑郁的风险最低，即认为双性化个体更少受到传统性别刻板印象的影响，能够在不同场景下灵活地调整情绪应对策略。该结果提示，一味强调传统和典型的性别角色规范，如男性应该坚强，而不被鼓励温柔；女性应该善解人意，而不被鼓励独立、勇敢，可能是激化抑郁的重要风险因素。

（五）教师心理学

教师心理学主要研究教师的胜任力模型；教师威信的影响因素；教师心理健康；教师的风格；教师期待等对学生的影响作用；教师职业角色的形成与专家型教师的成长等。如罗森塔尔效应证明了教师期待对学习的促进作用。研究者曾到一所中学做题为“未来发展趋势预测”的测验（其实是很普通的智力测验）。随后，他们从受测者中随机挑选20%的学生，把名单交给任课老师，并声称他们未来很有发展前途。受专家“预测”的影响，老师对这些学生格外关注，期望值很高。8个月以后的智力测验结果显示，这20%学生的平均智商得到了显著提高。这是教师心理学中影响深远的研究之一。

以教师心理健康为例，我国学者俞国良研究发现，教师心理健康的职业标准包括以下6个方面（俞国良，2016）。第一，良好的教育认知水平：教育思想和理念先进，符合当前国家政策以及主流价值观。第二，悦纳教师职业，自我认同：热爱教育工作，能积极投入到工作中去，并由此获得成就感和满足感。第三，稳定而积极的教育心境：保持乐观积极的心态，不将生活中不愉快的情绪带入课堂，不迁怒于学生，能冷静地处理课堂情境中的不良事件，克制偏爱情绪，一视同仁地对待学生，不将工作中的不良情绪带入家庭。第四，健全的教育意志：能根据自身的实际情况确定工作目标和个人抱负，能在教学活动中进行自我监控，具有自我控制、自我调适的能力。第五，良好的人际关系：相互尊重、互利互惠，能客观评价别人，待人真诚，能建立自己的威信，善于领导学生，能够理解并乐于帮助学生。第六，教育环境的适应与改造：积极面对各种教育改革措施，在教学活动中不断学习，不断进步，不断创造，与时俱进。

以上我们较全面地介绍了心理学的主干学科和枝干学科。此外，还有一些方法类的基础学科，如心理统计与测量、实验心理学等，是心理学内容体系的树根，需要特别重视。

随着科学的发展和社会的进步，心理学正融入越来越多的社会实践领域，新的学科分支还会不断产生，心理学体系的参天大树会越来越茁壮，越来越繁茂。

第四章　心理学科的发展

有关心理学科的发展，著名心理学家艾宾浩斯有一句名言："心理学有一个漫长的过去，但只有短暂的历史。"简单地说，19世纪以前心理学一直附属于哲学的范畴，这是漫长的过去。从1879年冯特在莱比锡大学创建第一个正式的心理学实验室，标志着心理学成为一门独立的学科，至今只有140多年，这是短暂的历史。经过各国心理学家的共同努力，人们对心理现象及规律的研究取得了丰硕的成果，提出了众多影响深远的理论。心理学的研究成果，不仅揭示了科学奥秘，而且能够指导社会实践，在服务国家重大需求中发挥重要作用。

一、心理学的产生与发展概述

（一）心理学的产生

古希腊哲学家亚里士多德（Aristotle）的《灵魂论》一书，是人类文明史上较早的有关心理现象研究的专著。在这部著作中，他把人的灵魂看作生活的动力和身体存在的形式，认为灵魂支配身体活动，有自己的活动规律。他还对感觉进行了研究，并提出类似、对比、接近等记忆原理。

法国二元论哲学家笛卡尔（Descartes）是哲学心理学思想的创始人。他认为人的身体是由物质实体构成的，而灵魂是由精神实体构成的，身体和灵魂这两个实体互相作用、互为因果，这就是所谓的"心身交感论"。他还首先用"反射"的概念来解释人的部分心理活动，为发展科学的心理学作出了巨大贡献。此外，笛卡尔还专门写了《情绪论》一书，对情绪的本质、种类和机制做了研究。

贝克莱（Berkeley）和休谟（Hume）可以视为19世纪欧洲联想主义心理学思想的主要代表人物。贝克莱的《视觉新论》和休谟的《人性论》，虽然属于哲学著作，但对后来心理学的发展具有很大的影响。

从亚里士多德起，在长达十几个世纪的时期内，心理现象大多是由哲学家作为哲学问题加以研究的。

1825年，德国哲学心理学家赫尔巴特（Herbart）的著作《作为科学的心理学》问世，第一次庄严宣布心理学是科学。同时，他还主张将心理学与哲学、生理学区别开来。

1876年，英国心理学家培因（Paying）创办了世界上第一份心理学杂志《心理》，为发表心理学研究的成果提供了一个专门的学术平台。培因是心理学史上一个承前启后的人物，在他之前的所有心理问题，都是以思辨的方式论述的，所以称之为“思辨心理学”。

19世纪生理学和物理学的发展，为科学心理学的诞生准备了必要的条件。德国感觉生理学家韦伯（Weber）首先确立了感觉的差别阈限定律。稍后，费希纳（Fetcher）发展了韦伯的研究，运用心理物理法确定了外界物理刺激和心理现象之间的函数关系，即对数定律。他们的研究方法成为科学心理学研究的表率。

心理学从哲学中真正分离出来而成为一门独立的学科，主要由德国生理学家冯特完成。1879年，冯特在德国的莱比锡大学创立了世界上第一个心理学实验室，用实验的手段来研究心理现象，被公认为心理科学独立的标志。

冯特反对用哲学思辨的方式去探讨心理问题，坚持用观察、实验以及数理统计等自然科学的方法去揭示心理过程的规律，因而取得了丰硕的研究成果，并培养了一批来自世界各地的学生。冯特一生的著作很多，其中《生理心理学原理》一书被誉为“心理学独立的宣言书”，是心理学史上第一部有系统体系的心理学专著。冯特是科学心理学的奠基人，也是心理学史上第一位专业心理学家。

（二）心理学的发展

心理学成为独立学科以后，研究者们对“心理学研究对象到底应该是意识还是行为？”“研究方法到底应该遵循现象学和还是实证主义？”“心理学研究应该纯粹研究心理现象本身，还是应该强调研究的意义与功用？”等等这些问题进行了不同的探讨。对这些问题的不同回答，形成了心理学的不同流派。各个流派从不同的角度、用不同的方式勾画了心理学发展的完整画卷。这里先对各流派做一概要地介绍，同时将对影响最大的精神分析、行为主义和人本主义专门展开论述。

构造主义（Constructionism）是19世纪末心理学成为独立的实验科学以后出现的第一个心理学派。它与相继出现的机能主义（Functionalism）相对立。其主要代表是冯特和铁钦纳。这个学派受英国经验主义和德国实验生理学的影响，认为心理学的研究对象是意识经验，主张心理学应该采用实验内省法分析意识的内容或构造，并找出意识的组成部分以及它们如何连接成各种复杂心理过程的规律。它强调心理学的基本任务是理解正常成人的一般心理规律，不重视心理学的应用，不关心个别差异、教育心理、儿童心理等心理学领域。

在实验室中，他们只允许被试报告自己直接体验到的内部经验，不许涉及外界事物的意义和功用，否则就被视为犯有所谓“刺激错误”，即误以客观存在为意识内容。铁钦纳发现有三种最基本的心理元素：感觉、表象和感情状态。三者有质量、强度、明晰性和持续时间长短等属性差异。一切复杂而各异的高级心理过程都是由这三种元素复合而成的。构造主义学派是心理学史上第一个应用实验方法系统研究心理问题的派别。在他们的示范和倡导下，当时西方心理学实验研究得到了迅速传播和发展。但因其研究内容抽象且脱离实际应用，很快便退出了历史舞台。

机能主义心理学是在反对构造主义心理学的过程中产生的。它反对把意识分析为感觉、感情等元素，主张意识是一个连续的整体；反对把心理看作一种不起作用的副现象，强调心理的适应功能；反对把心理学只看作一门纯科学，重视心理学的实际应用；反对把心理学局限于正常人的一般心理规律，主张把心理学的研究范围扩大到动物心理、儿童心理、教育心理、变态心理、差异心理等领域。

机能主义心理学19世纪末在美国兴起，到20世纪20年代成为美国心理学的主导势力。其代表人物是威廉·詹姆斯（James）。他是一位深受达尔文生物进化论影响的心理学家，认为意识是连续不断流动的，人的心理是作为不可分割的整体发挥作用的。他还持有实用主义观点，强调有效用的思想就是真理。因此，心理学应该把有效用的心理过程而不是静态的心理内容作为研究对象。

后来芝加哥大学的杜威（Dewey）、安吉尔（Angell）和卡尔（Carl）等人继承和发展了机能主义心理学。如卡尔在1925年出版的专著《心理学——心理活动研究》中，系统地阐明了机能主义心理学的对象、目的、性质、任务、方法、研究范围和中心问题，使该学派发展成为一个成熟的体系。

机能主义心理学影响深远，推动心理学研究从单纯主观体验扩大到外部行为，为行为主义心理学开辟了道路。在机能心理学的影响下，个别差异心理学、各种心理测验、学习心理学、知觉心理学等都获得了快速发展。

格式塔（Gestalt）心理学是20世纪初在德国兴起的心理学派，也称完形心理学派。它的产生受到德国哲学家康德（Kant）的先验论和胡塞尔（Husserl）的现象学理论的影响。这是在冯特的本国因反对冯特的理论观点而产生的一大学派。“格式塔”是对形状、完形、整体等意思的德文译音，强调心理现象具有完整性，既不能割裂成简单的元素，又不包含于任何元素之内。

格式塔心理学派的代表人物有韦特海默（Wertheimer）、考夫卡（Koffka）和苛勒（Kohler）。格式塔学派强调整体的观点，重视各部分之间的综合。它强调经验和行为的整体性，反对构造主义心理学的元素主义，也反对行为主义的“刺激—反应”公式，认为整体不等于部分之和，意识经验不等于感觉和感情等元素的集合，行为也不等于反射弧的集合。

在格式塔学派建立后的数十年里，其理论被应用到知觉、学习、问题解决、思维等广泛领域。20世纪50年代前后，格式塔理论被推广到人格、社会和临床心理学领域。

受信息技术发展影响，加上行为主义步入困境，20世纪50年代中期开始，多种因素推动心理学发生了“认知革命”。1967年，奈瑟《认知心理学》一书的出版，标志着认知心理学成为一个独立的流派。现代认知心理学主张用信息加工的术语和计算机工作原理对人类行为进行准确的描述，通过计算机模拟验证有关认知过程的心理学理论。其研究方法强调对所研究心理过程进行模式化区分，要求预先设定信息加工流程，采用适当的实验任务和行为指标，通过精致的实验设计推断研究假设的合理性。信息加工心理学以其新颖的理论观点和丰富的实验成果迅速改变了心理学的面貌，给各领域的研究带来巨大影响。21世纪前后，认知心理学与脑科学的融合，掀起了科学心理学的第三次浪潮——认知神经科学。

以上是以认知为主的心理学流派的发展概况，在心理学历史中，对社会发展影响深远的还有三大经典流派，分别是精神分析、行为主义和人本主义。这些我们随后展开深入介绍。

纵观心理学的发展，其历史演进主要遵循两条逻辑主线：一条强调现象学方法论，另一条强调实证主义方法论。现象学方法论强调以问题为中心，突出意义性，注重对个人内在心理活动和经验的描述，有较强的人文学科的色彩。格式塔心理学、精神分析心理学和人本主义心理学都符合这条主线。实证主义方法论强调以方法为中心，突出科学性，注重对心理的外在行为表现的客观观察和测量，有极强的自然科学色彩。行为主义心理学和认知心理学就严格遵循这条主线。人文取向的心理学最新发展阶段是积极心理学。自然科学取向的心理学最新发展阶段是认知神经科学。当然，现象学与实证主义，人文取向与科学取向并不是对立关系，它们相辅相成，使心理学的研究在保证科学性的前提下，越来越贴近社会生活实践，既服务于科学体系，又服务于国家和社会的重大需求。

1.心理学的发展现状

经过100多年的发展，现在心理学已经成为社会上的热门学科，成为科学界的枢纽学科。如前所述，心理学已经成为现代科学的7个支柱学科之一，在整个科学体系中属于枢纽学科之一。

目前，跟心理学有关的科学成果已经获7项诺贝尔奖。例如，习性学创始人康拉德·洛伦兹（Konrad Lorenz）因发现动物本能行为的固定行为模式和动物学习的印刻现象，获得1973年诺贝尔生理学或医学奖。认知心理学的奠基者开辟了从信息加工观点研究人类心理的方向，推动了认知科学和人工智能的发展，提出人类有限理性理论，获得1978年诺贝尔经济学奖。神经心理学家罗杰·斯佩里（Roger Sperry），用测验的方法研究了裂脑病人的心理特征，证明大脑两半球的功能具有显著差异，获得1981年诺贝尔生理学或医学奖。认知心理学家丹尼尔·卡尼曼（Daniel Kahneman）因为不确定条件下的决策研究，获得2002年诺贝尔经济学奖。心理学家、神经科学家爱德华·莫泽（Edvard Moser）因为大脑定位系统细胞的研究，获得2014年诺贝尔生理学或医学奖。心理学家和行为经济学家理查德·塞勒（Richard Thaler）因为探索有限理性、社会偏好以及缺乏自我控制对决策后果的研究，获得2017年诺贝尔经济学奖。此外，心理学家、翻译家、诗人托马斯·特兰斯特罗默（Tomas Tranströmer）获得2011年诺贝尔文学奖。

心理学组织和专业人口也蓬勃发展。目前，美国心理协会下面有53个学科分支。中国心理学会下面有36个专业委员会，全国有300多家心理学本科专业培养单位。科研队伍不断壮大、国际地位显著提升、科研成果突出。以工程心理学为例，我国心理学家参与了包括载人航天、核电等国家重大工程，以及飞机、航母等先进军事武器装备建设的科研和设计工作，为国家重大工程和国防建设中的一些瓶颈问题的解决作出重要贡献。在社会服务方面，我国心理学家正致力建设新时代中国特色社会心理服务体系，不断书写心理学服务国家、社会、人民的新篇章。

目前，民政部已登记约1400家心理学相关团体组织。随着我国社会的发展、人们生活水平的提高，高质量的生活已经是人们追求的主要目标，社会开始越来越多地重视心理学对人们生活、工作和学习的作用。我们可以通过心理学专业毕业生的走向窥探我国心理学从业者的分布情况：近些年来，高校心理学毕业生（含博士、硕士）就职的方向分布大概如下：一是高校，这是高学历心理学毕业生的主要去向，他们可任高校心理公共课的老师，心理学系和教育系老师、辅导员，或在高校心理咨询中心工作；二是公务员，这类用人单位一般是公安局、劳动教养监狱、边检站等；三是企业，去企业主要从事人才测评、管理咨询、人力资源管理以及市场调研等工作；四是中小学，做心理辅导、心理咨询等相关工作；五是心理咨询公司，面向社会，从事专业的心理咨询；六是医院和诊所，从事临床心理等相关工作。

从研究领域上看，心理学的发展延循着科学取向和人文取向两条主线。科学取向的心理学发展到现在，最前沿的领域就是认知神经科学研究；人文取向的心理学发展到现在，最具代表性的就是积极心理学的研究。

认知神经科学诞生于20世纪70年代后期，是一门由认知科学和神经科学交叉结合而产生的新兴学科，融合了心理学、认知科学、计算机科学和神经科学等领域的研究，从基因—脑—行为—认知角度来阐明认知活动的脑机制。认知神经科学的研究不仅对揭示电脑奥秘具有重大理论意义，而且在脑机接口技术、大脑可塑性训练、提高临床手术准确性等方面也有重要的实践价值。

积极心理学是从人本主义发展过来的心理学思潮。以塞利格曼（Seligman，2000）发表《积极心理学导论》为标志。它倡导心理学的积极取向，重视研究人类的积极心理品质，关注人类的健康幸福与和谐发展，力求用一种更加开放、欣赏的眼光去看待人类的潜能、动机和能力。积极心理学提倡用主动、乐观、开放、欣赏的心态看待事物，是着力研究普通人的幸福、发展、快乐的科学。主要体现在三方面：一是从主观层面研究人的积极心理体验，强调人要满意地对待过去，幸福地感受现在，乐观地面对未来；二是从个体层面研究积极的特质，如培养积极的人格特质，增强积极的情感体验；三是从群体层面研究积极的社会组织系统，如公民美德的培养、社会责任感、利他主义、职业道德；等等。

以往的心理学注重对消极情绪的研究，尤其是精神分析理论，研究焦点是抑郁、焦虑等负面问题。而积极心理学强调对幸福、健康、仁爱、乐观等积极情绪进行研究。积极心理学对培育自尊自信、积极向上的理性平和心态具有格外重要的意义。

2.心理学的发展趋势

有关心理学的发展趋势，这是一个很大的课题，可以从很多不同的角度去展望。例如，津巴多认为，在心理学中有三个重要领域具有巨大的潜力：和平心理学、健康心理学、气候变化心理学。这里，我们引用杨鑫辉老师的观点，对心理学科的发展趋势做概要介绍。

第一，心理学研究的科技化程度越来越高。以中国脑计划为标志的国家战略，将引领我国心理学未来高端基础和应用研究。中国脑计划是在全球兴起的大型脑科学计划潮流中，继欧盟的人类脑计划、美国的大脑计划以及日本的脑/思维计划后的又一重要脑计划项目。它包括对认知功能的神经基础的研究，也包括建立脑疾病诊断与干预方法的应用研究，还包括用脑科学来启发计算方法与设备的开发。目标在于推动我们对大脑基本规律的理解，同时利用神经科学的基础研究成果来满足一些紧迫的社会需求，比如人民脑健康的改善与新技术的发展，脑机接口技术及产品的研发等。

第二，心理学研究越来越综合化。这种综合化趋势，除了学派之间的互相吸收与融合，还表现在自然科学方法与社会科学方法的结合，实验方法与理论思辨的并重，科学主义与人文精神的整合，以及多学科的交叉与融合。心理学与生物学、物理学、计算机科学、经济学、法学、美学等学科交叉的研究成果越来越丰富。

第三，心理学越来越注重的本土化研究。心理学的本土化是指心理学研究要与本国的社会历史文化和国家重大需求结合起来。一方面，深入挖掘传统文化中的心理学思想，用现代科学方法加以提升和发展，例如对“坐禅”和冥想的神经科学研究和干预研究，对中医不同情绪相克的脑机制研究等。另一方面，开展新时代中国特色的社会心理理论体系研究。例如，人类命运共同体意识研究、中华民族共同体意识研究、“四个自信”意识研究、社会主义核心价值观内化研究、人民获得感研究等。

第四，心理学研究越来越实用化。心理学研究应当面向社会生活，基础研究的成果要应用到社会实践领域中去。心理学的应用与普及是学科发展的生命力。除了传统的心理测评技术和心理咨询与治疗技术，心理学在国防科技等卡脖子的尖端攻关项目中正做出越来越大的贡献。新时代中国特色社会心理服务体系的建设则在社会治理方面正发挥不可替代的作用。

二、精神分析心理学及实践启示

（一）精神分析心理学的主要思想

精神分析心理学产生于19世纪末20世纪初，由弗洛伊德（Freud）创立。其代表作有《梦的解析》（1900）、《日常生活的心理病理学》（1901）、《精神分析引论》（1917）、《精神分析引论新编》（1933）等。其精神分析理论对哲学、文学、艺术、社会思潮产生了深远的影响。甚至有人认为弗洛伊德可以与哥白尼、达尔文齐名。因为人类思想史上发生了三次人类尊严的降级：第一次是哥白尼发现，原来人类所居住的地球并不是宇宙的中心；第二次是达尔文发现，人类原来不是万物之灵，而是从低等生物演化而来的；第三次是弗洛伊德发现，人类原来是非理性的动物。不管这种说法是否准确，至少说明弗洛伊德在人类思想史上的地位是非常高的。

弗洛伊德把人格看成是由本我（Id）、自我（Ego）和超我（Superego）三部分构成的系统，形成人格冰山模型（见图4-1）。冰山水面以下属于潜意识，水面以上部分属于意识。本我深藏在潜意识的底层，是人先天具有的生物本能，遵循快乐原则，其唯一的目的是消除或减轻机体的紧张以获得满足和快乐；超我是内化了的道德标准，遵循理想原则，竭力压抑本我的本能冲动；自我介于两者之间，遵循现实原则，负责理智地调节本我、超我和自我三者的关系。一个人的精神状态就是人格的三个部分相互矛盾、冲突的结果。当自我能很好地平衡三者关系时，人格便处于正常状态；当自我失去对本我和超我的控制时，人就会产生各种焦虑。为了减轻焦虑，自我便发展出了各种潜意识的防卫机制。

弗洛伊德认为，人类的很多行为是由潜意识过程支配的。所谓潜意识过程，是指个人没有觉知到，却影响着行为的那些冲动和欲望。他认为，儿童期被父母和社会加以禁止和处罚的许多冲动和欲望都来自先天的本能。这些冲动和欲望由于不符合社会道德标准而被禁止，它们被压抑而进入潜意识。但它们在潜意识中仍然继续影响着行为，表现为做梦、口误或怪癖，表现为情绪问题、精神疾病的症状，或者被升华为受社会赞许的行为，如艺术创作或文学活动。

弗洛伊德认为，我们的全部行为都是有原因的，但是原因往往是某种潜意识动机，而不是人们所意识到的理性的理由。所谓精神分析，就是治疗者把病人受到压抑的心理元素召回到意识中来，然后剖析这些心理元素。病人的症状和病理表现就像众多的复合物，其组成元素是各种动机和本能冲动。病人对此是毫无所知的。通过分析可获得其实质成分，从而使其进入意识。

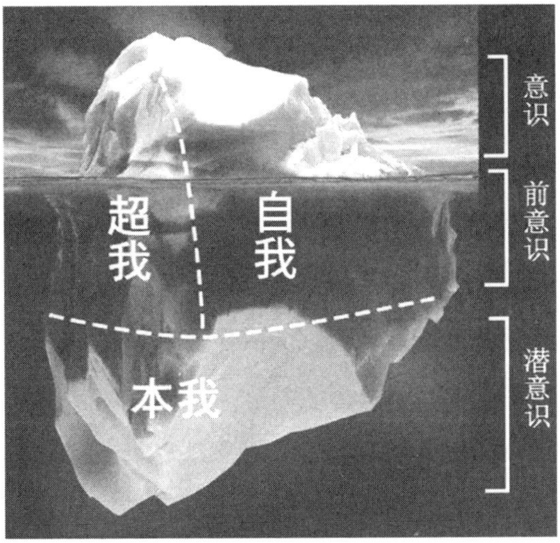

图4-1　弗洛伊德的人格冰山模型

（二）精神分析心理学的实践启示

如上文所述，弗洛伊德把人格分成本我、自我和超我三个部分。这个理论有助于我们加深对人性的认识，让我们更好地理解人的行为边界。弗洛伊德持性恶论的立场，对人性基本上持否定态度。他把人和动物行为都看作是由一些本能（主要是性和攻击）所驱使的。虽然这种人性兽化的观点备受争议，但是它非常有助于我们理解社会上为什么许多人会出现违法或者不道德的行为。泛性论的观点可以解释社会上的性犯罪的问题和生活作风问题。弗洛伊德的理论提示社会治理人员：人性的底线很低，酝酿着极大的风险，对于潜在的恶性事件我们要有充分的心理准备。当然，我们也不能把人性理解得过于阴暗，弗洛伊德的人格理论也强调自我和超我。如果有和谐的社会环境和温馨的家庭环境，绝大多数人会积极向上、理性平和。

精神分析的心理防御机制研究对疫情下社会心态的调节也有重要启示。新冠肺炎疫情引发人们焦虑、恐慌、紧张、抱怨等不少负性情绪。弗洛伊德的心理防御机制概念为应对疫情期间的心理问题提供了很好的理论依据。心理防御机制指面临挫折或冲突情境时，个体心理内部意图摆脱烦恼、消除紧张，以恢复心理平衡的一种倾向。心理防御机制是自我受到超我、本我和外部世界的压力时，自我发展出的一种机能，也就是用一定方式缓和冲突对自身的威胁，使现实允许、超我接受、本我满足。社会治理人员要防范人们通过消极的心理防御机制（包括压抑、否认、投射、退化、转移、隔离、抵消转化、反向合理化等）制造公共危机，善于利用积极的心理防御机制（包括认同、补偿、升华、幽默等）引导人们形成理性平和、积极向上的社会心态。升华是最积极的自我防御机制，是指将一些本能的行动，如饥饿或攻击的内驱力转移到一些能被社会所接纳的范围。例如，有打人冲动的人，可以借锻炼拳击、散打等方式来释放内驱力；有骂人冲动的人，可以通过成为评论家来满足自己。德国著名文学家歌德曾经因为失恋而想自杀，后来通过创作《少年维特的烦恼》释放了自己的情绪，成就了一部世界名著。

精神分析学派重视心理应用，强调对内心冲突和早期经验的分析，对后来许多心理治疗技术都产生了重要影响。社会上流行的投射测验、催眠疗法、沙盘疗法、意向对话、梦的解析等都是精神分析在心理咨询和治疗中的典型应用。如房树人测验、曼陀罗、沙盘游戏在心理危机识别和社会情绪疏导中很实用。

这里介绍一下与早期经验有关的有趣的研究。斯滕伯格等（Sternberg，2001）调查发现，在美国总统、英国和澳大利亚的首要政客、各个国家的领导人中，是第一胎出生的占大多数。他认为，对第一胎和最后一胎不同的教养方式可能是第一胎成为政治领导者的原因。这种现象也可以用“资源稀释模型”来解释（Downey，2001）。因为父母花费在每个孩子身上的时间以及教育所需要的金钱是有限的，所以随着家庭成员的扩充，每个孩子受到的关爱、支持等就会相应变小，也就是家庭资源被稀释了。而且，由于父母在照顾第一胎的时候有了经验，因此对其他子女的关注便会减少，导致期望降低。

三、行为主义心理学及实践启示

（一）行为主义心理学的主要思想

行为主义现代心理学是影响最大的流派之一。其创始人为美国心理学家华生（Watson）。他在1913年发表的《行为主义者眼中的心理学》，是这一学派诞生的标志。行为主义心理学是作为传统心理学的叛逆，在机械唯物主义和实证主义的哲学基础上、在动物心理学和机能主义心理学的影响下产生的。

早期行为主义建立在巴甫洛夫条件反射学说的基础上。华生指出，心理学想要成为真正的自然科学就不能以意识为研究对象。自然科学应以直接经验材料为基础，不能观察的东西，如意识，不能成为科学的对象。人和动物可观察的活动是行为，因而心理学的对象只能是行为。所谓行为，就是有机体用以适应环境变化的各种身体反应的组合。这些反应不外是肌肉收缩和腺体分泌。华生在研究方法上摈弃内省，主张采用客观观察法、条件反射法、言语报告法和测验法。

华生认为人类的行为都是后天习得的，环境决定了一个人的行为模式，无论是正常的行为还是病态的行为都是经过学习而获得的，也可以通过学习而更改、增加或消除。他认为探明了环境刺激（S）与行为反应（R）之间的规律性关系，就能根据刺激预知反应，或根据反应推断刺激，达到预测并控制动物和人的行为的目的。

新行为主义最突出的代表人物是斯金纳（Skinner）。斯金纳在巴甫洛夫经典条件反射基础上提出了操作性条件反射。他自制了一个“斯金纳箱”，在箱内装有特殊装置，压一次杠杆就会出现食物。他将一只饿鼠放入箱内，它会在里面乱跑乱碰，偶尔一次压杠杆就会得到食物，此后老鼠压杠杆的频率越来越多，即学会了通过压杠杆来得到食物的方法。斯金纳将其命名为操作性条件反射。食物即是强化物，运用强化物来增加某种反应（即行为）频率的过程叫作强化。斯金纳认为，强化训练是解释机体学习过程的主要机制。斯金纳把操作性条件反射的思想扩展到教育领域，提出了程序教学理论；还进一步扩展到社会改良领域，并因此而被美国人认为是20世纪最伟大的心理学家。

行为主义的环境决定论观点影响美国心理学达半个多世纪之久。它的预测和控制行为的观点促进了应用心理学的发展。如在形成条件性恐惧的案例中，乐音刺激在电击刺激之前出现，经多次结合，动物形成了条件反射，乐音就成了电击的信号。一旦乐音出现，动物就会条件反射，出现与恐惧有关的一些特定行为，如缩作一团、排便等。同样，儿童看暴力电影后变得更富有攻击性，也可以用行为主义的观点来解释：看暴力电影是对儿童的攻击行为的奖赏和强化。行为主义被认为是一场心理学的革命——行为革命。它不仅对心理学科产生了深远的影响，而且一些基本观点和方法还渗透到很多人文科学中去，从而出现了“行为科学”的名称。直至今天，其涉及的领域仍在日益扩大。

（二）行为主义心理学的实践启示

行为主义的核心思想是强调外部客观条件和个体行为之间的直接关系，而不必太在意个体内在的感受或者想法。在管理行为中，其最大启示就是要完善奖惩机制、做好制度建设。制度就是行为主义“S-R”公式里的“S”，只要规章制度完善了，不管员工内在是什么样的人，只要照章执行，就能取得良好的成效。往大了说，这个“S”就是把权力关在笼子里的机制；往小了说，这个“S”可以是日常的奖惩办法或者现实处境。可以说行为主义为规范化管理、法治思想提供了心理学依据。

斯金纳的强化理论对管理实践有重要的指导作用。斯金纳的一个重要贡献是发现了强化操作表。强化操作表包括类强化物、迁移、差别强化、间歇性强化等一系列相关问题。比如，强化可以分为连续强化和间歇强化，后者又分为固定间歇强化、变动间歇强化、固定比率强化、变动比率强化。斯金纳提出，既然人的行为取决于环境和强化，那么完全可能通过改变环境和运用各种强化手段来改造和控制人的行为。斯金纳的强化操作表被广泛应用于教育、宗教、工业、商业等领域。斯金纳认为，有效的强化应该小步子前进，分阶段设立目标，并对目标予以明确表述。还要将目标进行分解，分成许多小目标，完成每个小目标都及时给予强化，这样不仅有利于目标的实现，而且通过不断的激励可以增强信心。而且应该进行及时强化，要取得最好的激励效果，就应该在行为发生以后尽快采取适当的强化方法。如果领导者对这种行为不予注意，职工的积极性可能就会下降。

行为主义在社会行为的塑造和矫正中也有重要作用。前些年，社会上热议的看到老人摔倒“扶不扶”的问题，本质上是操作性条件反射的问题。如果尊老爱幼的行为得到了社会褒扬，那么这种好的行为就得到了强化；反之，如果助人行为受到伤害或者讹诈，那么做好事相当于受到了惩罚，亲社会行为就会退化。所以，司法判决和媒体舆论对“公序良俗”的推崇，是塑造良好社会行为的关键因素。

在个体行为矫治中，行为主义也有广泛的应用。典型的行为疗法有系统脱敏法、满灌疗法、放松训练、厌恶疗法、强化疗法、生物反馈疗法等。这些方法可用于矫正不良行为，也可以用于优良行为的塑造。

四、人本主义心理学及实践启示

（一）人本主义心理学的主要思想

人本主义心理学兴起于20世纪50至60年代，也是当代心理学主要流派之一。它由美国心理学家马斯洛（Maslow）创立，代表人物还有罗杰斯（Rogers）。

人本主义反对精神分析学派将人的心理低俗化、动物化的倾向，反对仅仅以病态个体作为研究对象、把人看作本能牺牲品。人本主义也反对把行为主义人看作是物理化学的客体。人本主义心理学以意识经验为出发点，主要研究人格发展与社会生活的关系，强调人的目的性、创造性和人的价值，主张促进人的健康成长和潜能的实现，主张研究对人类进步富有意义的问题，关心人的价值和尊严，故被称为心理学中的“第三思潮”。

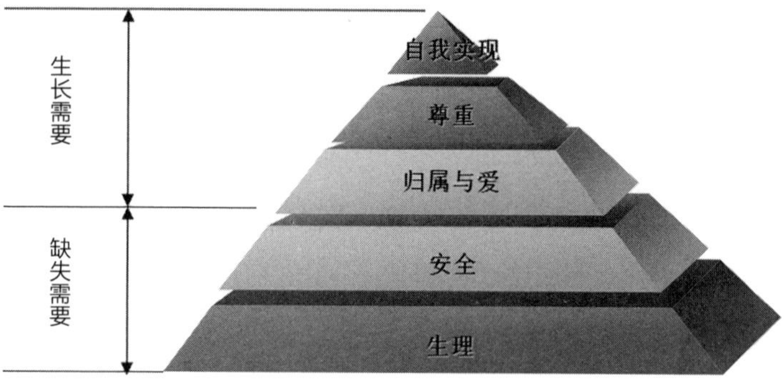

图4-2　马斯洛的需要层次理论

马斯洛认为，人类行为的心理驱力不是性本能，而是人的需要，他将其分为两大类、五个层次，好像一座金字塔，由下而上依次是生理需要、安全需要、归属与爱的需要、尊重的需要和自我实现的需要，如图4-2所示。前两种需要被称为第一类需要，后三种需要被称为第二类需要。人在满足高一层次的需要之前，至少必须先部分满足低一层次的需要。第一类需要属于缺失需要，可引起匮乏性动机，为人与动物所共有，一旦得到满足，紧张消除，兴奋降低，便失去动机。第二类需要属于生长需要，可产生成长性动机，为人类所特有，是一种超越了生存满足之后，发自内心的渴求发展和实现自身潜能的需要。满足了这种需要个体才能进入心理的自由状态，体现人的本质和价值，产生深刻的幸福感，马斯洛称之为“高峰体验”。马斯洛认为，人类共有真、善、美、正义、欢乐等内在本性，具有共同的价值观和道德标准，达到人的自我实现关键在于改善人的“自知”或自我意识，使人认识到自我的内在潜能或价值。后来马斯洛在尊重需要和自我实现需要之间又加上了认知需要和美的需要，也就是个体在满足尊重需要之后，还有无穷的好奇心和求知欲去增强自己的认知水平，也有强大的审美需要去追求美、创造美。这样马斯洛的需要理论就变成了七层次模型。

罗杰斯认为，刚出生的婴儿并没有自我的概念，随着与他人、环境的相互作用，开始慢慢地把自己与非自己区分开来。当最初的自我概念形成之后，人的自我实现趋向开始激活，在自我实现这一股动力的驱动下，儿童在环境中进行各种尝试活动并产生大量的经验。通过机体自动的估价过程，有些经验会使他感到满足、愉快，有些即相反，满足、愉快的经验会使儿童寻求保持、再现；不满足、不愉快的经验会使儿童极力回避。在孩子寻求积极的经验中，有一种是受他人的关怀而产生的体验，还有一种是受到他人尊重而产生的体验，不幸的是儿童这种受关怀尊重需要的满足完全取决于他人。罗杰斯的“以人为中心”的治疗目标是将原本不属于自己的事情内化而成的自我部分去除掉，找回属于他自己的思想情感和行为模式，用罗杰斯的话说“变回自己”“从面具后面走出来”，只有这样的人才能充分发挥个人的机能。

人本主义的实质就是让人领悟自己的本性，不再倚重外来的价值观念，让人重新信赖、依靠机体估价过程来处理经验，消除外界环境通过内化而强加给他的价值观，让人可以自由表达自己的思想和感情，由自己的意志来决定自己的行为，掌握自己的命运，修复被破坏的自我实现潜力，促进个性的健康发展。人本主义心理学是一种在当代条件下论证人性本善的学说。虽然其自身理论体系的论证尚有所不足，但是作为一种探讨伦理价值问题的科学研究，人本主义心理学的原理已广泛应用于心理治疗、教育改革和组织管理等领域中。

（二）人本主义心理学的实践启示

人本主义对社会实践的影响，首先体现在对人本管理的推动上。人本管理是指在组织管理中，从人性出发分析问题，以人为中心，按人性的基本状况进行管理的模式。与人本管理对立的是泰勒的科学管理思想，也就是一切以提高生产效率为准绳，牺牲员工的心理需要和身心健康。人本管理把“以人为本”作为核心价值观，围绕调动人的主动性、积极性和创造性开展管理活动。比如，惠普公司秉承“尊重个人价值”的精神，本田公司推崇“人为中心”的精神都体现了这种思想。人本管理鼓励员工参与组织的民主管理，重视人际关系在组织管理中的作用，强调开发人的潜能，注重培育和发挥团队精神，关心员工的人性化诉求。例如，过度宣传只作贡献、不求回报，可能形成道德绑架，导致一些员工加班不敢要加班费，但从人性角度看，人们付出劳动还是希望获得回报的，否则很容易导致工作积极性下降。

需要层次理论在机关和企事业单位的激励机制中也有重要应用。组织激励的过程就是员工需求满足的过程。马斯洛的需要层次理论，启发组织建立多样化的激励措施。五种不同层次的需要，在员工不同时期表现出来的迫切程度不同。最迫切的需要才是激励行动的主要动力。对于生理、安全需求迫切的员工，管理者应多关注工作环境，改善劳动条件，提高福利待遇，做好职业保障措施；对于归属感需求迫切的员工，可以多提供社交互动机会、多开展集体活动；对于尊重需求迫切的员工，可以多采取公开奖励和表彰的方法；对于自我实现需求较强烈的员工，可以提供挑战自我的机会和广阔的发展愿景。

在社会治理中，哪怕针对犯罪嫌疑人或者服刑人员的管理，我们都应该考虑其不同需要层次的满足，以实现危险人群的矫治或者转化。例如，保证他们能够吃饱，在炎热夏季提供解暑饮品，每逢重大节日，适当改善饮食；为了满足安全需要，制定和出台疾病、中毒、暴力冲突的处置章程；保障其社交需要，允许他们拥有通信的权力，可以与家人亲情会见等；尊重其尊严，在人格上平等相待；教导其重新做人、实现自我价值。

“以患者为中心的疗法”也是人本主义为社会实践提供的重要贡献。罗杰斯认为，任何人都有积极向上的无限成长的潜力，如果个体的某些经验与其自我结构出现不和谐，即个体对自己经验的知觉出现歪曲或否认，其成长潜力就会受到削弱或阻碍，表现为心理病态和适应困难。心理咨询的关键是给患者提供适当的心理环境和气氛，改变其对自我和他人的看法，产生自我导向行为，现实自我与理想自我相协调，从而恢复心理健康。心理咨询的关键是平等看待、真诚相待、无条件尊重、设身处地的理解。遵循这些原理和原则，在社会治理工作中，也更容易缓解群众情绪，获得理性平和的心态。

第二篇

社会心理学：“人”与“众”

第五章　社会认知

社会作为一个动态联系的整体，处于其中的社会成员无时无刻不在受其影响。我们是怎样在错综复杂的社会环境中确定一个较为稳定的自我形象的？怎样在匆匆一瞥下便形成了对他人的大致看法？如何在潜移默化中生成类似“男主外”“女主内”的想法？

一、认识自我与印象管理

“吾十有五而志于学，三十而立，四十而不惑，五十而知天命，六十而耳顺，七十而从心所欲，不逾矩。”这是孔子的自我认知，也是许多人一生的追求。但“自我”是一个非常抽象的概念，苏格拉底的“我是谁”这个问题似乎也很难有一个确切的答案。

（一）自我概念：我是谁

中国宋代哲学家陆九渊曾提出“吾心即宇宙，宇宙即吾心”的哲学命题，而从心理学的角度来看，自我（Self）正是我们世界的核心。在社会心理学中，我们认为自我的核心就是对自我的认识。换句话说，我们在内心对自己的人格品质、社会角色、过去经验以及未来目标等内容的汇总构成了自我概念。这样讲或许有些抽象，下面我们来做个小游戏：请根据你对自己的了解，尽可能多地在纸上写下“我是……”的句式，写完后根据这些概念或者特征的重要程度进行排序，把这些答案综合起来，就是你的自我概念。其中，前五个答案的综合基本上可以定义你是谁，你是怎么样的一个人。为了研究自我源自于何处，有学者正在探究自我感觉的生理基础——大脑，并发现了大脑的“内侧前额叶皮层”，在大脑靠近眼睛后面的位置，它能帮助大家把对自我的感觉整合起来。当你在做上面这个小游戏的时候，也就是思考自我的时候，这个位置会变得很活跃。

1. 自我的发展

自我并非生而有之，正如心理学家爱利克·埃里克森（Erik Erikson）所说：“形成一个不可分割的自我，是一段崎岖而又漫长的路。”自我不受限于承载它的个体，从幼小的婴儿来不断成长为将来的我。万物更替，今是而昨非，年少时的意气风发、踌躇满志可能会在将来变为成熟稳重、安于一隅。在埃里克森看来，在不同的成长阶段，我们会遇到有关自我发展的一系列重大问题：

0~1.5岁时，襁褓中的我们渴求的是爱的照顾，基本需要是否能够被满足、啼哭是否能得到有效的回应，是自我与世界能否建立信任的阶段。

1.5~3岁时，我们开始逐渐尝试与外界建立联系，尝试去控制一些东西并探索自己被什么东西所困。如果我们在探索世界的过程中总是得到鼓励，就会逐渐获得自主感，反之则产生自我怀疑和羞耻感。

3~6岁时，我们开始模仿成人，探索世界，充满了各种奇思妙想。而父母如果肯定孩子、耐心地解答孩子的问题，孩子就会更加积极主动，反之则产生内疚感和失败感。

6~12岁时，我们往往进入了学龄期，开始发展各种能力，主动尝试去解决问题，开始与同学结伴，同时又与他们竞争。勤奋或自卑，就取决于父母、老师对于努力的肯定与否。

12~18岁时，自我的形成进入了最为关键的时间段。我们不停地被“我是谁”所困扰，这一阶段的我们敏感又迷惘，渴望独立而开始反叛。我们逐渐远离父母，与同伴建立友谊，进一步认识自己，对自己的过去、现在、未来产生一种内在的连续之感，建立自我同一性。

18~25岁时，我们的关注点从“我”逐渐变成“我们”，这是建立家庭生活的阶段。我们试图与他人建立亲密关系，包括友谊和爱情，希望能够与他人同甘共苦，分享快乐与痛苦。

25~65岁时，性与爱的激情逐渐消退，取而代之的是对家庭的责任。我们开始逐渐将精力放在后代的培养上，同时这种关怀也会扩展到社会上的其他人。我们从一开始的活力无限、充满迷惘的少年逐步变成波澜不惊、对生活了如指掌的中年人。

65岁以后，自我进入了最后一个发展阶段，既是回顾，又是展望。只有顺利度过前面七个阶段的个体，才能在这一阶段感到人生的价值和意义，反之则会感到人生的遗憾，产生失望，惧怕死亡。

2. 自我的影响因素

自我概念非常重要，因为它有助于我们组织自己的思想并指导我们的行为。哪些因素会决定我们的自我概念呢？鲍查德和莱肯（Bouchard & Lykken，1990）对于双生子的研究发现，基因对自我概念有重要的影响，相较于异卵双胞胎，同卵双胞胎具有更高的人格相关、智力相关等。同时，社会经验对自我概念的影响也非常大，主要包括以下几个方面。

（1）社会角色

我们在社会当中的角色往往在潜移默化中会影响我们的自我概念。社会生活就像在剧场的舞台上表演，而每个人扮演的角色会施加给其诸多规范，在我们履行规范，按照角色行事时，我们就逐渐将社会角色内化到了自我概念当中。

（2）社会比较

我们是漂亮的还是丑陋的？是聪明的还是愚笨的？是贫穷的还是富有的？我们往往会通过与他人的比较来确定答案，而我们比较的对象显然会对我们的自我概念产生影响。事实上，差学校的优等生往往比好学校的差生有更高的学业自尊，尽管两人成绩相当。某种程度上，这也是“宁做鸡头，不当凤尾”所蕴含的道理。

（3）社会评价

我们会通过照镜子来认识自己的容貌和衣着，而在自我概念的发展过程中，他人的评价就成了我们的“镜子”。当我们得到老师或父母的夸奖时，我们会觉得自己很聪明；而当周围同学或朋友嘲笑我们时，我们也会觉得自己很笨拙。但值得注意的是，只有当自我概念尚不稳定，或者周围人对我们的看法一致时，社会评价才会起到较大的作用。

（4）社会文化

文化作为社会环境的重要部分，往往会对整个群体的自我概念产生影响。例如，集体主义国家（中国、日本等）中，人们往往更看重自己与他人的联系，体现在社会角色和各种关系中，自我描述时常说“我是哪里的人”“我是一名老师”等。而个体主义国家中的人们则更倾向于表述为“我擅长音乐”“我喜欢登山”等偏向个体内部的特质。

3. 自我认知中的偏差

苏格拉底曾言：“认识你自己。”但我们对自己的了解有多少呢？大部分人认为每天与自我“朝夕相处”，所以我们对自我了如指掌；但是，因为“只缘身在此山中”，我们对自我的认知其实会存在一定的偏差。

实验研究（Campbell & Sedikides，1999）发现，在关于成败的归因上：人们往往将自己的成功归因于内部因素（如能力、努力等），失败则被归因于外部因素（如运气等）；而在对他人的成败进行归因时，则刚好相反。这一现象就被称为自我服务偏差（Self-Serving Attributions）。自我服务偏差在日常工作和生活中很常见，一种广为认可的解释是：人们总是有自我保护的动机以及维持自尊的需要，而自我服务偏差正是有利于此。个体对某一对象的自我卷入程度越高，自我服务的程度就越高。

事实上，我们不仅可能错估自己的能力和价值，也会高估别人对我们的关注程度。你是否有过这样的体会：早晨急于上班，发型凌乱，衣服尚未整理好就已经出门赶去上班。整个上午，你可能一直都会在意你糟糕的发型、担心你的衣服是否得体。但出人意料的是，大部分同事并没有注意到你的穿着和发型。聚光灯效应（Spot Light Effects）对此做出了解释：人们总是会把自己看作一切的中心，并且直觉地高估别人对我们的关注程度。这些出现在我们着装和发型上的问题，同样也会出现在情绪上：我们总是能敏锐地察觉自己的情绪变化，但他人并非如此。因此当我们感到快乐时，我们往往会表现出快乐的情绪，而且觉得别人肯定会注意到，但事实上别人可能并没有注意到你的情绪表达。

（二）自我印象管理：如何给他人留下好印象

印象管理（Impression Management）即自我印象管理，也叫自我表现（Self Presentation），是指我们想要向外在的观众（别人）和内在的观众（自己）展现一种受赞许的形象。在熟悉的环境里，印象管理不需要意识的参与；而在陌生的环境里，当我们想给对方营造一个良好的印象时，我们通常会有意识地去进行印象管理。

印象管理是社会互动的一个根本方面。每种社会情境或人际背景都有一种合适的社会行为模式，这种行为模式表达了一种特别适合该情境的同一性，人们在交往中总是力求创造最适合自己的情境同一性。理解他人对自己的知觉与认知，并以此为依据创造出积极的有利于我们的形象，将有助于我们成功地与人交往。

目前，印象管理被广泛地应用于求职面试中。应聘者的印象管理包括语言的呈现和策略性行为，有助于应聘者在短期内树立良好的形象。

1.印象管理的过程

印象管理的过程包括两个阶段：一是形成印象管理的动机，二是进行印象建构。

印象管理的动机是指人们想操纵和控制自己在他人心目中的印象的意愿程度，个体印象管理的动机水平将取决于以下三个方面的因素。

（1）印象与个人目标的相关性

越是与个人目标关系密切的印象，个体进行印象管理的动机就越强烈。在组织中，个体的工作能力与工作形象，与个体的目标关系密切。

（2）这些目标的价值

越是有价值的目标，个体进行印象管理的动机就越强烈。例如，提升对个体来说是非常有价值的目标，上级和同事对自己工作能力与工作方式的印象，会直接影响个体的提升。因此，个体会非常在意能否使上级和同事形成有关自己工作能力与工作方式的好印象。

（3）一个人期望留给他人的印象与他认为自己已经留给他人的印象之间的差异

这种差异越大，个体的印象管理的动机就越强。例如，某人希望上级赏识自己的能力、下级认可自己的工作方式，当认为上级过去已形成有关自己能力的不良印象，或者下级已形成有关自己工作方式的不良印象时，若个体想改变这种印象，则对自我印象进行管理的愿望就会更强烈。

印象建构是指个体有意识地选择要传达的印象类型并决定如何去做的过程。印象建构包含以下两个过程。

（1）选择要传达的印象类型

要传达的印象类型不仅包括个人的人格特征，也包括态度、兴趣、价值观或物理特征等。研究发现，有五个因素影响到我们选择试图传达的印象类型，这五个因素是：自我概念、期望或不期望的同一性形象、角色限制、目标价值、现有社会形象。

（2）决定如何传达印象

当人们选择了要传达的印象类型后，接下来要做的就是：决定如何去传达这一印象。但很少有研究探讨人们是如何选择合适的方式来影响他人形成对自己的印象的。例如：是以直接的方式来表达自己有能力，还是通过间接的方式来传达自己有能力，哪种方式更好？

不同的人进行印象建构的能力是不一样的，有些人可能比别人更善于建构自我形象。例如，研究发现：高度自我监控的管理者对协调其自我表现或印象更加敏感，反应更强。而这些高度自我监控的人也被认为更有可能获得提升，也更有可能流动（罗殿军，李佳晏，2008）。

2.印象管理“四步走”

在社会中，每个人都在扮演不同的角色。常言道“人生如戏，全靠演技”，我们每天都在努力演好自己的角色，演好自己的角色即做好印象管理。印象管理通常分为以下四步：

（1）确定标准

明确自己想要演的角色，塑造其特点。身处社会的大舞台，我们常常需要思考，我们希望呈现哪些积极的群体共性特征，并且希望回避哪些消极的群体共性特征。

（2）评估

确定我们在“观众”眼中的形象。在确定标准之后，我们常常会根据这个标准衡量自己是否达到这个标准。想要形成大众所认可的形象，我们需要思考这两个问题：他人是如何看待自己的？是否达到别人对自己的期望？

（3）确定成本收益

了解自己演好这个角色的意义。在明确了想要塑造的角色之后，通常还需要明白我们为什么要扮演这个角色。在这个过程中，思考一下：我们是否在意别人的看法？是否有能力改变自己的形象？改变形象的代价是否值得？

（4）正式开始印象管理

在这个过程中，通常不仅需要控制自己的行为，还需要控制别人对你的看法，同时根据两者之间的差距适时做出调整而平衡收效和合理性，形成一个动态管理机制，进而最终完成自己的印象管理，成功塑造好自己在社会中所扮演的角色。

二、认识他人与印象形成

古人有云“路遥知马力，日久见人心”“知人知面难知心”，诸如此类的老话道出了认识他人的难度。但在日常生活中，我们总离不开对他人的认识与了解。在相互认识的过程中，“印象”是一个基本和主要的概念，是对个体的特性如能力、性格的总体看法和评价。而他人的印象如何形成？在形成印象的过程中，容易出现什么样的偏差？

（一）对他人印象的形成

1. 印象形成的过程

生活中与人交往时，我们会不由自主地形成“他人很好”“我想和他成为朋友”“他不讨人喜欢”之类的“评价”，这种评价其实是你对他人的印象，那么这些印象是怎么形成的呢？在社会心理学中，“印象”是我们关于个体对他人认知的核心概念。我们对他人印象的形成，是一个从零到整的加工过程，主要分为线索收集、初步判断、印象整合三步。

（1）线索收集

首先，与他人接触，我们常常能感知到他人的外表、言语、行为等各种各样的线索，这些“线索”即为原始的零件，为印象形成的加工奠定了基础。

“看脸的世界，颜值即正义”这是现代社会上颇为流行的一句话。虽然这句话稍有夸张，但也告诉了我们，外表——是印象形成过程中的一个关键的线索。一个人的外表常是我们最先接触到的信息，有时也是主要的判断依据，人们据此来判断他人的内在品质并决定对他人尤其是陌生人是否喜欢。漂亮的外表，特别是漂亮的脸庞，常唤起我们对他人积极的期望，有研究发现，人们对外表出众的人更愿意赋予相应更好的能力品质，颜值身材好的明星们常常让人觉得他们焕发着无限的光芒（熊雪原，2019）。当然，这并不是一个只是看脸的社会，印象的形成不仅仅只受外表的影响。

与人接触，免不了交谈。言语作为自我表达和交流的工具，为印象的形成也提供了重要的线索。《红楼梦》中，王熙凤“未见其人，先闻其声”，顿时就给人留下了泼辣豪爽的印象。其中，说话的内容、说话时的语音、语调、语速常常反映出一个人的性格。例如，一个人说话铿锵有力，我们常推断这个人具有领导的特质，而一个说话慢条斯理的人又常给人留下温柔的印象。此外，接触时的面部表情、目光接触和身体姿态也在无意识中成了印象形成的线索。

同时，行为也是很有用的信息源：如果你知道某人积极地为有困难的人捐款，你就有理由认为他是个有爱心和无私的人；而当你发现某人在考试中作弊，无疑他是个不诚实的人。

此外，一些非言语的交流，或者一个人的风评也是印象形成过程中一种重要的线索。

（2）初步判断

收集了线索之后，人们便拥有了原始的“零件”，需要进行初步加工，形成印象的“半成品”。而这一初步的加工涉及了怎样的流程呢？大多数时候，“加工”涉及两大关键点。

第一，是线索间的关联性。外部的线索常激活我们头脑中与之对应的知识表征，如看到他人笑，就激活了认知结构中有关笑的概念。问题在于，还有其他的知识表征也同时被激活了。例如，当我们看到有人扶老奶奶过马路时，大多数人不假思索就会得出此人乐于助人的判断。那么，我们是怎样由“扶老奶奶过马路”这种行为想到“乐于助人”这种品质的呢？这与存在于两个知识表征之间的紧密联系有关，两个意义相关或相似的知识表征之间易于形成这种联系。人们总是不假思索地由外在行为来推断他人相应的内在特质，就是这种关联性的表现。

第二，是线索的可得性。可得性是指获得线索的难易程度。最有可得性的知识就是那些能最轻易和最迅速地进入我们思维的知识，这样的线索最先进入到我们的思维，影响着对之后线索的判断及解释，进而影响后续印象的形成。在总体印象形成上，最初获得的信息比后来获得的信息影响更大的现象，被称作“首因效应”。首因效应对陌生人的影响更大，此外，最新获得的线索也很容易进入我们的思维中，同样具有可得性。在总体印象形成上，新近获得的信息比原来获得的信息影响更大的现象，称作“近因效应”。近因效应对熟悉的人影响大。怎样解释首因效应和近因效应这两个似乎矛盾的现象呢？有研究表明，当两种信息连续出现时，我们对最先出现的信息很关注，却很少注意那些后来的信息，因此首因效应明显（时蓉华，1988）。而当两种信息断续出现或给予后一信息更多关注时，被最先信息激活的知识逐渐淡化，后面信息的作用就增强了。个性特点也影响首因效应或近因效应的发生，一般心理上保持高度一致、具有稳定倾向的人，容易受首因效应的影响；而心理上开放、灵活的人容易受近因效应的影响。

（3）印象整合

当原始的零件经过初步加工形成半成品后，便进入到最后的整合加工，使之成为一个完整的成品。印象形成的最后一步为印象整合。我们会通过一些特定的方式将初步的判断整合为整体的、统一的印象。

经过初步加工形成的印象，往往是片面的、有偏差的。因而在最后的整合阶段，我们需要修正这些偏差，最终形成一个完整的印象。为什么一见钟情的情侣最后会分手？为什么第一眼看不顺眼的人到最后竟然能成为知己？这便是印象整合的例子。

2. 总体印象的形成

在日常生活中，我们遇到的大多数人既不是圣人，也不是十恶不赦的坏蛋，他们往往既有正面的品质又有负面的品质，我们是怎样把这些特征整合起来并形成总体性的印象评价的呢？对此，C A. Anderson 提出了几种模型加以说明。

（1）平均模型

人们把关于他人的各种判断打分并加以平均以获得总体评价。例如，在招聘员工时，主试官发现一名应聘者经验丰富，并且做事细致，但同时也不修边幅、有些自负，这时，主试官根据自己的标准给这些正面的和负面的特征打分，比如给经验+10分，细致+8分，同时不修边幅 −5分，自负 −4分，这些分值加起来共+9分，由于共有4项，平均分为+2.25，说明对应聘者的总体印象还不错。

（2）加权平均模型

后来，为了更好地说明印象的形成，Anderson 又对平均模型加以改进，提出了加权平均模型，强调在对所有参与评价的特征平均前，人们会对非常重要的特征赋予较大的权重。在这种模型中，正面特征与负面特征所起的作用是不相等的，一般来说，负面特征的权重要大，即在其他条件相同的情况下，负面特征对总体印象的形成影响更大。

（3）累加模型

Anderson 还提出过累加模型，这种模型是指人们对他人的片段信息采用累加的方式进行整合。在这个模型中，印象的形成是一个日积月累且连续的过程，包含了消极特征的累积和积极特征的累积。尽管这种模型可以解释某些情况，但在大多数时候，平均模型或加权平均模型更能说明问题。

（二）印象形成的偏差：刻板印象与偏见和歧视

除了身边熟悉的人，对于其他人的了解都是基于整体印象，用这个整体的印象作为该群体的各个成员的特点，比如，学生单纯、商人狡猾、南方人柔和、北方人粗犷、中国人含蓄、美国人开放等，用一个简单的印象去概括群体中的所有个体，这样常常容易产生偏差，下面我们来重点讨论其中两种最主要的偏差：刻板印象与偏见和歧视。

1.刻板印象

东北人豪爽、湖南人能吃辣、山东人能喝酒……你可能从未去过这些地方，但却已经对当地人形成了一种笼统的看法。我们经常会把他人划入我们了解的某个群体内，然后依据群体的典型特征来推断其成员的特征。我们对某些社会群体及其成员的概括而固定的看法被称为刻板印象。“刻板印象”这一术语最早是新闻记者李普曼所提出的，他借用印刷术语“刻板”来描述他人和群体在我们头脑中的形象，而社会心理学家认为刻板印象是社会认知图式的一种。它有三个特征：它是对社会人群的一种过于简单化的分类方式；在同一社会文化或同一群体中，刻板印象具有相当的一致性；它多与事实不符，甚至有的是错误的。大量研究表明，当我们所遇到的他人或群体形象与刻板印象不相符时，人们更倾向于维护而不是改变其刻板印象（佐斌，2015）。

刻板印象在我们生活中几乎无处不在。我们以性别刻板印象、年龄刻板印象、国民与民族刻板印象为例具体说明。

性别刻板印象。人们对男性和女性在行为及人格特征等方面有着不同的看法和期望：对男性的期望往往是勇敢、果断、能够承受压力，是“一家之主”、家庭收入的主要来源，担任卡车司机、科学家等职业，身形高大、强壮；而对女性的期望往往是温柔、细腻、善解人意，在家庭中承担家务、照顾孩子等，担任教师、护士、辅导员等职业，日常表现为细声细语、举止优雅。最新的研究表明，人们对男性化名字个体的能力评价要高于女性化名字个体，对女性化名字个体的热情评价高于男性化名字个体，这充分说明了刻板印象对我们判断的影响（佐斌，2021）。

年龄刻板印象。人们很容易依据个体的不同年纪来划分不同类别：老年人群体、年轻人群体等。老年人群体通常被评价为低能力和高热情群体，而年轻人群体则被评价为高能力和低热情群体。但这一刻板印象往往会受到具体情境的影响，例如在医生、厨师等专业技术性强的职业上，人们更倾向于认为老年人群体能力较高。

国民与民族刻板印象。对某国国民固定的、突出的、概括的看法被称为国民刻板印象。研究发现，在中国武汉青少年的心目中：典型的中国人是道德素质高的、态度认真的、崇尚礼节的、团体意识强的、有大男子主义倾向；典型的日本人是道德素质差的、身材矮小的、艺术气质差的、大男子主义的；典型的美国人是霸道的、有钱的、开放而浪漫的、身材高大的、追求男女平等的；典型的黑人是贫穷落后的、肤色明显的、身材高大的（孙利，2004）。

刻板印象的心理机制。个体为什么会形成刻板印象呢？简单理解，就是大脑想“偷懒”，希望通过方便简单快捷的渠道去了解一件事情或一个人，所以通常就会以偏概全。往深来讲，就是社会认知理论中的认知吝啬鬼（Cognitive Miser）假设：“人们在思考问题时，大脑对认知资源的分配和使用极为吝啬。”这是进化塑造的认知机制，也让非理性有了用武之地。

在信息繁多的环境中，特别是如今信息大爆炸的互联网时代，个体为了节省认知资源，总是尽可能简化认知过程，甚至会出现“不该用的不用，该用的也不用”的情形。“不该用的不用”可以帮助我们更加迅速做出判断，对之后的行为有重要指导作用，如“物以类聚，人以群分”，特定地区、特定职业、特定种族的人总会有一些共同特征，从这个角度上来讲，刻板印象是有一定道理和作用的，它能帮助我们对外界的群体进行分类，减轻我们大脑的工作负担。尤其是面对陌生人时，刻板印象能够帮助我们快速做出判断，例如通过外表来判断对方是否危险等。而后者“该用的也不用”这一情况则是培养非理性的绝佳土壤，也就是说刻板印象会导致我们对于信息的加工不够谨慎，使我们忽略同一群体成员间的个体差异，容易先入为主、以偏概全，同时可能导致我们按照既定的模式思考问题。比如，地域黑、性别偏见以及种族歧视，这是刻板印象对他人造成的伤害。同时，刻板印象也可能会伤害自己。比如，个体对自己和所属群体有了刻板印象，也会觉得自己有群体刻板印象的特性，“麻痹”自己的思想，影响潜能的发挥。比如，女性学不好数理化的刻板印象，就有可能让很多女生对数学敬而远之。

2. 偏见和歧视

社会心理学家认为，刻板印象、偏见和歧视构成了对他人印象形成的主要的社会性偏向，刻板印象属于社会认知方面的偏向；而偏见和歧视是属于社会情意方面的偏差，偏见则是在刻板印象基础之上形成的对评价对象的情感反应偏向，歧视则是基于刻板印象和偏见的行为偏向；可见，三者是相互联系、相互影响的。偏见是指人们基于不充分了解的基础上产生的难以改变的厌恶之情，这种厌恶感可以直接针对整个群体，也可以针对属于该群体的某个个体。偏见往往是对一个社会群体及其成员的不正确的、否定和敌视的态度，而歧视则是进一步产生的否定和敌视的行为，常见的偏见形式包括种族主义、性别主义等。我国诗人叶千华感叹说：“偏见的圈子既狭小又自私，人也多爱在此打转。只要是生活中的人，谁都逃脱不了曾经有或现在有或未来有——偏见。”偏见广泛存在于人的认知活动中，它有其存在的理由，但对个人形成正确的认知判断的确有着不可忽视的干扰作用。

社会心理学家认为，偏见和歧视的形成往往有三类根源：

第一，认知根源。偏见的认知根源主要包括了类别化（归类）、对独特事件过分关注以及归因错误。为了更快速地认识这个世界，我们喜欢归类，也因此产生偏见。我们简化世界的方法之一就是归类，通过把客体归入不同的类别来组织世界，这样做可以让我们在思考这些事物的时候更轻松。如果一个群体内部的人具有一定相似性，那么我们了解到一个人属于这个群体时，就可以毫不费力地获得很多有用的信息。一旦我们把人分成群体（比如运动员、数学教授）我们就有可能夸大（外）群体内部的相似性和群体之间的差异性。从而造成“外群体同质效应”，即认为他们都是“相似的”，不同于“我们”和“我们的”群体。同时，我们更加注意独特的人、生动或极端的事件，这种特别注意会歪曲我们的判断。在自己身处群体，并具有一定特殊性时，会形成不一样的自我意识。有时我们会错误地认为他人的反应是针对我们的独特性的。比如，当周围都是白人时，黑人有时能觉察到自己被人们目不转睛地盯着或者被人怒目而视。甚至我们某天糟糕的发型都会让我们从别人的眼神中读出嫌弃和窃笑。最后是归因错误导致的偏见。我们热衷于将人们的行为归结于他们的内在倾向，而忽视重要的情境力量。我们对待群体也是如此，我们倾向于将内群体其他成员的积极行为描述为一种普遍品质，比如露西乐于助人。当同样的行为发生在外群体成员身上时，人们常常将其描述为一个特定孤立的行为，比如约翰扶老奶奶过马路。当描述消极行为时，正好相反。

第二，社会根源。社会情境以多种方式滋生并且维持着偏见。由于各阶层社会成员之间的经济收入、社会角色甚至价值观不同，往往会导致各个社会群体之间存在不平等的社会地位。这种情况下，偏见会被用来支持那些更具社会财富和权力的人在社会上占据优越地位的合理性。例如，大部分美国白人认为黑人天生具有暴力倾向，而忽略了黑人由于经济条件差而得不到好的教育这个情况。偏见的另外一个社会根源是态度与习得的价值观（社会化），其本身是如何对待与自己不同的人的一种思维模式。如种族中心主义者普遍拥有权威人格的倾向——不能容忍软弱，具有惩罚性的态度以及更服从于群体内部的权威。研究发现，权威人格的个体在童年时通常受到苛刻的管束（Saucier & others，2009）。权威人格个体的不安全感，似乎使他们倾向于特别关注权力和地位，容易形成非对即错的思维模式，难以忍受模糊性。这类人倾向于服从那些权力比自己大的人，攻击或者惩罚那些比自己地位低的人。而另一种明显体现则是在宗教上，正如戈登·奥尔波特（Gordon

Allport）所总结的那样："宗教的作用显得自我矛盾，它制造偏见，同时又消除偏见。"总结来看，那些将宗教当成一种手段的人（他们信仰宗教是为了实现其他目的），他们越是虔诚，就会表现出越多的偏见；而将宗教本身作为目的的人，他们越虔诚，则偏见越少。最后，社会规范也在偏见的产生中起到重要作用，有时是通过公共政策，有时是出于无意的惯性。例如，在印度，由于文化和宗教的影响，人们对女性的偏见和歧视似乎成了一种理所应当的事情，并且种族隔离是社会制度助长偏见的一种形式。政治领袖既能反映各种盛行的态度，又能强化这些态度。可见，社会规范对偏见形成的作用不容小觑。

第三，动机根源。偏见的敌意背后有着各种各样的动机。动机也可以让人们避免偏见。首先，人们的动机会影响其偏见。像挫折与痛苦就可能会滋生敌意，当遭受挫折的原因令人胆怯或者尚未可知的时候，人们往往会转移敌对方向，有时候会将这种敌意发泄到替罪羊身上，也就是替代性攻击，此类攻击形式也许助长了美国内战之后南方地区对黑人滥施私刑的行为。但有时会更直接地针对竞争性的群体来表达这种敌意，比如在西欧，经济受挫的人对少数种族表现出相对较高的偏见。从1975年开始，加拿大人对移民的抵触随着失业率而上下波动。人们还有一种动机，即认为他们自己和他们的群体比其他群体优越，即使是很普通的群体成员身份，也会使人们喜欢自己的群体要胜于喜欢其他群体。人类很自然地会将他人分成内群体和外群体，一旦认定我们属于某个群体，我们会将我们所在的群体纳入自我概念当中来。我们会将自己与群体联系起来并以此获得自尊，若我们的群体优秀，我们也会感到自豪，产生"优越感"。如大多数美国学生都把自己视为"美国人"，他们对其他族群表现出更高的愤怒或者不尊重。自我形象受到威胁会增加这种内群体偏爱，归属感的缺少也会产生同样的效果。从相对乐观的角度看，避免偏见的动机能够引导人们打破偏见习惯。

从历史上来看，偏见往往是有害的。所以，我们有必要去了解消除偏见的大致方法，主要包括以下几个方面。

第一，清楚地认识自己的隐性思维。隐性思维可以简单理解为深埋内心、没有主动意识到的“真正”想法。如一个表面上口口声声“女士优先”的绅士，内心未必真正平等看待身边的女性同胞。而刻板印象所代表的“虚构与象征”是导致隐性偏见表达的思想路径，因此刻意对抗刻板印象是一种改变偏见与歧视的方式，如果不能抛弃或转移根深蒂固的负面刻板印象，我们就很难真正地改变自己的偏见和歧视行为。研究表明，从他人所处的情境出发，“设身处地”“将心比心”“推己及人”地去考虑问题，能够弱化对他人的刻板印象。

第二，与偏见对象的深入接触。通过内外群体成员之间平等的、广泛而具代表性的、长期深入的互动，双方不再因固有印象而选择性接收信息，而是更全方位地去认识彼此，从而达到减弱甚至消除偏见的效果。Sherif等人（1961）的研究中，对参加夏令营的男生分成两组使得彼此产生偏见，而后创设合作情境，两组成员在合作活动后对彼此的偏见显著降低。

第三，创造消除偏见的环境。大多数的偏见都是人们在后天学习中形成的，通过大众传媒、学校等的宣传和教育是能够减弱甚至消除偏见的。如系列纪录片向公众普及不同地域人们的生活，就是一种让公众感知体验不同群体全貌的良好方式，提供了一种良好的方式帮助大众摘下“有色”眼镜。同时，对于种族、性别、宗教、年龄等因素的歧视，如果可以以强制措施加以管控（如立法保护等），也是能够起到减少偏见和歧视的作用的。

第六章　人际关系

在中国，如果要选择一位最具代表性的篮球运动员，姚明应该是当之无愧的第一人。作为一名丈夫，他与妻子相互扶持，美满的家庭令人羡慕；作为一名职业球员，无论是场上表现还是场下队友关系，他都表现得无可挑剔；作为中国篮协的主席，他推进国内联赛规范化、合理化，改变着中国家长对篮球甚至体育运动的看法。在不同的人际关系中，姚明都表现出色，而我们也会在诸多不同的人际关系中扮演不同角色。

人际关系是什么？如何处理不同的人际关系？这将是本章讨论的重点。

一、人际关系的开端：人际吸引

“人，生不能无群”，社会中个体总是在和周围的人发生着联系。人际关系是指人与人之间通过直接交往形成的相互之间的情感联系，它反映人与人在相互交往过程中心理关系的亲密性、融洽性和协调性，如友好关系、亲密关系、敌对关系等。

人际关系是社会生活的重要组成部分，良好的人际关系对人的蓬勃发展至关重要。本节从人际关系的开端——人际吸引出发带领大家了解人际关系，并学习运用科学的方法建立和维持良好的人际关系。

（一）人际吸引及影响因素

人际吸引是个体与他人之间情感上相互亲密的状态，是人际关系中的一种肯定形式，它是人们建立友谊、爱情等人际关系的重要基础（郑雪，

2004）。如何提高自己的人际吸引能力呢？我们需要对人际吸引的影响因素进行了解。

1. 个体特征

人与人在交往初期，个体的显著优势特征会影响人际吸引程度，比如才华、相貌、品质等。

其他条件相等的情况下，一个人越有才华，他就越可能受他人的喜欢，也就是越具有人际吸引力。但当一个人的才华与我们相差很大时，差距将会变成一种压力，促使我们敬而远之，其吸引力就会下降。心理学家提出了“犯错误效应”（Pratfall Effect），即小小的错误反而会使有才能的人的人际吸引力提高。

除了才华以外，相貌也是影响人际吸引程度的重要因素，虽然人们总是在提醒自己“人不可貌相，海水不可斗量”，然而人们对美丽的外貌是很难抗拒的，爱美是人类的天性。例如，Walster（1966）在一项“电脑约会”的实验中发现不论男性与女性，漂亮的人更受欢迎。外表之所以有如此强烈的影响力，一是因为光环效应的存在，人们认为有吸引力的人也有着令人满意的个性品质，与其俊美的长相匹配。我们从小受到这种经验的影响，认为“美的就是好的”。另一个因素是所谓的“漂亮的辐射效应”（Radiating Effect of Beauty），人们认为让别人看到自己和特别漂亮的人在一起，能提高他们的大众形象，就像对方的光环笼罩着自己一样。

刚开始交往时，人们会因为别人的显著优势而被吸引，随着长期的交往，光环效应会逐渐减弱，好的个性品质将逐渐起到重要作用。一般来说，我们总是更愿意与具有优良品质的人进行交往。与这种人交往使我们具有安全感，同时可以得到好的回报。智慧的人知道“美丽扎根于内心深处”，具有良好个性特征的人的吸引力是持久深远的。我们经常说外表美是一时的，心灵美才是长期的，实际上这里的心灵美有一部分内容就是指人们的个性品质。

同时，人格因素也会对人际吸引有比较大的影响。比较内向、害羞、低自尊的人往往较难在初次见面时展示自己的吸引力，缺乏社交技巧及焦虑和忧郁倾向的人也较难顺利开展一段人际关系，这些因素与人际吸引往往会形成相互作用，从而进一步增加建立人际关系的难度。例如，自尊心低的人可能不愿在社会生活里冒险，使得他较难有人际吸引力，不易和他人形成人际关系；反过来长期的低人际吸引也会导致社交困难，使自尊心更低，更不愿意与他人交往。

2. 相似与互补

人际吸引有一个基本的原则——相像率。谚语“物以类聚，人以群分”是很有道理的。朋友、订婚的情侣及夫妻，回避那些随机配对的人更可能找到拥有相同的态度、信仰和价值观的人。试想一下，在朋友的生日聚会上，当你与一位陌生人交谈之后，发现你们在电影、文学、音乐等方面的态度、喜好等存在惊人的相似时，你们是否有一种相见恨晚的感觉？调查发现，态度的相似是人际吸引的主要因素之一，当交往双方的态度一致性程度增加时，认识深度和吸引力也在逐渐增强和深化。人们倾向于喜欢在态度、价值观、兴趣及人格等方面与自己相似的人。Kandel（1978）对2000名高中生的友谊关系所做的研究证明了这一点，他让每一位学生写出他在学校里最好的朋友，并详细填写有关自己的背景及态度的问卷，大部分学生最好的朋友在性别、年级、年龄及种族、学业态度等方面与自己都很相似。

虽然相似性是人际吸引的主导因素，互补性的吸引在生活中也很普遍。交往的互补性是指双方在交往的过程中获得相互满足的心理状态，互补可视为相似的特殊形式，主要包括需要的互补、社会角色的互补和人格某些特征的互补（郑全全，1999）。例如，美食家会和料理家在一起；成熟导演和优秀的演员之间会相互吸引；内敛的人和外向的人会彼此喜欢……他们有着不同的特点，却可能对彼此产生吸引力。Davis（1990）也对互补性展开了相关研究，并把这种现象叫作相貌换地位（Looks-For-Status）：男性喜欢年轻女性是因为她们漂亮，而女性喜欢年长一点的男性是因为他们成熟且有地位。因为人不仅会寻求相似，也会追求功能和性格上的互补。

3. 接近性

人与人之间的交往是在一定的社会背景下进行的，离不开情境因素的影响。生活的时空性决定了我们只能与空间距离较近的人有密切的来往，距离越近，交往的频率可能就越高，越容易建立良好的人际关系。莱比锡大学的米亚迪·贝克（Back，Schmukle，Egloff，2008）及其同事证实了这一点。他们在第一次班会上给学生随机安排座位，然后让每个人对全班进行自我介绍。一年后，学生们报告显示，那些碰巧就在第一次班会时挨着坐或附近坐的人有更多在后来建立了朋友关系。调查发现，大多数人的婚姻对象是那些和他们居住在相同的小区，或是在同一个公司或单位工作，或曾在同一个班上过课的人。Whyte（1965）对社区友谊模式的研究也发现，人们所结成的友谊模式受到人们之间物理距离的影响，住得越近就越有可能成为朋友。

中国古语有云“远亲不如近邻”，在我们的交往对象中，交往机会最多的往往是自己的同学、同事、朋友、邻居等，所以我们更有可能与这些人建立良好的人际关系。

4. 熟悉性

曝光效应指出，重复接触他人通常会增加我们对他人的喜欢程度。当人们的交往机会增多时，相互刺激的机会也会增多，重复呈现的次数越多，越容易形成较密切的人际关系。社会心理学家梅塔（T. Mita）曾做过一个有趣的实验，他要求被试和朋友看自己的两张一样的照片，一张为正像，另一张为镜像，问他们喜欢哪一张。结果显示，被试自己更喜欢镜像，而他们的朋友则更喜欢正像。因为自己常常看到自己的镜像，而朋友则常常看到正像。由此可见：熟悉诱发了喜欢。

（二）人际关系的建立过程

良好关系的建立，要经过一个从表面接触到亲密融合的发展过程。人与人关系的建立和发展，从交往由浅入深的一系列过程来看，一般需要经过相对明确的四个阶段。

1. 觉察相识

人与人关系的建立是从觉察开始的。觉察包含着对交往对象的注意、抉择和初步沟通等多方面的活动。如果一方开始察觉到对方，或者双方产生了相互的注意，那么人与人之间的相互作用已经开始，就形成了初步印象。我们对交往对象以及交往的深度是有选择和倾向的，并不是与任何人都要建立很好的关系，在选择朋友时，那些与我们观念中理想特质相似的人会引起我们的特别注意。因此在建立人际关系之初，要尽量发掘双方的共同之处展开交流。这时还处于观察阶段，未形成有效的沟通，要注意交流的尺度。如刚进入职场的员工，与身边的同事并不熟悉，刚开始可能会进行观察和评价，如果对某个同事持赞许态度，就会产生进一步交往的想法，如果持厌恶态度，就可能没有进一步交往的动机。

2. 表面接触

在觉察的基础上，我们要想深入了解对方，必须经过进一步的接触，进行交往和谈话，即表面接触阶段。这时交往双方几乎没有情感卷入，仅仅是情感关系发展的开端。通常我们与交往的对象大多保持在这个阶段，由于个人时间和精力有限，我们无法与众多对象进行交往，只要保持彼此相处友好即可。如公司中同事之间的相处大多保持在这个阶段。作为觉察相识和亲密互惠间的桥梁，表面接触起着过渡作用，对于我们想要进一步了解的对象，在表面接触阶段我们要尽可能多地制造交流的机会，循序渐进地发展两人间的关系。

3. 亲密互惠

通过不断接触，交往双方逐渐产生好感，被对方的品质所吸引，交往也会逐渐频繁与密切。随着沟通的深入，双方谈话开始广泛涉及自我的许多方面，心理卷入和相互渗透的程度越来越大，双方关系的性质也就发生实质性的变化。此时交往双方的安全感和信任感已经确立，如果互相赞赏、互相帮助，双方将感到愉快，会建立更深的友谊；如果在这一阶段关系破裂，将会给人带来相当大的心理压力，出现痛苦、焦虑等负面情绪。因此在这一阶段要注意积极地敞开心扉，与对方分享自己的真实感受，真诚地表达自己，适当地自我暴露，同时注意倾听对方的表达，给予及时的反馈，共同构建相互信任的人际关系。

4. 稳固相容

随着交往双方接触次数的增多，情感联系也越来越密切并伴随着深度的情感卷入，人们心理上的共同领域会进一步增加，进入高度相容阶段，双方的关系比较稳定。此时，交往双方的价值取向逐渐高度一致，表现出相似的想法、态度和行为方式，也就逐渐发展为我们通常所说的“知己”。但在实际生活中，我们只会跟很少的人达到这一感情层次的关系。绝大部分人仅仅是停留在第三阶段的同一水平上。因此，对于已经建立的稳固相容的人际关系，要注意维护与保持，保证交流的通畅，出现问题和分歧及时解决，共同促进人际关系的稳定发展。

随着人际关系的深入，交往双方的自我暴露逐渐广泛深刻，自我暴露的程度是衡量人际关系深浅的标志。自我的层次理论认为，自我暴露是分层次的，第一层是自我的最表面水平，即我们的兴趣、爱好等方面，如饮食、偏好、日常情趣、娱乐活动的选择等。第二层是我们对事物的看法和态度，如对某事件的评价、对某个人的看法等。第三层是自我的人际关系与自我概念状况，如自己与父母的关系、自己的夫妻关系、自己的自卑情绪等。第四层是自我的最深层次，属于一个人的隐私部分，有关这些方面的信息，我们可能一辈子也不对任何人暴露。如果别人向我们暴露了他们的这些方面，那说明他对你有了超乎寻常的信任和依赖。对于别人这些方面的事情，我们应当从保护别人的角度考虑，不应对其他任何人提及。知道别人在哪个层次上对我们表露自己，就可以了解别人对我们的信任和接纳程度，了解我们与别人关系的状况。同时，我们在开始学习与人交往的时候也需注意，要适当地对别人暴露自己，缺乏自我暴露或过度自我暴露都不利于建立健康的人际关系。在交往中，我们也要学会如何做一个倾听者。这样能够表现出自己对交往对象的接纳，有利于更好地发展人际关系。

（三）如何处理好人际关系

1. 人际关系的相关理论

人际关系理论主要有社会交换理论与相互作用理论。

社会交换理论认为，人们如何看待与他人的关系主要取决于人们对这段关系中回报与代价的评价与体验。我们期望以最小的代价换取最大的报酬，报酬可能是物质的，也可能是精神的，或者两者兼有。在与人交往过程中，如果一个人为我们付出越多，我们就越喜欢他。但如果我们得到的回报总是超过自己的付出，这种关系也难以维持长久，因为对方也在进行回报与代价的评估，人们往往希望在交往中自己的代价和报酬能够保持平衡。因此，在人际交往过程中，我们要注意主动为对方提供帮助和支持，同时在被帮助后及时给予感谢和回报，另外也要远离那些一味索取不知回报的人。

相互作用理论强调交往双方之间的相互影响、相互制约。正如我们常说的，“礼尚往来，来而不往，非礼也”。当一个人对对方表示热情、友好的态度时，对方往往也会给予相应的积极反馈；反之，如果一方以冷漠、回避的方式对待另一方，通常也会收到消极反馈，从而导致关系的破裂。由此可知，我们期望别人如何对待自己，就要先以这种方式对待别人，在积极的相互作用中促进良好人际关系的建立和发展。

2. 处理人际关系的基本原则

（1）真诚原则

“你最喜欢和具有什么特征的人相处”，大多数人对于这个问题的回答是真诚、诚实、可靠。真诚被证实是最受人欢迎的个性品质，一个人想要吸引别人、与别人建立良好的关系，表现出真诚的品质和采用真诚的交往方式是最佳的实现路径。在人际交往中，人们可以容忍别人的失误和缺点，但无法忍受欺骗。如果一个人常常失信于人，必然会引起他人的反感、厌恶与疏远，阻碍正常的交往。唯有抱着真诚的态度和人相处，双方才会建立起安全的氛围，没有任何戒备心地进行交流。

（2）平等、尊重原则

俄国大作家屠格涅夫走在大街上，遇到一个向他伸手乞讨的老人，可他翻遍所有的口袋也没有找到一分钱。他感到不安与内疚，握住乞丐的手说：“对不起兄弟，我什么也没有！”虽然他没有给予物质上的施舍，但这声“兄弟”让这个乞丐感慨万分：“不，我很感恩！你给予了我最珍贵的东西。”

屠格涅夫所给予的，是尊重。在人际交往中，虽然一些条件如出身、相貌、教育水平、职业等存在差异，但每个人在人格上是绝对平等的，任何人都应当受到充分的尊重，交往双方必须以平等的原则和他人相处。尊重别人，一是要给别人留面子，特别是在公共场合；二是要善于换位思考，了解对方的想法；三是要在不损害自己尊严和想法的前提下，尽量求同存异；四是要真诚地肯定和赞美他人的成就。“敬人者，人恒敬之”，只有在平等原则的基础上尊重对方，才能得到他人发自内心的尊重。

（3）互利原则

“投之以桃，报之以李。”人际关系的基础是人与人之间相互重视和支持，交互性是人际交往的一项基本原则。人际交往中，无论是喜欢与厌恶还是接近与疏远都是相互的。对于喜欢和接纳我们的人，我们也愿意友善对之；对我们不屑的人，我们也不会愿意和他相处。社会交换理论认为，我们在人际交往过程中要考虑双方的共同利益，使双方都能得到好处，获得心理上的满足与平衡。整个交往是互利互惠的，这种互惠不仅仅指物质利益，还包括精神和情感层面的互利。

因此，如果想要建立长期的人际关系，我们不能过于看重自己的利益，只知索取不知奉献。应该在互利原则的指导下，互相理解、互相支持，使大家都能够在交往中获益，只有这样才能发展良好的人际关系。

（4）自我价值保护原则

我们往往更喜欢对自己的喜欢水平不断增加的人，自我价值定向理论对这个现象做了详细的解释。新出现的肯定评价意味着自我价值的上升，而新出现的否定评价意味着自我价值的降低。当人们对我们的态度由原来的肯定转为否定时，我们有两种选择：一是承认别人评价的正确性，认为自我的价值真的降低了；二是进行自我价值的保护，降低评价的重要性，对评价者的喜爱程度也跟着降低。所以在与别人交往的过程中，我们必须遵循自我价值保护的原则，对他人的自我价值给予肯定和支持。

3. 引导人际关系改善的心理训练方法

每个人都希望自己能够很好地处理人际关系，但事实上，很多人都存在人际关系的问题，这种问题甚至已经对正常生活产生了一定的困扰，比如有的人会因很难把握身边人的情绪，使得跟身边人的关系都不好，又或者是更常见的亲子、婚姻关系出现了较为严重的问题。这时需要掌握一些心理学综合性训练方法，如角色扮演、敏感性训练等来提高人们的自我意识水平、共情能力和社交技能，从而改善人际关系。

角色扮演主要让参与者充当或扮演某种角色，去体验、了解和领会别人的内心世界，由此来增加扮演者的自我意识水平、移情能力，并改变过去的行为方式，使之更适合自己的社会角色，从而获得新的社交技能。这样在今后的社交活动中，我们会比较容易地“将心比心”，多从对方的角度出发考虑问题，有利于问题的解决并达到沟通的目的。

角色扮演具有重要的应用价值，在人际关系方面，角色扮演的方法可以帮助人们在扮演过程中，将所扮演对象的个性特征最终固定在自己的个性结构中，实现改变个性、改善人际关系能力的目的。同时，角色扮演还能作为重要的测试方法，帮助评价一个人的人际关系及其情绪的稳定性和情绪的控制能力、随机应变能力、处理各种问题的技巧和方法等。

人际敏感性训练是一种团体训练技术，主要是以非指导性的方式为参与者提供真实体验的情境。通过组织者的精心安排，使参与者有机会表达和体验自己在众人面前的感受，同时学会准确掌握、理解和评价别人的情绪状态和行为意义，并在别人真实的反馈调节中做出积极的反应。这类团体通常由5~15人组成，其中包括一名心理学家。训练期限为1~4周，活动方式主要是语言交流。活动开始时，团体成员之间往往先谈论参加这种活动的意图、试图解决的问题和自己的一些兴趣。随着沟通的深入，人们会逐渐了解别人对自己的问题或当时的表现及反应。当团体成员之间的信任感和真诚的气氛建立起来之后，团体作为一个整体，参与者在其中会敢于更深度地表露自我，并在其他成员的支持下理解与接纳真正的自我。

参与者也会在没有社会角色限制的条件下，通过各个成员所提的多角度的见解，学会准确掌握、理解和评价别人的情绪状态和行为的意义，并在别人真实的反馈调节中，做出正确而为他人所接纳、同时又对人际关系起积极作用的反应。

二、人际关系的桥梁：人际沟通

石油大王洛克菲勒说："假如人际沟通能力也是同糖或咖啡一样的商品的话，我愿意付出比太阳底下任何东西都珍贵的价格购买这种能力。"由此可见，这种能力的重要性。人际沟通指在社会活动中人与人之间的信息交流过程，人们采用语言、表情、通信等方式彼此进行的事实、思想、意见、情感等方面的交流，以达到人与人之间对信息的共同理解和认识，取得相互之间的了解、信任，形成良好的人际关系。

（一）人际沟通的功能和要素

1. 人际沟通的功能

在人际关系的发展中，沟通是必不可少的。作为现代人必备的基本技能之一，沟通能够连接人与人的思维，促进新想法的诞生。除了传递信息这一基本功能外，人际沟通还具有以下的心理功能：

一是协调功能。人们通过沟通传播人为制定、大众认同的社会准则及健康的思想，协调共同活动，净化不良社会风气，消除不健康的社会意识形态。

二是心理保健功能。通过沟通，人们可以同外界保持联系，满足归属感及安全感的需要。

三是自我表露功能。人在沟通中自愿地把自己的个人信息传递给对方，帮助对方了解自己，可以加强情感之间的联系，增加亲密感、幸福感，获得社会支持。

四是建立自我认同功能。每个人都希望别人认同自己，而这份认同便是以沟通的形式传递的。通过沟通，我们获得他人的反馈，从而建立起对自身形象、个性、特质等的认知。

人际沟通是人们适应环境、适应社会的必要条件，适当的沟通有助于人们的心理健康，促进个人积极发展与良好个性的形成。一个人能够与他人准确、及时地沟通，才能建立起牢固的、长久的人际关系，进而能够使得自己在事业上如虎添翼，最终取得成功。

2. 人际沟通的要素及障碍

人际沟通的过程主要包含六个要素：信息发送者、信息接收者、信息通道、信息、反馈、障碍等，它们之间的关系如图6-1所示。

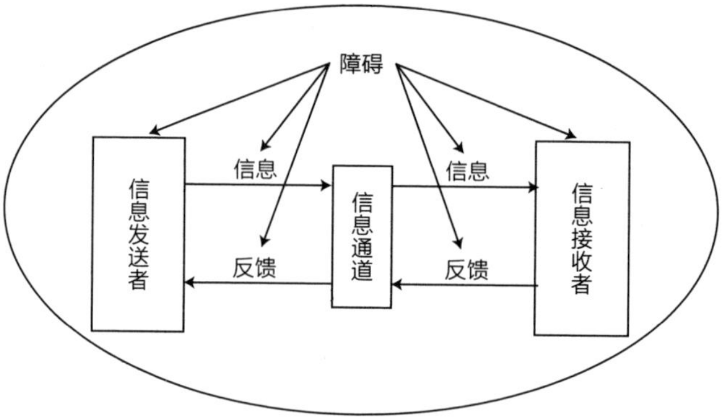

图6-1　沟通的过程与结构要素

沟通的任何一个要素出现问题都可能导致信息传递出现偏差，从而导致人际沟通的障碍。就沟通过程而言，源于信息发送者和信息接收者的障碍最值得我们关注和重视。

首先，我们来看由信息发送者引起的障碍。信息的发送者在沟通中处于主动地位，起着关键性作用，因而由于信息发送者表述不清引起的障碍对于人际沟通会产生较大影响。这一障碍的发生主要有以下三种原因：

一是认识不清。信息发送者对接收者的身份、理解力、需求等存在模糊或错误的认知，将会很大程度影响表达者的信息传递，为沟通带来障碍。“对牛弹琴”所描述的正是这样的场景，由于信息发送者对接收者身份认识不清，选择了不恰当的交流方式，造成了沟通上的障碍。信息发送者对传递信息的认识不清同样可能导致沟通障碍。当信息发送者本身无法清晰掌握表达的内容及目的，自然无法将信息准确地传递给接收者。

二是表述不当。信息发送者如果在不恰当的沟通时间，选择了不合适的沟通方法、沟通环境，或者误将本应该传递给其他接收者的信息传递给了错误的接收者，抑或是表述太少未能将信息传达清楚、表述太过累赘未能清晰表明重点，都会影响到沟通的效果。

三是态度不好。即使信息发送者对接收者和信息都有清晰的认知，并且选择了恰当的方式对信息进行表述，如果信息发送者的态度不好，也会影响沟通的效果。沟通应是信息发送者和接收者共同参与的过程，双方应该相互尊重，而作为沟通的主导者，信息发送者的态度对沟通氛围以及最终的沟通效果有着更为重要的影响。

另外，障碍还可能由信息接收者引起。当信息发出者清晰传递出信息后，接收者是否能对信息进行恰当的处理同样影响着沟通的效果。这一障碍主要源于以下三种原因。

一是听不清楚。信息接收者由于自身精神状态、专注程度、身体状态、环境因素、内心抗拒等因素，无法准确接收来自发出者的信息，或是无法恰当处理接收的信息，会造成沟通不畅，从而影响沟通效果。

二是听不明白。信息传递过程中经常会出现信息不清晰的情况，这时接收者会对传递的内容产生疑惑，接收者如果没能及时反馈，而发送者又未能察觉，往往会产生沟通受阻的情况，而且一处不清晰，很容易影响整体信息的传递，甚至会出现信息传递的严重错误。

三是听不进去。如果接收者本身对发送者抱有敌意，对其意图有所怀疑，或是不满意发送者的语气或表达方式，或者是对传递的信息有对抗态度，接收者便有可能产生厌恶、愤怒、恐惧等消极情绪，从而难以接收传递的信息，使沟通效果大打折扣。

此外，信息的性质、通道和背景等也可能会造成沟通障碍，因此良好的沟通效果需要建立在“天时地利人和”的基础上，每个环节都需要我们周密考虑，尽量把障碍的影响减到最低。

人际沟通障碍不仅影响信息的传递，也会对人际关系产生不良的影响。而人际沟通技巧能够有效提升人际沟通的有效性，预防人际沟通障碍的产生，同时也能为人际沟通障碍的克服提供参考。

（二）人际沟通的技巧

常见的人际沟通技巧主要包括以下几个方面。

1. 准确发出信息

沟通的第一步便是发出信息，因而掌握准确发出信息的技巧对人际沟通有着重要的意义。以下便是发出信息时要注意的四个事项：

一是明确信息的接收者。正如前文所述，信息发送者如果对信息的接收者认识不清便很有可能导致沟通障碍，因此，了解接收者的个性、性别、年龄、文化层次、背景、情绪等都可以有助于我们选择恰当的沟通方式和沟通背景，达到良好的沟通效果。

二是确定恰当的信息内容。尤其是在第一次见面时，选择合适的沟通内容对良好人际关系的建立至关重要。首因效应即最初接触到的信息所形成的印象对人们以后的行为活动和评价起主导作用，其会在很长一段时间内影响人们对一个人的印象，同时也会影响对其后续行为动机的判断。因此，建立良好的第一印象对后续的有效沟通和良好人际关系的建立起着奠基作用。在首次见面时，选择天气、时事等通俗话题，或者共同的兴趣爱好都是不错的选择。此外，适当的自我暴露也可加速拉近两人的距离，选择自己的学习、工作和生活经历作为话题可以让对方快速了解自己，同时也会引起共鸣，形成积极的沟通氛围。

三是选择合适的信息传递形式。信息通道对沟通过程有着重要的影响，尤其是随着科技的进步和时代的发展，沟通方式不断丰富，从传统的面对面交谈到书信，再到电话邮件，发展到如今的通信软件、视频会议，各种方式均可为我们的沟通提供便利。例如，虽然面对面沟通是更有效的沟通方式，但是对于一些简单的沟通，使用视频会议等线上的方式能够给信息接收者带来便利，不但能提高效率，还能减少信息接收者因为不便利而产生的对抗情绪，反而有可能有更好的沟通效果。因此根据情景选择合适的沟通方式既可以提高沟通的效率，又能够提高沟通的质量。

四是选择合适时机。正所谓天时地利人和缺一不可，在选择好合适的信息内容和传递方式后，选择一个恰当的沟通时机，对信息接收者的心理生理状态、沟通的背景氛围、沟通的发展情况进行全面的掌握，能进一步提升沟通的效果。

2. 认真倾听和积极反馈

在沟通的过程中，倾听起着非常重要的作用，不管是信息的发送者还是接收者，都需要认真倾听对方所表达的内容，这是建立顺畅的沟通环路的基础，能够促进沟通的高效进行。因此，学会倾听也是提升沟通能力的重要部分。倾听的主要原则如下：首先，尊重和真诚是我们倾听的前提；其次，我们要做到客观对待对方表达的内容，而不是先入为主的妄加揣测；最后，我们要认真听完对方的讲述，并从整体看待表述的内容而不能断章取义。

发出准确的信息和倾听架起了沟通的通路，而要形成沟通环路，我们还需要在沟通中进行积极的反馈。沟通的积极反馈有利于双方对所谈论的内容形成一致的认识，还有利于形成和谐的沟通氛围，对沟通的顺利进行起着重要的作用。因此，我们要选择具体恰当的反馈时机、明确的反馈内容、建设性的反馈意见，并且掌握有效的反馈技巧。例如，我们要善于把握沟通节奏，最好在信息发送者传递信息的间隙予以反馈，也要敢于在沟通出现疑问，会影响到后面的理解时及时打断并对疑问进行提问；在给予反馈时，要客观描述行为、表达自己的体会及感受等；在接收反馈时，要避免擅自解读对方的信息反馈或急于澄清，可以等待恰当的时机进行对反馈信息的反馈，这样才能建立起顺畅的沟通环路。

3. 运用身体语言

美国口语传播学者雷蒙德·罗斯（Raymond Rose）认为，在人际传播过程中，人们所得到的信息总量中，只有35%是通过语言符号传递的，而其余65%的信息则是通过非语言符号传递，其中仅仅面部表情就可传递非语言符号信息中过半的信息，因此非语言符号尤其是面部表情对沟通有着重要的影响。

非语言符号中，最重要的就是我们的身体语言。恰当运用自我身体语言对沟通起到了非常重要的作用。要提高自己使用身体语言的能力，可以采用以下三个步骤：

第一步是观察自我身体语言，了解自我身体语言使用的情况。通过系统的观察记录，自己来定义和解释自身的各种身体语言信号，并仔细分析自身心态和身体语言的关系，建立符合自己特点的身体语言模型。

第二步是对自己的各种身体语言行为和整体模型进行自我体验。自我体验的过程不仅可以使人们将各种身体语言经历与自己的真实情绪状态和沟通过程更自然、更充分地联系到一起，而且可以使人们有机会对在第一个步骤中建立起来的各种身体语言定义和整体模型进行自我检验，并进行必要的修正。

第三步是在实践中应用自己总结的身体语言，并进一步检验其有效性，对于不适当的地方，及时加以修正，进一步完善自我身体语言模型。

我们不但要运用好自己的身体语言，同时也要正确把握和理解别人的身体语言。首先，我们必须把握身体语言的文化背景，不同文化背景下，相同的身体语言会表达不同的信息。例如，我们都知道，点头表示肯定，而摇头表示否定，但阿尔巴尼亚却恰恰相反，他们点头表示否定，而摇头表示肯定，因而我们在进行非语言沟通时要格外注意文化背景。同时，我们还需要注意身体语言使用的具体情境。相同的身体语言在不同的情境下，也可能会表达不同的信息。例如，常见的摆手，在离别的情境下，是“再见”的意思，而在一些危险的情境下，摆手可能意味着“不要过来”。所以我们必须结合情境去理解身体语言，来确认每一个具体身体语言信号的意义，如果有疑问，可以采用及时反馈的技巧，确保能够正确理解对方传递的信息。

三、不同人际关系的处理

马克思曾说过，人的本质是一切社会关系的总和，每个人都不是孤立存在的，他必定存在于各种社会关系之中，对各种关系的处理影响着我们生活的方方面面。本节将带领大家了解家庭、职场和生活中的关系，掌握正确处理不同人际关系的方法。

（一）家庭关系

1. 婚姻关系

婚姻关系作为个体生命中的重要人际关系，对于个体生活的各个方面都有着重要的影响，因而正确认识婚姻关系对个体的幸福生活有着重要的意义。从爱情到婚姻需要经历漫长的过程，爱情三角理论或许可以帮助我们对这一过程进行剖析。

Sternberg（1988）认为，各种不同的爱情都能由三个构成成分组合而成。爱情的第一个成分是亲密，包括热情、理解、沟通、支持和分享等爱情关系中常见的特征。第二个成分是激情，其主要特征为性的唤醒和欲望。爱情的最后一个成分是承诺，指投身于爱情和努力维护爱情的决心。承诺在本质上主要是认知性的，而亲密是情感性的，激情则是一种动机或者驱力。恋爱关系的“火热”来自激情，温情来自亲密；相形之下，承诺反映的则是完全与情感或性情无关的决策。三种成分进行不同的组合可以产生不同类型的爱情：

（1）喜欢：亲密程度高而激情和承诺程度低；

（2）迷恋：激情程度高而缺乏亲密和承诺；

（3）空洞的爱：没有亲密和激情的承诺；

（4）浪漫的爱：强烈的亲密感和激情；

（5）相伴的爱：亲密和承诺结合；

（6）愚昧的爱：缺乏亲密的激情和承诺；

（7）完整的爱：亲密激情承诺都非常充足；

（8）无爱：亲密、激情和承诺三者都缺失，这时爱情就不存在了。

哈特菲尔德（Hatfield，1988）把迷恋界定为“强烈渴望和对方在一起的一种状态”。对满怀激情之爱的一方而言，如果对方对自己的热情做出了回应，那么他就会感到满足而快乐；如果对方对自己的热情没有做出回应，他就会觉得空虚而绝望。如果一段亲密的感情能够经受住时间的考验，那么它最终会成为一种稳固而温馨的爱情，也就是相伴的爱。双方会逐渐增加依恋感和信任感。

爱情或许并不需要亲密、激情和承诺都具备，但如果想建立良好的婚姻关系则需要更多的努力。婚姻可以使爱情丰富和升华，但也可能是葬送爱情的坟墓。哈维等人提出，“用心照顾”我们的亲密关系能够使我们获得更长久的满足。在爱情意义上成功的婚姻，应当具备以上的三个条件：首先，承诺是婚姻稳固的前提。夫妻需要同心协力，承担共同的家庭生活，坚定携手并肩前行；其次，亲密也是婚姻生活中必不可少的一部分。夫妻间的关系在结婚后更应该保持亲密，作为人生中的重要他人，夫妻间应该有坚定的支持；最后，婚姻同样需要激情，夫妻间相互热爱、渴望的激情会照亮两人的生活。那些承诺要创造一段平等、亲密、相互支持的婚姻关系的人可能会从持久的相伴的爱中获得安全和快乐。家庭对婚姻关系也有很重要的影响。家庭可以分为两种：一个是自己出生、成长的家，也就是有父母照顾的家，叫原生家庭；另一个是长大成人以后重新建造，你自己“当家”的家，叫作再生家庭。原生家庭对再生家庭有着重要的影响，这一点尤其体现在婚姻关系上。弗里曼（Freeman）认为，我们会从夫妻关系中寻找原生家庭缺少的情感。例如，来自缺乏安全感家庭的人，就会想在伴侣身上找到安全感。我们择偶时，会希望在对方身上满足我们在原生家庭中未满足的需要。如果婚姻中的一方在原生家庭中的需求得不到较好满足的话，会只顾索求，没有能力为伴侣付出。但是原生家庭的问题也并非只带来消极后果，如果勇于面对自己原生家庭的问题，正确地看待付出和回报，积极经营再生家庭，不仅能够在再生家庭中建立良好的婚姻关系，避免原生家庭带来的消极影响，阻止家庭问题的代际传承，还能反哺原生家庭，在一定程度上解决原生家庭产生的问题。

同时，我们也要注意家庭重要性排序，作为我们进行重要决策的依据。根据情感的远近和责任、义务的大小，对婚后家庭成员人际关系、心理距离远近较为合理的排序为：已婚的自己 > 配偶（夫妻）> 子女 > 双方的父母 > 双方的兄弟姐妹 > 大家庭中的其他成员。

因此，在婚姻关系中，我们要首先注意尊重自己的感受，随后是夫妻关系，之后才是子女、双方父母和其他成员，切不可将顺序颠倒，例如过分重视子女而忽视了配偶的感受和夫妻关系的处理，从而影响了家庭的和谐与婚姻关系的稳定。

2. 亲子关系

亲子关系指父母与子女的关系，它是家庭中纵向关系或者说代际关系的核心，也是最基本的家庭关系。早期的生活经历，特别是原生家庭，对个人性格的形成起着至关重要的作用。

婴儿最初是与母亲联系在一起的，因而在个体最初的岁月中，母亲在他的生活中扮演了最重要的角色。而父亲则大多扮演着默默支持的角色，在亲子关系中显得比较没有存在感。因此，父亲更应该学会积极表达自己的情感，尝试与孩子进行沟通，在源头上杜绝“丧父式教育”这种不良现象。

此外，父母的教养方式也对亲子关系有重要的影响。不同类型的亲子关系及其所具有的相应的社会性特征表现有以下几种：

一是忽视或虐待孩子的父母。这一类父母更多地沉浸在自己的需要中，只会为孩子提供食宿和衣物等物质支持，而不会提供精神支持，同时也不会对孩子表现出爱和期待。在这种环境下长大的孩子，成人后一般很难信任别人，也很难和别人建立稳定的关系，同时，他们的社会适应能力和自我控制能力往往也很差。

二是专制和独裁的父母。这类父母严厉且不民主，往往认为自己永远是正确的，孩子必须绝对服从。在这种环境下成长的孩子会较多地表现出悲观、焦虑、退缩、易怒、缺少热情等负面情绪和行为，缺少自信心、好奇心、独立性、灵活性和创造性，在道德发展上往往不够成熟。

三是容忍和放任的父母。这一类父母对孩子采取过分容忍的态度，往往忽视教育，疏于引导，很少对孩子提要求，也很少为孩子提供他们所需要的帮助，对孩子放任自流。在这种教养方式下长大的孩子成熟得较晚，自我控制能力差，很任性，缺乏恒心和毅力，对父母表现出很强的依赖性。

四是民主和权威的父母。这一类父母既注重让孩子自主性发展，也注重培养孩子遵守纪律和规则的良好习惯。他们合理地引导孩子的认知和行为，重视孩子的表现，能做到正确、及时且恰当地予以表扬或惩罚。在这种教养方式下长大的孩子往往自信、成熟、理性、乐观向上、善于与人交往。

现实中，家长的教养方式可能是以上四种类型的一种或多种的混合，或者父亲和母亲会各自采用不同的教养方式。需要指出的是，教养方式并不是家长理性选择的结果，而是家长在养育孩子过程中无意识的表现。并不是所有家长都能意识到不良教养方式的后果，也并非所有家长都会采取合理的教养方式。因此，需要家长有意识地去了解自己的教养方式，改变其中不合理的部分，与孩子共同成长，这样才可以形成更好的亲子关系。

作为父母，与子女的沟通是人生中的重要一课。良好的亲子沟通是儿童人际交往健全发展的基础，有着不可替代性。其作用主要有以下两点：一是通过直接与儿童随时随地交流，向儿童展示人际交往的过程，培养儿童交往的能力。二是及时纠正儿童交往中的问题，使儿童逐渐适应复杂的社会交往环境。

3.父母关系

每个人同自己父母的关系是“人际交往的第一关系”，任何人都不能选择自己的孩子，同时孩子也不能选择自己的父母。随着时代的发展，与父母的交往中难免会出现一些问题，尤其是在理解模式和行为模式、生活理想、生活方式等方面与父母一辈存在很大差异的情况下所产生的这种差异，我们也称之为“代沟”。面对代沟，我们要掌握相关的沟通技巧，处理好与父母的关系。以下是在处理与父母的关系时作出的四点建议：

（1）愿意沟通

沟通的前提是关心对方，愿意付出时间和精力去了解对方，认为沟通对双方来说是有价值、有意义的。所以，我们首先要相信父母是爱自己、自己也是爱父母的，要主动与父母交流，尤其在遇到困难时，可以自然地向父母倾诉，寻求他们的理解和温暖。

（2）理解父母

我们需要理性地认识和了解父母。这种理解包括能够站在父母的角度，站在他们的时代、年龄、能力背景来认识他们，不用完美、理想的标准苛求他们。父母也许会有各种缺点，但正如他们对我们的包容，我们也需要接纳父母的不足。

（3）求同存异的心理准备

人的思想不可能完全相同，因此要尊重并包容别人与自己的不同，学会求同存异。在与父母的相处中，要多学习他们对事物的观察、分析以及其处理问题的方式，结合自身经历借鉴他们的人生经验。

（4）与父母保持适当距离

人际交往要有度，与父母之间的交往也是如此。亲子之间无话不谈是好事，但要有分寸，不能太过。父母毕竟不是我们单纯意义上的朋友。有些时候，孩子某句不经意的话，父母会放在心里很久，在年轻人看来仅是芝麻大点的小事，有时事实上也的确如此，但在父母看来却不然。与父母保持适当距离，把握好“度”，既能减轻他们的痛苦，也可以舒缓自己的压力。

（二）职场关系

1. 与上司的关系

（1）领导风格理论

在职场中，我们首先要面对的是我们的领导。不同的领导有不同风格，有的领导关心员工需求，把组织看作一个联系密切的集体；有的领导认为上下级之间是交易关系，更重视利益的交换。面对不同风格的领导，我们需要主动地去应对和适应，才能更好地处理与上级的关系。

领导风格，又称领导行为，它不是指具体的某种行为，而是指一系列领导行为的综合，它为某一特定功能提供支持，且会随领导情境发生变化。

美国学者巴斯（Buss）等人将领导风格分为变革型领导和交易型领导

两个维度。变革型领导是指领导者通过领导魅力、领导感召力、智力激发和个性化关怀等，让员工意识到所承担的责任及任务的重要性，激发其更高层次的需要，从而使其最大限度地发掘自身的潜力来取得最高水平的绩效表现。而交易型领导是指领导者以奖赏方式来激励下属工作，当下属完成特定的工作后，便给予承诺的奖赏，整个过程好像一项交易。其特征是强调交换，在上司与下属之间有着一种契约式的交易。巴斯认为，这两者是一个连续体的两个极端，前者强调改变，后者强调交易。变革型领导能够综合创造力和坚持不懈的精神，同时还可以保持对员工需要的敏感和重视。因此，面对这种风格的上司，下属需要调动自身的活力和主观能动性，主动表达自己的想法，积极配合上司的工作，无需过度担心沟通问题。交易型领导在大型企业中较为多见，上司给下属提供奖金、物质奖励、晋升机会、荣誉等，以满足下属的需要与愿望。面对这种风格的上司，下属需要服从上司的命令指挥，高效完成其布置的任务，并清楚表达自身诉求，在日常工作中要注意符合工作标准，要强调任务目标和产出，同时有必要在合理的范围内表现对领导要求的遵从。

家长式领导理论产生于近年来一些学者用本土的研究方法对华人组织的领导风格所作的研究，学者樊景立与郑伯埙综合这些研究，将家长式领导行为定义为一种将强烈的纪律性和权威与父亲般的仁慈和德行综合表达在人格氛围中的领导行为。家长式领导采用一种类似家长对待家庭成员的方式对待下属，其实对领导提出了很高的要求，需要其有明显的和强有力的权威，关心下属同时要有德行。面对这种风格的上司，下属需要表明自己的态度，积极配合上司的领导并给予足够的尊重，同时要及时给出反馈，注意与上司有更深入的交流。

（2）处理与上司关系的技巧

上下级关系的本质是相互依存、相互成全，上司需要通过下属的努力来达成自己的管理目标，下属则需要通过上司的支持和提携来实现自己的职业发展目标。上下级关系最终会发展成什么样的格局，不仅仅取决于上司，也取决于下属。因此，下属如果想有一个良好的上下级关系，就必须主动去发展并“经营”这种关系。在与上司的相处中，除了要遵守工作中人与人相处最基本的原则外，还要注意一些特殊原则，如坚定拥护上司、真诚赞美上司、主动进行沟通、注意沟通的技巧、多提改善意见、适度展现自我等。

在与上司的交流过程中，下属往往同时扮演着信息的接收者和发送者两种角色，其中更多时候是信息的接收者，即接收来自信息发送者的信息并做出响应的一方。需要注意的是，信息接收并不是一个被动的过程，而是一个主动加工的过程，下属在接收信息时应保持积极高效的信息接收状态。此外，信息接收的过程也会受到信息接收者个人经验的影响，因此下属应提前做好相关材料的收集和知识的储备，以便更加高效地接收处理来自上司的信息。在大部分情况下，沟通能够有效实现，但是也存在信息发送者和信息接收者的个人经验差异导致信息传递失真甚至对信息产生严重误解的情况，这便需要作为信息的接收者的下属注意并尽量避免这种情况。

作为信息的接收者，下属在沟通过程中听不清楚、听不明白、听不进去都可能导致沟通障碍的产生。因此，下属在与上司的沟通中应注意首先调整好自身状态，如身心状态不佳则尽可能选择非即时文字式的交流方式；还要注意在沟通中及时反馈，如果有不明确的地方尽量当场解决；最后要注意不要抱有消极心态，需要整理好自身情绪状态以高效接收信息。

同时，想要与上司和谐、愉快地相处，除了要充分了解上下级关系中的难点外，还要懂得与上司相处的各种禁忌，如在工作场合经常谈论非工作话题、不能很好地处理情绪、过分苛求上司、带有抵抗和防御的沟通、试图逃避责任、掌握不好分寸等，这些都会影响与上司的关系。

2. 与下属的关系

（1）人—环境匹配理论

良好的上下级关系不仅需要下属配合上司，还需要上司关注下属的状况，及时满足其发展需要。基于人—环境匹配理论，环境的支持与员工需要和特点的匹配能够促进员工的成长与发展。而上司作为下属环境的重要组成部分，在这一过程中起着重要的作用。研究发现，人格因素，特别是外向性，作为可以稳定预测行为的重要因素，是上司和下属匹配的关键。

首先，在下属外向性高，上司外向性低的情况下，下属在互动中处于主导地位，上司处于补偿地位。在沟通过程中，外向性高的下属会提出多种想法与可能，而外向性低的上司会围绕其意见进行周密的思考与补充。在资源分配过程中，外向性高的下属会主动提出自身成长发展的需要，而外向性低的上司会对其需求进行评估并适度满足，从而达到资源的最大限度利用。这种互补的搭配是较为理想的，在实际工作中可以主动促成这类组合。

其次，在下属外向性低，上司外向性高的情况下，上司在互动中处于主导地位，下属处于补偿地位。在沟通过程中，外向性高的上司会主动提出各种要求，而外向性低的下属会更倾向于跟进与执行，从而提升双方的沟通效率。在资源分配过程中，外向性高的上司会更具支配性地给下属分配角色与资源，而外向性低的下属会更加顺从和内敛，从而能够避免资源的浪费。在这种情况下，上司和下属也形成互补，在沟通效率和资源利用效率方面都相对较高，但是外向性高的上司要注意外向性低的下属的感受，因为这类下属对于自身的想法不会过多地表达，如果上司的指令经常与下属的实际意愿相悖，上司又没有察觉，那么会对其与下属的关系造成很大的影响。

最后，当上司与下属的外向性水平都高时，二者在互动中都具有主导的倾向。在沟通过程中，外向性高的下属不能保证顺从的行为反馈，从而可能导致沟通受阻；在资源分配过程中，外向性高的上司也容易因为没有满足支配的需求，不给予下属所需的资源，造成一定的摩擦。这种情况下，下属更有可能会做出相应改变，但是作为上司也可以主动求变，营造开放的沟通环境，同时适当满足下属主动性的要求，这类搭配更需要积极的沟通环境，让上司和下属在各项决策前进行充分的沟通，达成最大程度的共识。当上司与下属的外向性水平都低时，二者在互动中都是补偿倾向。在沟通过程中，内向下属不会主动与内向上司进行交流，从而导致信息传达不畅；在资源分配过程中，内向下属也不会主动向内向上司寻求资源，内向领导也不会主动提供资源，从而导致资源的闲置浪费。这种情况下，更需要上司去进行调整，主动与下属进行交流，并营造较好的沟通环境，鼓励下属积极沟通。

总的来说，下属与领导在外向性人格上的互补情况比一致情况导致的结果更积极。在处理与下属的关系时，上司要特别注意下属的人格类型，同时根据自己的人格类型，有针对性地制定与不同下属的沟通策略，以达到资源的最大程度利用。

（2）处理与下属关系的技巧

在与下属的交流过程中，上司更多扮演的是信息发送者的角色，即实际拥有并发送信息的一方。作为沟通过程的发送者，上司对下属的了解程度，对沟通目的的明确程度，以及是否采用了下属所能接受的沟通方式等，都对沟通效果有直接的影响。因此，上司在沟通中应格外注意区分不同人格类型的下属，同时明确并清晰传达沟通的目的，选择合适的方式展开对话，以确保实现准确高效的沟通。

作为信息的发送者，上司在沟通的过程中认识不清、表述不当、态度不好都可能导致沟通障碍的产生。因此，上司在与下属的沟通中应注意首先明确下属的人格类型与其理解水平，全面了解其办事风格与优势短板，也要明白表达的内容及目的，对本次信息有整体的认识与把握；还要注意选择合适的表述方式，尽可能在思维活跃的时间展开沟通，明确沟通的对象，避免无效或低效的沟通；最后注意作为沟通的发送者，要给予下属足够的尊重，适当听取其反馈，营造和谐的沟通氛围，切不可独断、过于严厉。

同时，与下属相处还有以下技巧：工作指令要准确传达、布置工作任务要及时确认并调动积极性。此外，还好把握好与下属相处的分寸，注意以下禁忌：事必躬亲、独断专行、过分让步、当众训斥、轻易许诺，这些都会严重影响与下属的关系。

3. 与同事的关系

（1）处理与同事关系的技巧

职场中还有一个不可忽视的重要人际关系便是同事关系，不同于与上司和下属的关系，同事关系更为平等，同时交流和沟通也更为密切。作为工作中最常接触的人，同事对职场关系有着重要的影响。工作的成功往往离不开同事的协作，良好的同事关系不仅有助于能力的提升，还能营造和谐的工作氛围，促进积极情绪的产生和传递。

同事关系质量主要体现在同事间的人际沟通、信任、支持程度上。其中人际沟通占据首要地位，不论是工作中的信息传达还是生活中的情感交流，沟通都是同事关系中的重要一环。对于工作中的正式交往，应该有更强的原则性和更少的情感成分，注重信息的高效传达；而对于生活中的非正式交往，则会更加多样，更多取决于共同爱好及个人特点等因素。同时，同事间的信任也是同事关系质量的关键组成部分。在工作中，同事间的信任可以促进信息的准确高效传递，避免由怀疑和猜忌导致的情绪问题和沟通障碍；在生活中，同事间的信任可以促进关系的进一步发展，稳固同事关系。最后，支持程度也影响着同事关系的质量。工作中的同事是重要的合作伙伴，他们的支持对工作的高效完成和个人的成长而言是必不可少的；生活中的同事是亲密关系的重要来源之一，他们的支持可以为个人提供力量，有助于工作生活中不良情绪的排解。

中华文化影响下的同事关系更注重关系的长久性和持续性，这就意味着我们想要处理好同事关系，就要加强与同事间的沟通，努力建立彼此信任、相互支持的健康同事关系。这种中国特色的同事关系与我们熟人社会的现象密切相关。中国以前是农村经济，在传统农村中，公权到不了村里，公共服务基本靠大家。此时熟人之间的关系、对长辈的尊敬、一些基本的道德规范，起着非常重要的作用。而在当今企业中，熟人社会的风气虽有所减退，但中国人在处理一些法律和规则无法解决的问题时，仍然有更高的寻求熟人帮助的心理和行为倾向。这就要求我们在处理同事关系时，要注意关系的维护，良好的关系日后可能会成为处理问题时的资源。此外，还要注意与同事建立稳定的联络，即使近段时间较少有工作上的合作，也要注意保持恰当的沟通频率，将目光放在长远发展上，切不可为一时的利益做出损害同事关系的事情。

尽管不同文化、行业、公司的职场环境有诸多差别，但对待同事遵循以下原则仍能在各种情境下帮助我们和同事更好相处，具体包括：学会尊重、相互体谅、适当吃亏、平等待人、求同存异、保持距离。

与同事的交往中也存在着一些相处禁忌，如拉帮结派、口无遮拦、闲谈人非、推卸责任、争论不休、疑神疑鬼等，注意这些相处禁忌可以帮助我们更好与同事相处。

（2）不同的同事类型

在一个单位里，有些同事之间没有太多工作上的交集，这时候彼此的关系相对单纯，也易于把握，只需保持点头问好的交情即可。而一旦因为工作的关系需要和部分同事合作，甚至保持密切的接触时，关系就会变得复杂起来。

既然同事间的关系是在合作过程中产生的，那么就可按照“勇气”（反映表达自己想法和主张的积极程度）和“体谅”（对他人意见注意倾听和表示赞赏的程度）将同事分为以下四类。

竞争者（高勇气、低体谅）：他们勇于表达自己的观点，但对他人的意见置若罔闻，常以“自我”为中心。

合作者（高勇气、高体谅）：既敢于发表自己的意见，也能悉心听取并积极采纳别人的意见，是理想的合作伙伴。

逃避者（低勇气、低体谅）：既不表达自己的意见，对他人的想法也不感兴趣，常常袖手旁观。这类同事对人对事十分冷漠，行动上往往我行我素，从不顾及别人，而且喜欢逃避。

顺应者（低勇气、高体谅）：不敢表达自己的意见，对他人的意见随声附和，属于无主见者。

对于不同类型的同事，要采取不同的应对方式。跟竞争者相处时，要注意采取温和的态度，不要与其发生正面冲突。虽然他们看似外表强硬，但内心也渴望理解与支持，因此要给予其足够的空间发展；跟合作者相处更为轻松，他们富有想法又能虚心接纳他人的意见，因此需要的便是积极倾听主动配合，群策群力创造出更多的想法；跟逃避者相处时，要注意给予足够的包容，保留其充分的自主空间，尽量以分工的方式完成任务；跟顺应者相处时，需要给予其足够的支持和勇气，同时他们往往也有自己的想法，只是没有表达，因此要有足够的耐心发掘他们真正的想法，鼓励其表达。

第七章　社会影响

从出生开始，人的生活就脱离不了群体：与父母构成家庭，与同学构成班级，与同事构成团队……正如奥斯特洛夫斯基所说，“人的巨大的力量就在这里——觉得自己是在友好的集体里面”。群体是指两个或两个以上相互依赖和相互作用的个体为了某个共同目标结合在一起、具有情感联系的人群。群体有不同的种类，如我们生活中最常见的为了某个特定的目的设立的正式群体以及没有正式文件规定、自发产生的非正式群体。我们在不同的群体中扮演不同角色，也在不同的群体中受到了不同程度的影响，最后造就了现在的自己。

群体中存在什么样的心理现象？群体对个体及群体本身会有什么影响？如何防止群体效应导致恶性事件？这将是本章讨论的重点。

一、从众：你在群体中为何举棋不定

生活中你可能很容易遇到这样的现象：你原本在斑马线上等待红灯，看着其他人趁马路上没有车辆通过而闯红灯，你会有跟他们一起去闯红灯的冲动。你也有可能会耐心地等到红灯转绿，但你会在心里觉得有些异样。再比如，当你和朋友们一番谈天说地后感到有些疲劳，然而看到朋友们仍然十分兴奋、享受其中，你也会强打精神，投入与朋友热烈的交互当中。为什么我们在群体中会举棋不定？为什么群体意见会影响人的判断？这种影响又会带来什么后果？这一节将重点解答这些问题。

（一）认识从众

1. 什么是从众

从众（Conformity）是指个体对社会群体压力的服从。具体而言，当群体的意见以群体压力的形式表现出来，并引起个体的认识不一致，亦即个体的意见同群体的意见发生冲突时，个体的评价、意见和行为服从群体意见的现象，我们称之为从众。

1956年，所罗门·阿希（Solomon E.Asch）在实验室中做了一个有趣的行为实验：七名大学生为一组坐成一排，其中六名是事先安排好的实验合作者，只有一名大学生为真正的被试。实验过程中，实验者每次会出示两张卡片，其中一张画有标准线，另一张上画有三条不同长度的线段，其中一条与标准线等长。实验者要求被试判断三条线中哪一条线与标准线长度相等。在真被试报告前，假被试们会故意报告错误答案，然后看真被试的判断是否会因此受到干扰。结果显示，尽管判断线段长度是很简单的任务，但所有被试的平均从众行为竟达到了35%，大约有15%的被试有75%的判断是从众的。

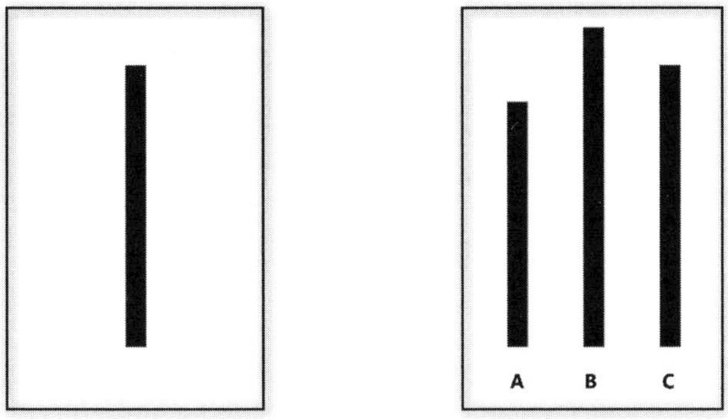

图7-1　阿希实验：判断右侧哪条线段与左侧标准线等长

2. 从众的作用机制

从众是一种十分常见的群体心理现象，当我们身处群体中，个人判断就很容易受到其他群体成员的影响。那么，我们为什么会受从众的影响呢？

首先，一个人掌握的知识信息与实践经验都是有限的，这就导致在面对不甚了解的情境或事物时，会以他人的态度和行为作为参照。例如，初到国外，在对当地文化不熟悉的情况下，我们就会模仿当地人的言行举止，以免闹笑话。当群体中大多数成员都表现出一种行为的时候，我们会下意识认为那是正确的做法，从而表现出从众行为。因此，是否了解接触到的事物，会显著影响一个人的从众倾向。

其次，在群体中，大多数人都不想成为违背群体规范的人。当一个人标新立异，表现出与大多数群体成员迥然不同的态度或行为时，很容易成为“众矢之的”，引来不必要的麻烦。因此，许多人选择隐藏自己的想法和态度，跟随大多数人的表现。这种情况在集体主义文化的地方更为常见，例如，中国古语有云：“枪打出头鸟”“木秀于林，风必摧之”。

（二）克服从众的消极影响

为了减少从众对决策和判断的干扰，我们需要了解影响从众现象的关键因素，从而克服从众的影响。

1. 从众的影响因素

影响从众的因素有很多，我们可以将其分为群体因素、个体因素、刺激因素和文化差异。群体因素包括群体一致性、群体规模、群体凝聚力、个体在群体中的地位、群体中其他成员的影响；个体因素包括年龄、性别、知识经验与个性特征；刺激因素包括刺激物的清晰性和内容。

群体因素对从众有很大的影响。第一，群体一致性是指群体成员意见保持一致的程度。在一致性强的群体中，当持有不同意见的个体要表达其想法时，会面临巨大的从众压力。反之，当一个群体的一致性弱，大家意见不同的时候，表达自己与众不同的想法则没有那么困难。第二，群体规模是指群体成员的数量。阿希的从众实验中还考察了小组成员数目对从众行为的影响，发现3~4人的团体最容易发生从众行为。第三，群体凝聚力（Group Cohesion）是指群体对群体成员以及群体成员之间的吸引力。群体凝聚力越强，个体对群体的依附性和依赖心理也会越强烈，更容易出现从众行为。第四，当个体在群体中处于较高或较有权威性的地位时，面对群体压力会更不容易从众。因为他们往往能力较强，经验更丰富，更有能力和信心做独立的判断和决策。与之相反，在群体中地位较低的个体常能感到来自高地位个体给他们施加的压力，表现出更多的从众行为。第五，群体中其他成员的影响。如群体中出现一个反从众者时，其他人的从众行为会大大减少。

除了群体因素，个体本身的特质也会影响其是否容易屈服于从众压力。第一，年龄和性别是会影响个体从众倾向的两个关键个体因素，过往研究结果发现，女性比男性更易从众，儿童比成人更易从众。第二，一个人具有越多的相关知识经验，就越不会服从于群体压力、表现出从众行为。第三，除了以上因素，像能力、自信心、自尊心、社会赞许需要等个体因素均会影响从众。倘若一个人有很强的能力、自信心与自尊心，他从众的可能性则相对较小。社会赞许需要较高的人会很在意他人的评价，因此更有可能参考他人的态度和意见，从而表现出从众行为。由此可见，从众作为群体心理现象，深受群体因素与个体因素的影响。

此外，刺激物的特性也会影响人们受到群体压力的程度。首先，当刺激物比较模糊的时候，人们对它的认识不足，更有可能参照他人的反应，表现从众行为。其次，刺激物的内容也会有效影响人们对群体压力的抵抗能力：当人们面对无关紧要、不涉及原则的问题时，他们更容易从众。反之，当他们面对重要或关于原则性的问题时，人们不容易丧失原有态度。由此可见，刺激物是否模糊、是否重要或关乎原则性也是群体成员是否会从众的关键影响因素。

从众现象也会因为文化不同而有所差异。研究发现，在集体主义社会中（中国、日本、挪威等），人们会更容易从众（Bond & Smith，1996）。因为集体主义文化会更加强调忠于集体的概念，在该文化背景下，群体成员会感受到更强的群体压力，不敢轻易提出与大部分成员冲突的意见。

2. 如何克服从众

根据从众的影响因素，我们应参考实际情况，采取以下有效克服从众的举措：

首先，控制团体规模和成员组成可以有效防止从众现象的发生。在一些需要团队分工的工作中，控制分组的人数，并且根据群体成员的年龄、性别和个性，合理搭配小组成员，让小组中的成员不容易从众。

其次，优化成员的意见表达渠道，可以减少成员克服从众的障碍与可能面对的群体压力。许多企事业单位都有设置具有匿名性的意见收集渠道，如不记名调查问卷等，有效降低了群体成员表达自身意见的压力。许多企业在实践中发现，设置匿名投放的意见箱以后，能够收到许多以往不曾了解到的需要和意见，有效帮助企业进行合理的优化和内部建设。

最后，也可以从内部发力，提高群体成员克服从众的能力。通过举办相关课程让成员正视从众，并培养群体成员的能力、自信心与自尊心，营造鼓励独立思考、勇敢发声的组织氛围，可有效克服从众。管理者也可以定期与成员单独约谈，了解是否存在成员碍于群体压力不敢表达的情况，并针对实际情况进行相应的优化。

要避免从众还需要在面对不熟悉的事物时，及时有效地对其进行充分了解，并将信息同步给群体成员，争取让成员们全面系统地认识新事物，而不是让成员自行探索或想象。

（三）合理应用从众的积极作用

关于从众，不同国家不同文化下的人有不同的看法。在个人主义盛行的西欧、新西兰、澳大利亚、加拿大、美国等地，人们大多认为个人主义是值得推崇的，是“做自己的事情”“敢于质疑权威”“坦诚面对自我”，我们看美国好莱坞大片的时候不难发现，往往英雄是极少数的、力排众议、只身犯险的，这反映了美国文化推崇“个人英雄主义”，反对从众的态度。而以集体主义为主的国家则不同，亚洲、南美和非洲等地的人们认为，生活在群体当中，不能“锋芒毕露”，要学会迎合大众，尽量减少矛盾，像“树大招风”“枪打出头鸟”“以和为贵”等恰好反映了集体主义文化下群体对从众的看法。这种差异反映了多年历史与文化的影响。

身处中国的我们，尤其是管理者，应该用客观科学的眼光看待从众这一现象。在群体中，过分强调个人想法和观念只会为自身融入群体带来困难和压力。因此，在面对从众的时候，我们应该抓住主要矛盾，削弱从众带来的消极影响，减少“盲目”的从众，增加“合理”的从众。例如，针对个别群体成员工作懈怠，将个人利益放在团队利益之上的行为，要快速扭转他们的想法和行为并不容易，这时群体领导者可以更多地表扬工作勤奋、表现出色的成员，营造出“努力向上”的氛围，存在问题的群体成员一旦感受到这样的氛围，在群体压力下会选择“从众”，有意识地约束自己不利于团队的行为。

二、社会助长与社会惰化：三个臭皮匠，真的能胜过诸葛亮吗

1898年，特里普利特（N. Triplett）在《美国心理学杂志》发表了一项实验报告，研究独自完成任务、他人在场和竞争三种情况对个人任务成绩的影响。他让被试在三种情境下骑车完成25英里的路程。第一种情境是单独骑；第二种情境是让一个人跑步伴同；第三种情境是与其他骑车人竞赛。结果表明，在单独骑时，平均时速为24英里；有人跑步伴同时，平均时速为31英里；在竞赛的情况下，平均时速为32.5英里。为什么在这三种情况下的成绩会有如此大的差距，究竟是什么心理因素在起作用呢?

（一）社会助长

1.社会助长及表现形式

特里普利特的报告一经发出便引起了社会心理学家极大的兴趣。而后的众多研究也确实发现他人在场能够提高人们进行简单动作任务的速度和准确性，如心理学家奥尔波特（Allport）1916年至1919年在哈佛大学进行了一系列这方面的实验。结果证实，一个人单独做一项工作往往不如一群人一起做同样的工作效率高。也就是说，个体在群体中活动有增质增量的倾向，这就是社会助长效应（Social Facilitation），即由于他人在场而导致个体作业

水平提高的现象，也叫作社会促进。

社会助长包括两种情况：一种是在同他人共同活动时，活动效率的提高，这叫共同效应；另一种是当他人在场旁观时活动效率的提高，这种现象叫作观众效应，比如我们所熟悉的东道主效应，在运动员比赛时，若有很多观众为其加油鼓励，他们往往能顺利甚至超常完成比赛。除了上述两种效应外，还有研究者提出了异性效应，指在日常生活中经常出现性别影响行为效率的现象。性意识发展成熟的个人，异性的存在会导致特殊行为效率的增加，正所谓“男女搭配，干活不累”。

与社会助长现象相反，研究者发现个体在从事某项活动时，他人在场有时也会影响个体正常行为，使个体效率下降。比如考场上，当监考老师停留在考生旁边时，有的考生会感觉紧张进而停止书写。这种当他人在场旁观或与他人共同参加某项工作时使个体行为效率下降的现象被称为社会干扰，也称社会抑制（Social Inhibition）。

2. 社会助长的产生条件

他人在场的情况下，为什么会出现社会助长和社会抑制两种相矛盾的社会影响？什么时候会出现社会助长或是社会抑制呢？

查荣克（R. Zajonc，1965）提出，在他人面前，你会变得兴奋而把自己擅长的事情做得更好（除非你过度唤醒或者太在乎自己的表现）。然而，在同样的情况下，你觉得困难的事情就会变得更不可能实现了。这就是社会唤醒效应。那么，他人在场是如何引起社会唤醒的呢？可能是以下因素共同影响着个人，决定他人在场形成社会助长还是社会干扰。

（1）优势反应

查荣克从实验心理学唤醒水平的作用中受到启发，提出了优势反应强化说。其中，优势反应指那些已经学习和掌握得相当熟练，不用思考就可以表现出来的习惯性动作。优势反应强化说认为，他人在场可以提高个人的动机水平，增强个人的优势反应。因此，若个体完成任务仅需要做优势反应，那么他人在场会对个体有助长作用；反之，他人在场则会对个体产生干扰作用。这就可以解释观众的支持反应能够激励运动员的表现，因为他们表现的都是自己的优势反应，观众的在场能够让他们发挥得更好。

（2）评价顾虑

观众与共同行动者会引起个体的焦虑状态，原因在于我们想知道别人是怎样评价我们的。如果人们认为在场的观察者正在评价自己，那么他们的动力会增加，希望表现得更好。但他人评价引发的自我关注也会干扰我们熟练掌握的自动化行为。例如，过分关注自己的篮球运动员，常常在关键投篮时无法命中。一般而言，个体对他人评价的察觉水平越高，所激发的动力也就更高。值得注意的是，评价者的身份及态度对个体也会产生影响，如领导者评价对个体动力的增强往往高于同伴。此外，个体自身的一些特征也会影响他人评价对个体的作用。例如，儿童以及胆小、缺乏自信、情绪不稳定的成年人更容易受到他人评价的影响。

（3）单纯在场

他人对个体的评价会使个体产生评价顾虑，但即使没有评价顾虑的情况下有时也会引起社会助长现象，这是因为他人单纯在场本身就可以引起个人的竞争和激励，增强个体内驱力，产生社会助长作用。例如，在许多非竞技性运动中，即使参与者彼此没有竞争关系，对方也不会对自己进行评价，个体也会因为其他参与者的存在而受到激励。

（4）分心—冲突

在思考较为复杂的问题或执行困难的任务时，若有他人在场，会降低我们的效率，分心—冲突模型可以很好地解释这一现象。当我们既要注意他人，又要注意任务时，认知系统的负荷就会过重，我们就会受分心的影响。如果是难度较大且复杂的工作，个体需要投入较大注意力去完成，此时分心会干扰个体行为，如果任务是简单和熟练的，分心不仅不会降低效率，反而会有促进作用，因为分心让个体觉得简单的任务没那么枯燥，能够在一定程度上减缓疲劳效应。但值得注意的是，如果我们过分关注已经自动化的任务时，反而会降低动作速度。例如，我们和他人散步时并没有刻意关注该如何走路，而是按照以往习惯自然地前进；一旦我们留意了自己走路的姿势和步伐，走路速度反而会变慢。

3. 社会助长的应用

单位内部经常会出现某工作小组、某调研小组，这些都是社会助长的重大实践意义。我们应该如何结合社会助长的机制，发挥社会助长的优势，避免社会抑制的消极后果呢？

首先，共同效应可作为一项重要管理举措，各单位可以创立日常工作小组，并在组内营造良好的团体合作和竞争的氛围，使得组内成员的工作动力有所增强，力求在团队中拿出最佳表现。

其次，观众效应也可以很好地体现在管理中。从评价顾虑出发，员工更希望在上司面前有更出色的表现。这也是在日常工作中有的员工会更倾向在领导面前努力工作的原因。管理者在日常工作中应关注员工的成长和需求，及时给予反馈和帮助，管理者对员工的关注本来就是一项重要的激励措施。性别助长作为一项特殊的观众效应，管理者也可以适当利用两性的心理特点，更好地发挥性别助长的作用。

总之，通过充分利用产生社会助长效应的影响因素，可以有效提高员工的工作效率，最终推动组织高速发展。

（二）社会惰化

当个体为自己的个人目标而努力时，他人在场会产生社会助长或社会抑制作用，个人的行动效率会受到影响；但当众多个体共同为同一个目标而努力时，是否还会受到共同参与者的影响呢？这种影响是好是坏呢？

1. 认识社会惰化

法国心理学家林格曼（Ringelman）在1880年做了一个拔河比赛的实验，他要求被试分别在单独的与群体的情境下拔河，同时用仪器来测量他们的拉力。结果发现，随着被试人数的增加，每个被试平均使出的力减少了。一个人拉时平均出力63公斤；三个人群体拉时平均出力是53.5公斤；八个人拉时是31公斤，这是最早关于社会惰化现象的研究。

在团体工作情境中，由动机性丧失所引起的个人努力和贡献程度下降的现象称为社会惰化（Social Loafing），也称社会懈怠。当个人和群体共同完成某件事情时，个人所付出的努力比单独完成时偏少，且积极性和效率都普遍下降。但有趣的是，没有人会承认自己的懈怠，每个人都认为自己付出了单独完成任务时同等的努力。“一个和尚挑水喝，两个和尚抬水喝，三个和尚没水喝”就是社会惰化的具体例子，当个体为了共同的目标而合作，但自己的工作成绩又不能单独计算，即个人对群体的付出和贡献无法被准确识别时，社会惰化就容易产生。

自林格曼以后，许多学者对此进行了进一步的研究。例如，政治学家斯威尼（Sweeney，1973）在得克萨斯大学做了一项实验，让被试个人或与其他人一起踩自行车练习器，结果发现当被试事先知道自己要被单独评价而不是与其他人一起评价时，会更加用力去踩；Latané等人（1979）让被试通过鼓掌、欢呼等方式制造噪声，随着共同完成人数的增加，被试制造噪声的分贝逐渐下降，这些都是社会懈怠在起作用。

事实上，社会惰化是一个跨文化的现象，它在各种文化中普遍存在，但集体主义文化中的社会惰化没有个人主义文化中的程度高，例如Gabrenya等（1985）在亚洲进行了拉塔奈的噪声实验，虽然社会懈怠的现象仍然显著存在，但是其程度小于个人主义文化的现象，研究者认为这种文化差异可能与集体荣誉感有一定关系。

2. 社会惰化产生的原因

在了解了社会惰化的概念及其不良影响后，为了能够从根源上避免社会惰化现象的发生，我们也有必要弄清楚社会惰化产生的原因。

拉塔奈认为，社会惰化产生的原因可能有以下三个：社会评价作用的减弱、社会认知的偏差以及社会作用力的分散。“一个和尚挑水喝，两个和尚抬水喝，三个和尚没水喝”的现象就可以用这一机制进行解释。

首先，从社会评价作用的减弱来看，挑一桶水是群体任务，一个和尚挑水时个体的贡献可以明显识别，但三个和尚一起挑水就让个体的贡献难以识别，和尚意识到自己的行为不会被单独评价，再用力挑水也不一定会被看见，因此责任意识和动力降低，也就不会努力挑水。

其次，从社会认知的偏差来看，三个和尚一起承担挑水任务时，每个和尚往往会认为其他两个和尚会偷懒不去挑水，所以自己也不会去挑水。正是每个和尚都有这样的认知偏差，三个和尚之间相互推诿，结果谁都没有水喝。

最后，从社会作用力的分散来看，三个和尚作为一个群体，他们一起面对外部压力。而只有一个和尚时，如果不挑水他就会面临较大的外部压力，但三个和尚一起明显分散了这种外部压力，责任的分散让个体所付出的努力也会降低，导致每个和尚都不努力挑水。

3. 社会惰化的解决

社会惰化现象会严重影响群体的工作效率，组织必须采取合理的措施减少社会惰化现象的发生。具体的解决方式包括以下几个方面。

首先，必须制定衡量群体中个人努力的标准和相应的激励措施。激励可以是物质激励和精神激励，针对成就倾向较强的个人，可以适当放权作为激励；针对物质倾向性较强的员工，可采取奖金等物质激励。除了上述激励方式外，工作任务具有适当难度和重要性，也会引起个体的重视，减少社会惰化行为的发生。无论哪种激励方式，都要注意奖惩要引起个体的兴趣，使其从“某某让我做某事”变成“我要去做某事”。

其次，必须改善评价机制。要让成员相信自己的努力和贡献可以在群体中识别出来，这就要求在公布群体工作绩效时，不仅要公布整个群体的工作绩效，而且要公布每个成员的工作绩效，让成员意识到自己对群体的付出是可以被清楚识别和评价的。Latané 等人（1979）的研究表明，当被试知道自己的努力会被单独测量和考察时，会更少出现社会惰化现象。

再次，需要纠正个体的认知偏差。除了让个体感受到自己在努力并且是被看见的，也要让其认识到其他人也是在和自己一样努力工作的，这样他就不会因为与群体中其他成员的社会比较而产生社会懈怠的现象。

我们还可以通过控制群体规模来减少社会惰化的不良影响。较大规模的群体的社会作用力较大，容易分散责任，因此要适当控制群体规模，也可将大规模群体划分为几个小规模群体，使得更多的成员能够感受到外部的影响。

最后，可以建设团队文化、制定合理的奖励机制。可以通过建设团队文化来提高群体凝聚力，使个人产生强烈的集体荣誉感，减少社会惰化的发生。

三、群体极化与群体思维：群体决策能代表大多数人的意志吗

无论是个体还是群体，在社会互动的过程中总会面临各种各样的问题，但由于个体身处于群体之中，其决策一定会受到群体的影响，那么什么是群体决策呢？群体决策会产生哪些现象呢？

在现实生活中，群体决策应用广泛。群体决策是指充分发挥集体智慧，由多人共同参与决策分析并制定决策的过程。人们通常认为，在一些重大事项上，依靠群体可以做出更好的决策。但群体决策并不适用于所有情况。

一方面，群体决策是群体成员智慧的结晶，可以为决策提供更全面和完整的信息；群体成员在决策方案的讨论中增加参与度，使得决策方案易被群体成员接受。另一方面，群体决策也有其弊端，例如群体决策参与成员较多，一些成员可能会因为内外部压力而产生从众现象，在分散风险的同时也使得责任难以分割。在群体决策中，往往会出现群体极化和群体思维现象。

（一）群体极化

群体极化（Group Polarization）是影响群体决策的一个重要原因，群体成员在决策过程中往往会倾向某一极端，容易产生重大决策失误。我们要认识群体极化，并从现象中去探讨群体极化的成因和如何规避。

1. 认识群体极化

詹姆斯·斯托纳（James Stoner）在1961年对人们在个人和群体决策中的现象进行了一系列研究，其中一项研究内容是让被试填写一份选择性问卷，问卷的内容是：一位工程师准备跳槽到一家新开的风险较高的公司。如果新公司成功了，他将有美好的前途，但如果新公司失败了他就要失业。该

新公司盈利的可能性是1/10、3/10、5/10，甚至到10/10，你认为在有多大可能盈利的情况下支持这位工程师去新公司工作？该研究先让被试单独做出选择，然后群体共同讨论，最后再让被试单独选择。斯托纳假设，群体最终的意见比个体的要保守。然而结果发现，经群体讨论之后，群体的意见比个体的意见更加趋向于冒险。可见，群体讨论后确实会对最终决策的方向产生影响，这就是群体决策的偏差之一，群体极化现象。

群体极化是指在观点的同一方向上经由群体讨论之后所形成的群体态度，往往比讨论之前的群体成员个人态度的平均值更趋向极端化。当成员最初意见倾向于保守时，群体讨论后会更趋于保守；而当最初意见倾向于冒险时，群体讨论后将会更加冒险。斯托纳的实验就发现了群体决策比个人决策更加冒险的现象，这种现象又被称为冒险转移（Risky Shift）。

群体极化现象在我们的生活中非常常见。当你和观点相近的朋友们讨论了喜欢的电影后，你们对这部电影的评价可能会更高；或者你和志趣相投的同事讨论有争议的社会现象后，你们可能会对这一现象从有些反感变为极其厌恶。群体极化一方面可以提升群体成员意见的一致性，增强群体凝聚力，另一方面也会让决策更加极端。

2. 群体极化的产生

群体极化的产生需要一定的条件，具体来说，群体责任分散、成员信息的掌握程度、从众现象、群体领导者及社会比较都是影响群体极化的重要原因。此外，成员所处的文化背景也对群体极化产生影响。

责任分散是群体极化产生的一个重要原因。责任分散是指由于有他人在场导致个体在面对紧急情境时所需承担的责任相应减少。当个体参与群体决策时，对决策失败的担心就会降低，不害怕失败带来的不良影响或惩罚，相比个人决策，在群体决策中成员责任相对分散，这时人们就会做出更冒险或更保守的决定。

信息掌握也会影响群体极化的产生。通过群体决策过程中的信息交流，个体会自信地认为自己已经掌握了足够的信息，能够做出正确的决策。在这种情况下，个体会排除其他信息，做出更为极端的决策。

此外，群体中往往存在着从众压力，在决策中个体为了避免被群体排挤，少数人放弃自己的想法与多数人保持一致，在这个过程中多数人的意见得到了强化，因此决策会更加倾向于极端。

群体领导者会对群体成员的态度和意见产生重要的影响，而在高凝聚力的群体中则更是如此。如果群体领导者的态度和意见倾向于极端，进而影响其成员，最终会导致群体决策的成果趋于极端化。

社会比较指的是个体就自己的信念、态度、意见等与其他人的信念、态度、意见等作比较。由于社会比较的存在，群体成员会以其他成员的态度和意见为参照来做出自己的判断，这就使得最后群体的决策结果更加极端。在前文詹姆斯的实验中，“冒险”情境下个人在了解他人的判断后会更加冒险，“谨慎”情境下个人则会更加保守，这就是社会比较对个人乃至群体决策的影响。

事实上，文化背景也会对群体极化产生影响。在主张谨慎的文化背景下，群体决策更容易倾向保守；而在主张冒险的文化中，群体决策更倾向于冒险。如在西方文化背景下会更倾向冒险；而在传统的东方文化中，往往会偏向保守决策。

3. 群体极化变量影响的控制

群体极化尽管存在不良影响，但并非不可控制，为了避免群体极化的负面影响，我们有必要最大限度发挥群体决策的积极作用。

领导者应依据群体极化的作用机制，提出建设性的解决方案，如明确群体成员的责任，让每个个体为自己所做出的决策负责；合理减轻从众压力，鼓励成员发表不同意见。当然，领导者也要拥有全局观念、积极引导成员，提出合理的决策方案。除上述做法外，还有许多可以规避群体极化的方法，需要在实践中不断探索。

（二）群体思维

同群体极化一样，影响群体决策的另一重要因素是群体思维。成员内部在参与决策时，会出于一定原因，致力群体内部一致，坚信自己的方案而不愿去考虑其他方案，这种“无懈可击的错觉”对群体决策带来巨大损失。

1. 认识群体思维

1961年，时任美国总统肯尼迪及其顾问们试图用1400名由中央情报局训练过的古巴流亡者来袭击古巴，以此推翻卡斯特罗政权。但美国并未得逞，几乎所有的袭击者要么被杀、要么被俘，不仅没有推翻政权，还使得古巴与当时美国的劲敌——苏联的关系更加紧密。知道结果后的肯尼迪感叹道：“我们为什么会做出如此愚蠢的事情？”这就是历史上有名的猪湾事件，“无懈可击的错觉”是此次做出失败决策的重大问题，就是受到了群体思维的影响。

群体思维（Group Thinking）是指群体决策时，成员对于寻求一致的需要超过了合理评价备选方案的需要时可能表现出来的思维模式。此时，成员往往会倾向一致性的意见，不愿意去质疑当前方案和考虑其他方案的可行性。美国社会心理学家詹尼斯（Janis）总结美国在珍珠港事件、猪湾事件、越南战争等资料时发现，在这些事件中均存在着群体思维的现象。前文所述的猪湾事件就是因为肯尼迪认可和顺从了顾问团队的意见，贸然向古巴新政府发起战争，最终为美国带来巨大损失。

2. 群体思维的条件

Janis提出了群体思维的理论模型，包括群体思维产生的前提条件、症状表现以及错误决策特征。具体而言，群体思维的产生需要具备如高群体凝聚力、支配型领导、群体与外界意见隔离等多个方面的条件。

群体凝聚力是一种内聚力，强调的是群体内部的凝聚。当群体具有很高的凝聚力时，一方面内部成员会有强烈的归属感和认同感，使得群体成员更容易坚守内部意见，而不考虑外界意见；另一方面，群体成员对群体的价值观、行为和态度往往高度认同，在这种情况下，若有少部分成员提出反对意见，可能会被小组成员所排斥，因此，一些个体为避免排斥而选择顺从群体意见。

强势的领导也会影响群体成员决策。强势的领导往往会根据自己的见解对问题提出具有针对性的、强有力的解决方案。当领导的方案可行时，成员便不再考虑其他方案。即使个别成员有不同意见，也不愿表达不同见解，反而采取自我说服，或被领导和其他内部成员说服，最后与群体保持一致。这种追求一致性的动力往往大于谨慎思考决策的动力，最终可能会形成不合理的群体决策。

除上述因素外，个体没有认真思考也是群体思维产生的重要原因。在群体内部，如果其他成员已经提出建设性意见，个体便容易参考他人意见，而不去思考问题，做出“搭便车”的行为。

3. 群体思维消极作用的克服

实践表明，群体思维经常发生在我们的学习、生活和工作中，并产生巨大决策失误。在智囊团普遍运用的今天，如何避免群体思维的产生，减少重大决策失误，是我们必须解决的重要课题。

Janis（1982）通过分析美国的一些成功案例，在其著作《群体决策》中总结出了克服群体思维的10种方法。

使群体成员懂得群体思维现象及其原因与后果；

领导者应当保持公正，不要偏向任何立场（防止形成不成熟倾向）；

领导者应引导每一位成员对提出的意见进行批评性评价，应鼓励提出反对意见和怀疑；

应该指定一位或多位成员充当“魔鬼代言人”，专门提出反对意见；

将群体分成小组，并让他们分别讨论，然后再集合交流分歧；

如果问题涉及与对手群体的关系，则应花时间充分研究一切警告性信息，并确认对方会采取的各种可能行动；

形成预备决定后，应召开“第二次机会”会议，并要求每个成员提出自己的质疑；

在决议达成前，请群体之外的专家与会，并请他们对群体意见提出挑战；

每个群体成员都应向可信赖的有关人士就群体意向交换意见，并将他们的反应反馈回群体；

用几个不同的独立小组，分别同时就有关问题进行决议，最后决议在此基础上形成，以避免群体思维的不良影响。

四、合作与竞争：走出“囚徒困境”

“囚徒困境”是1950年美国兰德公司提出的困境理论，后来由顾问艾伯特·塔克（Albert Tucker）以囚徒博弈的方式阐述，并命名为“囚徒困境”。两个共谋犯罪的人被关入监狱，不能互相沟通。如果两个人都不揭发对方，则由于证据不确定，每个人都坐牢1年；若一人揭发，而另一人沉默，则揭发者因为立功而立即获释，沉默者因不合作而入狱10年；若互相揭发，则因证据确凿，二者都判刑8年。由于囚徒无法信任对方，因此倾向于互相揭发，而不是同时沉默。在“囚徒困境”中，两人的互动形式就是合作或竞争。而合作与竞争作为我们在社会生活中最常见的群体互动方式之一，究竟是如何引发的，我们又将怎样实现成功合作与良性竞争？

（一）合作

1. 什么是合作

合作（Cooperation）是指不同的个体为了共同目标而协同活动，而这个目标往往很难通过个人的努力独立完成。合作的目的是让分散的力量集中起来，完成单个个体难以完成的事。合作有多种分类，按合作的性质，可将其分为同质合作与非同质合作。同质合作，即合作者无差别地从事同一活动，如无分工地从事某种劳动；非同质合作，即为达到同一目标，合作者有所分工，如按工艺流程分别完成不同的工序的生产。此外，也可以按照有无契约合同的标准，分为非正式合作与正式合作。非正式合作是人类最古老、最自然和最普遍的合作形式。这种合作无契约上规定的任务，也很少受规范、传统与行政命令的限制。正式合作是指具有契约性质的合作，这种合作形式明文规定了合作者享有的权利和义务，通过一定法律程序，并受到有关机关的保护。

无论我们采取何种形式的合作，最终的目标都是取得成功。而成功的合作往往需要具备以下几个条件：一是共同目标，这是成员在行动中相互配合的前提；二是配合行动，要想实现成功的合作，成员之间应该相互协调配合，完成好自己的任务；三是彼此信任，如果成员之间不能相互信任，很容易导致合作失败；四是成果共享，合作后取得的成果是属于每一个合作者的，如果不能满足这一条件也无法达成合作。

2. 合作产生的原因及影响因素

合作在我们的日常生活中经常发生，我们为什么需要合作呢？

首先，从进化的角度来说，虽然人类文明不断进步，但是生活在自然界中仍然有许多未知的挑战和困难。而个人的力量始终是有限的，为了能够更好地生存和发展，不断壮大人类的力量，必须要通过合作的方式解决问题。

其次，从社会生活角度来说，正因为人们在共同的生存环境下，有许多事情可以通过合作的方式实现共赢，使得利益最大化。此外，有些目标始终无法通过个人的努力来实现，必须进行合作。

最后，从个人发展的角度来说，在合作中个人能够获得安全感、归属感，减少个人的孤独和焦虑，能够促进个人的全面发展。

既然合作对我们的生存与发展有如此重要的作用，我们也有必要了解是什么因素对合作产生影响，从而促进成功合作的发生。

首先，目标结构的性质会对是否选择合作产生重要影响。Deutsch（1949）曾提出三种不同的目标结构。一是合作目标结构：不同的个体有共同的目标，只有所有人都实现目标时，个体才能够实现自己的目标；二是竞争目标结构：不同个体的目标存在对抗性，只有团体中其他人不能实现目标时，个体才有可能实现自己的目标；三是个人目标结构：个体能否实现目标与其他人无关。在合作目标结构下，个体选择合作的可能性远大于其他目标结构。

其次，奖励也会对个体的合作倾向产生影响。在一般情况下，奖励增加时个体的合作倾向不一定增加，但奖励减少时个体的合作倾向显著降低。此外，当奖励给予团体时会比给予个人时产生更多合作倾向。

最后，合作的倾向性也会受到沟通水平的影响。沟通能够使我们对对方有充分的了解，交流感情，促进合作。沟通的水平越高，人们越容易选择合作。

3. 如何促进合作

俗话说“人心齐，泰山移”，可见合作的重要性。接下来，我们将从合作的影响因素出发来探讨如何实现成功的合作。

首先，确定明确的合作性目标结构。鉴于目标结构对合作倾向的重要影响，团队领导者要根据团队的实际情况向成员传达统一的、合作性的目标，引导各成员为实现目标而努力，并在这个过程中针对成员的优势为他们安排适合自己的任务，让他们能够充分发挥自己的能力。

其次，设置合理的奖励机制。设置奖励的过程中，除了要兼顾所有的参与者，还要根据个人的贡献以及完成度合理安排奖励，并听取成员意见，使每个成员了解奖励的分配。除了针对个人提供适当的奖励外，对团队整体给予一定的奖励能够进一步提高团队的凝聚力，促进合作。

最后，加强沟通与交流。适当的沟通能够让我们对对方的情况和意图有更深入的了解，并能够据此选择理想的合作对象与合作方式，实现合作共赢。

（二）竞争

1. 理性看待竞争

合作与竞争作为社会互动的两种主要方式，当人们目标一致、彼此信任时，往往会产生合作倾向；而利益一旦相抵触，则更多采取竞争倾向。正如“囚徒困境”所言，若其中一个囚犯在同伴不认罪的情况下自己认罪，不顾他人代价，只为尽可能减少判罚或释放，这就是选择了竞争策略。

竞争（Competition）是与合作相对立的概念，它指不同个体为了同一目标而展开争夺，促使实现某种有利于自己的结果的行为或意向。在竞争中，因为个体针对同一目标展开争夺，势必会产生达成目标和未达成目标两种局面，一方成功必然意味着另一方失败。竞争广泛存在于我们的社会生活中，往往通过竞赛的形式表现出来，我们最熟悉的奥林匹克运动会是体育竞争，高考是学业竞争，还有各种评奖评优等。

无论何种形式的竞争都存在一个基本法则，即优胜劣败。人们为了在竞争中取胜，就必须打破平衡，让自身处于优势地位。如何做到这一点呢?一种是努力提升自己，使自己处于最佳状态；一种是破坏、贬低对手。前者是我们所熟悉的积极竞争，后者则是消极竞争。此外，竞争还可以分为个体竞争与群体竞争。Deutsch（1949）曾做过现场实验比较两种竞争效果，实验选取50名大学生，分为10组，每组5人，其中5个小组在内部开展个人竞争，另5个小组开展群体竞争。实验结果发现，无论个体还是小组，每个成员都具有很强的目标指向，通过竞争提高效率。而Miller和Davidson（1987）的元分析发现，在群体内部存在竞争的小组比内部不存在竞争的小组成绩更为优异。

在竞争中，参与者往往想要最大限度地实现个人利益，这一过程经常伴随对抗性行为。从这个角度来看，竞争兼具积极作用和消极作用。哲学家休谟曾指出：高尚的竞争是一切卓越才能的源泉。首先，个体在参与竞争时往往是应激状态，适度的紧张可以调动全身，这对于一些竞赛活动是有益的。其次，个体在竞争状态下自我实现的需求愈加强烈，克服困难的意志更为坚定，个体必会全力以赴，发挥最佳水平，使自己在竞争中处于优势地位。最后，个体在竞争中可以清楚全面地了解自己，客观评价自己的能力，取长补短，及时调整自己的状态，这也是我们常说的“失败乃成功之母”。而竞争也会产生一些消极影响。首先，竞争多以竞赛形式体现，个体需要通过与他人比较甚至战胜对方，这就导致个体可能会忽视对手优点，甚至采取仇视态度，不利于与他人建立良好人际关系，长远角度来看，可能会因小失大、故步自封。其次，过于频繁的竞争易使个体产生紧张、焦虑等消极情绪体验，挫伤积极性，不利于个体身心健康。如在一些重大体育赛事中，参与竞争的选手心理压力过大、求胜心切等，反而会产生一些不必要的失误，影响选手正常水平的发挥。

可以说，个人或群体的竞争机会越多，成功和失败的机会也越多。竞争的积极消极作用也促使我们从更加理性的角度看待竞争，更要积极引导个体或群体以正确的态度参与竞争。

2. 正确引导竞争

无疑，积极的竞争不论对于个体还是群体都是难得的进步机会。积极的竞争应具备以下条件：一是明确竞争目的。竞争的目的是实现自己既定的目标，在竞争中一方成功则在一定意义上代表着另一方失败，但这并不表明竞争双方是一种排斥的对立关系，若在竞争中将排斥作为主要目的，双方就会产生对抗行为，此时竞争就变成了冲突。二是合理的竞争手段。参加竞争的成员要采取合理、合法、正当的竞争手段，通过自我提升的方式使自己处于优势地位，而非采取破坏、贬低对手的方式赢取胜利。三是遵守竞争规则。任何竞争都有适用的规则，只有竞争双方都自行遵守并重视规则，才能为双方提供良好的竞争氛围，保证竞争顺利进行。四是学会适度竞争。频繁、激烈的竞争会使个体长期处于紧张、焦虑中，从长远角度看，不利于个体身心健康和建立良好的人际关系，而适度竞争则使个体以积极的心态、饱满的情绪参与，并在竞争中全面审视自己，利于自身发展。

（三）合作与竞争的关系

合作与竞争是不可分割、对立统一的关系，若两者关系处理得当，就会促进双赢甚至多赢。回顾过往，国际上的整体局势并非“零和博弈”，而是合作共赢。

自行车赛事的比赛策略也是一种博弈，例如每年都举办的环法自行车赛中有以下情况：选手们在到终点前的路程常以大队伍方式前进，这样做是为了自己出力适中且不至于太落后，而最前方的选手在迎风时是最费力的，所以选择在前方是最差的策略。通常会发生这样的情况，大家起先都不愿意向前，这使得全体速度很慢，而后通常会有一位或多位选手骑到前面，互相交换最前方位置以分担风阻，使得全体的速度有所提升，而这时如果前方的其中一人试图一直保持领先的位置，其他选手以及大队伍就会赶上。这种情况下，在最前面次数最多的选手一般到最后会被落后的选手赶上，因为后面的选手骑在前面选手的冲流之中，比较省力。

有研究表明，对于合作和竞争的倾向可以分为三类：一是合作倾向，此倾向会使个体考虑群体内所有成员利益最大化。二是竞争倾向，此倾向会让个体要求自己比别人做得更好，获得更多的利益。三是个人主义倾向；此倾向使个体不计他人得失，寻求自身利益最大化。在上述比赛中，自行车选手内部形成默契，在比赛的前半段轮流承当先锋。所有成员一致合作，促使比赛的顺利完成，此时他们大多持有合作倾向。同时，奖惩结构对于个体选择竞争和合作也有很大影响，竞技比赛多为竞争性的奖惩结构，一场比赛只有一个冠军。所以在比赛的后半程阶段，成员开始加速，都渴望拿到冠军证明自己，此时成员更多持有的是竞争倾向。若是团体赛，则成员内部会以群体利益最大化为目标，主要采取合作倾向，同时也保有队内成员竞争的倾向。如篮球比赛中，需要合作获得团队胜利，但是同时也要拿出更好的表现与队内的其他成员竞争，争取更多的上场时间和更重要的战术地位。

从环法自行车赛事战术可以看到，合作与竞争就好比连体兄弟，二者是相互依存、不可分割的关系。在自行车赛事中，如果没有合作，就无法顺利完成比赛；如果没有竞争，赛事则失去了举办意义。所以说，合作是为了更好地竞争，竞争同样是为了更好地合作。因此，我们既要有竞争意识，也要具备合作意识，力求双赢。在团体中如何更好地发挥合作与竞争的作用呢？

首先，发展合作型的任务目标。中国人的集体主义精神和集体荣誉感是非常强烈的。因此要尽可能地促使成员建立合作型任务目标和团队氛围，使他们意识到大家必须共同努力，才能顺利完成任务，真正形成凝聚力强的团队。

其次，富有建设性的争论是一种良好的沟通方式，对于团队建设和沟通中出现的问题要及时组织讨论，让每个人充分表达自己的想法，考虑不同解决方案的可行性，这样得到的解决方案，无形中融入了所有人的不同意见，可以得到最大多数人的支持，而且还加强了成员间的合作和了解，使整个团队变得更加有凝聚力。这个过程应当控制争论局面，既要鼓励个人充分表达不同观点，又要避免出现恶性竞争发言的局面，营造开放、轻松的氛围。

最后，竞争最理想的结果是共赢，我们要在法律和道德允许的范围内，按照平等、公平、诚信的原则去进行竞争，在竞争过程中双方相互激励、取长补短、共同进步、共同发展、实现共赢。

除了上述因素之外，有效的沟通以及人际间的交互作用都会影响合作与竞争行为。

综上来看，合作与竞争并非敌对关系，二者是不可分割、对立统一的关系。因此，我们更应正确把握两者之间的“度”，掌握其中的平衡，正确引导合作和竞争，促进双赢甚至多赢，“一花独放不是春，百花齐放春满园”。

第三篇

公共危机事件与应急管理

第八章　公共危机事件与心理危机

一、公共危机事件

（一）公共危机事件的概念和分类

公共危机事件是指危及社会公众整体生活和共同利益的突发性和灾难性事件。《国家突发公共事件总体应急预案》把突发公共事件分为以下四类：

自然灾害。主要包括水旱灾害、气象灾害、地震灾害、地质灾害、海洋灾害、生物灾害和森林草原火灾等。

事故灾难。主要包括工矿商贸等企业的各类安全事故、交通运输事故、公共设施和设备事故、环境污染和生态破坏事件等。

公共卫生事件。主要包括传染病疫情、群体性不明原因疾病、食品安全和职业危害、动物疫情以及其他严重影响公众健康和生命安全的事件等。

社会安全事件。主要包括恐怖袭击事件、经济安全事件和涉外突发事件等。

公共危机事件的起因可以从非人为和人为的角度，分为自然灾害和人为公共灾害，前者如流行病、地震、风暴等自然灾害，后者如恐怖袭击、集体骚乱、重大事故等。人为的危机事件又可以从动机角度分为过失的和故意的。

从发生之前人们对公共危机事件的预知程度方面，可分为在一定程度上可预测的公共危机事件（如某些地震、灾害天气、洪水等）和很难预测的公共危机事件（如恐怖袭击、重大变故等）。

从其发生的必然性方面，可以分为有避免可能的公共危机事件（主要是人为公共危机事件，如一些重大责任事故、群体行为等）和无法避免的公共危机事件（主要是非人为的公共危机事件，如地质灾害、洪水、台风等）。

从公共危机事件的规模和影响范围方面，可分为全球性公共危机事件，地区性公共危机事件和局部性公共危机事件。

根据公共危机事件产生冲击的复杂程度，可以分为单一型的公共危机事件和复合型的公共危机事件。前者指公共危机事件的影响局限于事件本身，没有引起继发性的公共危机事件；后者指由于其涟漪效应又引发了新的公共危机事件。

（二）公共危机事件的特征

1. 突发性

公共危机事件的突发性主要是指其具有偶然性和随机性，很多公共危机事件在爆发前夕，往往都被人们认为是不可能的，人们无法在危机爆发前获取其全面的信息，公共危机事件会否发生，在什么时间、地点，以何种形式发生以及爆发的程度等情况，人们事先往往无法把握，难以完整预测，也难以预估其产生的社会影响和震撼程度。

2. 破坏性

公共危机事件往往对安全和稳定状况构成威胁，通常以人员伤亡、财产损失为标志。不管什么性质和规模的公共危机事件，都会不可避免地给国家、集体、个人带来经济上、精神上的损失或组织结构的破坏，还有可能会冲击社会的某些核心价值观念，进而渗透到社会生活的各个层面。

3. 机遇性

公共危机事件的产生，可能造成严重的后果，也可能带来解决问题的契机，关键在于如何处置公共危机事件。在危机事件处理过程中，如果处理得当，则会促进整个事件朝有利于解决问题的方面转变；如果处理不当，或是没有得到及时处置，都可能造成人员伤亡和财产损失，从而加剧危机，甚至会扩大公共危机事件的蔓延范围，特别是在经济全球化时代，公共危机事件风险与机遇并存表现得更为突出。中国古代哲学思想“祸兮福所倚，福兮祸所伏”也可以辩证地反映出公共危机事件的双重属性。

4.责任承担性

公共危机事件的责任承担性是指尽管有些公共危机事件难以避免，但不能成为公共管理机构推诿责任的借口，决策者必须在日常的管理过程中，采取相应的措施，预防与妥善处置公共危机事件。

5.时间紧迫性

公共危机事件发生过程中，决策者和危机管理者必须在很短时间内，依靠有限的信息，做出重大判断，这给决策者的心理带来非常大的压力，也对公共危机事件的处理提出了很高的要求：必须在很短时间内做出判断事件性质、防止灾难蔓延等方面的决策，并做好相关的善后处理工作。

6.过程持续性

一方面，就整个人类的文明进程而言，公共危机事件从来就没有停止过。自地球上有人类以来，公共危机事件就一直伴随着人类，还将永远伴随着人类。无论国度如何、人种如何、意识形态如何、经济与社会发展程度如何，完全避免这种现象的发生是不可能的。当然，这并不是说，人类无法预防和控制公共危机事件，而是说在每一件公共危机事件的背后都存在某种必然性的东西。人类只有通过共同的努力来最大限度地降低公共危机事件发生的频率和次数，减轻事件的危害程度以及对人类造成的负面影响；另一方面，就单个的公共危机事件而言，任何公共危机事件不会像它突然来临一样而突然消失，事件一旦爆发，总会持续一段过程，即表现为潜伏期、爆发期、高潮期、缓解期、消退期五个阶段。

（三）公共危机事件的应急响应

公共危机事件应急响应机制是由政府推出的针对各种突发公共事件而设立的各种应急方案，通过该方案使损失减到最小。2006年1月8日，国务院发布《国家突发公共事件总体应急预案》，国务院各有关部门编制了国家专项预案和部门预案，全国各省、自治区、直辖市的省级突发公共事件也编制了总体应急预案。对应于公共危机事件强度的Ⅰ级至Ⅳ级，应急响应机制由一级至四级依次减弱。

按照各类突发公共事件的性质、严重程度、可控性和影响范围等因素，《国家突发公共事件总体应急预案》将应急响应分为四级：Ⅰ级（特别重大）、Ⅱ级（重大）、Ⅲ级（较大）和Ⅳ级（一般）四级，并依次用红、橙、黄、蓝来表示，并实行分级分类管理。

红色等级（Ⅰ级）主要针对那些随时可能发生、事态正在不断蔓延，一旦持续下去可能对国家大部分地区和国家经济带来危害的突发性事件。这种突发性公共危机一旦发生，需要调动和协调整个国家的资源和力量来进行处置和应对，这一等级主要适用于那些影响面积特别大、危害时间长、后果特别严重、发生概率特别大的突发性事件，如核事故、传染性疾病等。

橙色等级（Ⅱ级）主要针对那些发生概率较大，事件一旦发生难以在有限时间、空间内进行处置，需要宣布一定区域实行危机状态、需要动员一定区域的所有社会资源和力量，才能对突发危机进行应急处理，这种预警等级适用于那些面积大或危害后果大、持续时间长、发生概率较大的危害性公共危机事件，如洪水、地震、森林火灾等。

黄色等级（Ⅲ级）是对那些事件已经临近，事态有扩大趋势，发生概率较大，事件一旦发生能够在有限时间和空间内处理，这种预警等级适用于那些影响面积小或持续时间较短、链发性相对较弱、发生概率较大的事件，如冰雹、台风、海啸等灾害。

蓝色等级（Ⅳ级）指预计将发生一般等级以上的危机，事件即将临近，事态可能扩大，发生概率较低，仅对较小范围内的公共安全、政治稳定和社会经济秩序造成威胁，只需要调度个别应急处理部门就能进行处置的事件。

《国家突发公共事件总体应急预案》是全国应急预案体系的总纲，明确了各类突发公共事件分级分类和预案框架体系，规定了国务院应对特别重大突发公共事件的组织体系、工作机制等内容，是指导预防和处置各类突发公共事件的规范性文件。具体可参看《国家突发公共事件总体应急预案》（2006.1）。

《国家突发公共事件总体应急预案》明确提出了各类突发公共事件应急响应的六条工作原则：

以人为本，减少危害；
居安思危，预防为主；
统一领导，分级负责；
依法规范，加强管理；
快速反应，协同应对；
依靠科技，提高素质。

二、公共危机事件的心理影响

（一）公共危机事件后人们的身心反应

公共危机事件除了给个体带来生命安全、财产损失、家庭和社会变故等危害之外，更给人们的心理健康带来严重影响，甚至产生一系列心理问题。受危机事件影响的不仅包括当事人及其家属，也包括救援者、新闻工作者和处理危机事件的管理人员和决策者。人们面对危机事件时常常会产生一系列身心反应：

在认知方面常表现出注意力不集中、缺乏自信、无法做决定、健忘、效能降低、不能把思想从危机事件中转移等。

在行为方面会表现出行为退化、社交退缩、逃避与疏离、不敢出门、容易自责或怪罪他人、不易信任他人等。

在情绪方面常出现害怕、焦虑、恐惧、怀疑、不信任、沮丧、忧郁、悲伤、易怒、绝望、无助、麻木、否认、紧张、不安、愤怒、烦躁、自责、过分敏感或警觉、无法放松、持续担忧、担心家人安全、害怕死去等。

在生理上会出现肠胃不适、腹泻、食欲下降、头痛、疲乏、失眠、做噩梦、容易惊吓、感觉呼吸困难或窒息、梗塞感、肌肉紧张等症状。

多数人一生中都可能经历创伤性的危机事件。面对重大突发事件，人们的第一心理反应是恐惧、焦虑和紧张，这就是应激状态。突发事件后，如果人们的精神状态得不到及时的调节和平衡，在以后的工作和生活中，将难以应付各种压力，表现出逃避、抑郁、浮躁等行为，有的还会形成严重的心理问题。

危机事件给人们带来的精神和心理问题主要有“特定精神障碍”“非特定悲伤反应”等。其中特定精神障碍中的创伤后应激障碍（Post Traumatic Stress Disorder，简称PTSD）是最为常见的慢性精神疾病，也是目前国内外精神心理卫生领域研究较为集中的领域。创伤后应激障碍通常是由一种非常规的威胁或重大突发事件引发的精神压力综合征，随着时间的推移，可能转化成为各种适应障碍和人格问题。

（二）不同类型公共危机事件对人们的心理影响

不同类型的危机事件都有其特点，危机事件本身的特点影响心理问题的发生和进程。

地震、台风和洪水等自然灾害都会给人们的生命财产带来重大损失。遭遇自然灾害之后，人们最初的体验往往是震惊和恐惧，有的人会出现急性应激障碍，主要表现为具有强烈恐惧体验的精神运动性兴奋或者精神运动性抑制甚至木僵。

随着时间推移，部分人可能转化为创伤后应激障碍，主要表现为创伤性再体验症状（闪回症状）、回避和麻木类症状、警觉性增高症状。儿童的创伤性再体验症状可表现为梦魇、反复再扮演创伤性事件、玩与创伤有关的主题游戏、面临相关的提示时情绪激动或悲伤等；回避症状在儿童身上常表现为分离性焦虑、黏人、不愿意离开父母；警觉性增高症状在儿童身上常表现为过度的惊跳反应、高度警惕、注意障碍、易激惹或暴怒、难以入睡等。不同年龄段的儿童其创伤后应激障碍的表现也可能不同。

有的人在经历最初的震惊和恐惧之后，接下来可能会有生存下来的兴奋，然后在意识到损失和丧失之后，这种感觉会被焦虑和抑郁替代。有些人的心理看起来好像没有受自然灾害影响，但症状有可能在几个月后才开始出现，包括抑郁、内疚、失眠、愤怒、躯体化症状以及自我封闭、疏远家人和朋友等，表现为迟发性的功能障碍。

技术事故因为涉及人为的失误或过错，往往引起人们比自然灾害更严重的心理问题，往往容易造成指向一定对象的愤怒、仇恨和敌意，也往往容易使人们对制度和政府组织失去信心，影响社会的和谐稳定。

社会安全危机事件，包括恐怖袭击事件、战争、经济安全事件、涉外突发事件和群体骚乱事件等，往往有人为蓄意性，常常导致人们更为严重的心理问题和社会危机。例如，恐怖主义通过制造大范围的恐怖和消沉气氛，使人们陷入恐慌，使社会陷入混乱，消磨人们对政府和权威机构及人士的信任，容易导致更大的社会危机。恐怖主义行为的意图往往是胁迫政府、平民或组织，达到政治或社会目的，其最常见的形式为炸弹引发的爆炸伤害。

在恐怖行动中，利用生物、化学、放射性物质（有时又称为大规模杀伤性武器）等手段的袭击称为生化恐怖袭击。它可以对更广泛的人群造成影响，甚至能够威胁到整个社会中的成员。所以，对心理健康受损程度的评估以及进行心理援助的范围，不能局限于直接接触危机事件的人群，需要根据实际情况扩大。对心理健康问题的测量对象，除了PTSD还要包括其他心理障碍。生化恐怖袭击与一般恐怖主义行为相比，具有以下突出特点：生化恐怖袭击的发生不易被发现，被称为“秘密恐怖主义”。生化恐怖袭击造成的破坏性影响可能不会马上显现，可能需要几天、几个星期甚至几年。也正是因为生化恐怖袭击出现的不确定性，人们往往可能仅凭自己的感觉、谣言、猜测甚至臆想而担心恐怖袭击的发生。人们有可能把由于害怕产生的生理反应当作被生化辐射后的症状，以致大量的人群产生医疗需要，超过医疗卫生系统的承受能力，而难以救治严重的伤者和患者。对生化恐怖袭击的异常反应导致他们的临床表现与其实际受到的辐射或伤害程度不一致。危机发生后，受害者可能无视所受伤害的实际情况，而是凭借自己的主观感受来决定自己的行为，极易引发社会混乱。

传染性疾病等公共卫生事件对人的心理影响有其独特性，比如新冠肺炎疫情与其他公共危机事件相比就有很大差异。自然灾害、事故灾难和社会安全事件一般是点发性的，在有限的时空中发生，地点确定，灾区是局部的，灾情持续的时间是短暂的；但是，传染病暴发后，疫情的发生在时间和空间上都是弥漫性的，在空间上可以扩展到全球，在时间上难以确定何时终止。感染病毒者不仅是受害者，又可能成为传染源。人们对患者或疑似患者既同情又害怕，疫情唤起的不仅有同情心，也有误解、猜忌，甚至敌意，疫情引发的一些不良社会情绪和不恰当的管理方式可能对原有的社会关系造成明显破坏。疫情中没有一个局外者，援助者面临同样的风险和担忧，尤其是身处重点疫区的援助者，自己的家人、同事和朋友可能已经感染疾病或者正在隔离。处于恐慌中的个体，情感卷入程度高、情感耗竭加剧。援助者很容易被求助者的问题所卷入，激起自己的负面情绪反应，如紧张、焦虑、担心、愤怒、无奈等。此外，疫情所致的不确定性引发民众普遍的恐慌和担心，这种不确定性是多方面的，包括病因、病程、传播方式、治疗方式、预后结果等狭义的医学不确定性，也包括个体疾病体验和心理状态的不确定性以及医疗供给的质量和稳定性的体制不确定性，还包括应急管理机制功能发挥的不确定性。总之，不确定性具有复杂和多元的维度，每一个维度上的不确定性，都有可能成为民众心态失衡的诱因，失去安全感和控制感，进入应激状态，出现紧张焦虑、慌乱茫然甚至无望无助的情绪。

（三）公共危机事件对人群和社区的影响

1. 群体性心理应激的影响

公共危机事件常常会引发群体性心理应激。突发事件的刺激使群体在精神、生理和行为上反应过度，严重时会降低理性的判断力，产生盲从盲信，甚至冲动行为，继而容易引发衍生的群体性事件，如日本福岛地震事件后出现的群体“辐射恐惧症”，以及由此导致的一些如盲目抢购碘盐等的非理性行为。

2. 外来人员及媒体报道的影响

公共危机事件后，灾区可能迅速充斥大量外来人员，包括援助者、猎奇者和记者，这些陌生人的突然涌入在很多方面也会影响灾区民众的心理。有的会产生敌对和愤怒情绪，有的会产生不公平感，有的会产生依赖心理。特别是网络时代，信息传播迅速，往往在事件发生的即刻就在全社会传播，铺天盖地的报道和推送让受灾民众产生侵入性和麻木不仁感。

3. 社区资源消耗和社会支持资源被破坏的影响

公共危机事件往往使当地资源消耗殆尽，同时会扰乱社区功能，威胁社区安全。有的公共危机事件发生后，民众需要暂住在安置点或者被隔离，这就会破坏原来的社区组织结构和人际关系网络，损坏作为心理冲击缓冲器的社会支持系统，人们更容易产生无助和无望感，更容易敏感冲动。社区和工作单位是每个人的重要支持系统，危机事件的规模越大，对社区和工作单位潜在的破坏就越大。比如，对交通事故幸存者与那些经受了自然灾害，如龙卷风、地震或恐怖袭击的受害者进行比较，可以发现交通事故后，幸存者能够回到一个结构完整的家、一个没有受到灾害影响的社区，做原来的工作，经济保障没有改变。然而，地震或者洪灾涉及的其他关联问题扩大了创伤事件本身，地震和洪灾的幸存者可能会经历和目睹更可怕的场景，他们在灾后的环境也比交通事故幸存者要糟糕许多，家和工作场所可能已被摧毁，失去工作，学校关闭，食物和水匮乏，亲人和朋友迁移或死亡，同事死亡、受伤或流离失所，等等。灾后精神疾病的发病率既受灾害对社区造成的破坏程度的影响，也受灾后环境恢复情况的影响。

（四）公共危机事件后不同阶段的人群和社区心理特点

在灾害心理学中，“社区”常常泛指受事故灾难影响的生活环境、社群组织和人群，也可以称为“社群”。

1. 同甘共苦的救灾阶段之后，容易发生信任危机

在危机事件发生后的早期阶段，通常会有一股凝聚力使大家同甘共苦，这一阶段又称灾后工作的“蜜月期”。但这段时间过后，人们常常会出现幻灭感、不信任感和愤怒感。几乎不可避免的是，在任何重大灾难之后，会有关于灾难事件本身和政府应对情况的各种谣言在社区内传播。有时社区内会

出现高度的恐惧状态，尤其是人为灾难之后，如有关美国伊利诺伊州学校枪击事件的一项研究显示，事件发生一周后，即便人们知道行凶者已经自杀身亡，但也仍会持续存在高度焦虑。同样，美国卡特里娜飓风之后出现有关抢劫的谣言和猜测，警察枪击事件改变了人们对执法者和社区的信任，社区民众需要较长时间来进行自我疗伤和恢复对当局的理解。

2. 恢复和重建的过程，往往会出现愤怒情绪和追责心理

通常情况下，由于突发事故灾难和人为灾难往往存在责任方，自然灾害往往也会衍生事故灾难，问责和赔偿往往是灾后必须面对的，这可能需要投入精力，甚至牵扯法律诉讼或政治解决，这个过程也伴随着更大的压力和心理负担。责任不明确、无人负责、赔偿不公平等，都是引发不公平感甚至愤怒和敌意的原因，甚至导致各种社会群体的大规模冲突。在高风险、不确定的情境下，个体和群体的心理状态、行为表现都会受到影响。这时问责往往是社会关注的重点，人们会追究错误、失误和疏忽的责任。市政人员、警察和消防队，及其他管理者容易成为这些带有强烈情绪色彩的问责目标。当问责目标指向那些已经很好地履行了自己职责的对象时，令这些人成为替罪羊是一件具有破坏性的事情。实际情况是，有时他们确实做出了应有的努力，但没能阻止不良后果的发生。

3. 灾难过后的纪念活动能带来积极影响，也可能带来伤害

灾后对伤者、亡者以及他们的家人朋友表达同情或者纪念是人之常情，也是实际需要；安葬死者需要考虑传统文化，要按照标准仪式进行，随后，应尽力举行适当的纪念活动。但举行纪念活动既能带来积极的作用，也有可能带来伤害。比如，关于纪念碑的位置，如果它的位置太突出，使社区成员不可避免地经常面对它，可能强化灾难的闪回，并阻碍悲恸反应的消除。灾后通常会建立纪念馆，这种纪念馆，例如5·12汶川特大地震纪念馆，可以帮助人们认识灾难，对灾后的心理重建发挥着重要作用。但是，睹物思人，特别是在灾害周年纪念日，往往也会刺激人们产生新的悲恸。

三、公共危机事件的心理危机

引起心理危机的事件，可能是个人遭遇的挫折和丧失，如个人追求受挫、失去亲人等，也可能是公共危机事件。

（一）心理危机概述

心理危机指的是当人们在遇到具有重大心理影响的事件时，用平常解决问题的手段和方法不能应对或应对无效所引起的急性情绪扰乱或认知、行为和躯体等方面的改变，是一种失衡的紧张状态。无论是突发的灾难、事故还是公共卫生事件、社会安全事件，都容易给人造成心理危机。

（二）心理危机的表现形式

1. 认知反应

灾难性事件发生后，受灾者认识世界的观点会发生变化，会产生消极的观点，丧失面对生活的信心，这就是常说的认知异常。认知异常主要表现为：对面临的情况做出随意和草率的判断，并过度引申为悲观的结论；面对灾难做出歪曲的评价，如认为有些人的死亡主要原因是救灾不及时；容易产生轻生的想法，采取极端的行为。

2. 情绪反应

突发事件一般会给人带来两种情绪反应：一种是面对能够有效应对和解决的问题，会产生较积极的情绪反应，会满怀信心，积极应对；另一种是不能解决所面临的困境，可能就会产生消极情绪，感到绝望、无助。常见的心理危机情绪反应包括：一是恐惧，例如地震后，余震的威胁刺激着人们脆弱的神经，是否会继续发生地震使人们产生恐惧的心理；二是焦虑，比如地震发生后，辛苦建立的家园被毁坏，受灾群众对充满未知的未来感到焦虑；三是内疚，灾难的不可控性容易使人产生无用感，在灾难中的幸存者亲眼看着亲人的离去而无能为力感到愧疚。一些救援人员，也经常为自己不能救助更多的人而自责。

3. 生理反应

当人面对突如其来的重大灾难时，许多心理上的异常症状都是通过生理现象表现出来的，如心跳加快、血压升高、食欲下降、失眠多梦，甚至溃疡、内分泌失调等。这些生理反应有些会在一段时间内自行消失，有些会持续下去，这就会影响人们的身体健康，需要专业的力量进行干预。

4. 行为反应

灾难发生后，由于个性特征和内外资源的差异，每个人的行为反应会有很大的不同。有些人会表现出极端的行为，对自身和社会造成危害。如：过度防御行为，虽然是出于自我保护的本能，但这些过度地封闭自我的行为也会对救灾造成干扰；木鸡行为，面对突发的灾难，呆若木鸡，变得很麻木，甚至不会进行自我保护，只能站在原地等待救援；从众行为，即盲目从众，失去自己对事物的判断能力，只是模仿别人的行为，或者轻信谣言和传闻，容易被蛊惑利用；冲动行为，理性受抑，鲁莽草率，造成不可挽回的损失。这些心理危机反应是人们在面对突发灾难时的正常反应，由于每个个体的心理承受能力不同，有些心理承受能力好的人，经过一段时间的自我调整，这些反应会自动消失，重新开始新的生活；而有一部分人却不能面对现实，不能调节自身的心态，使得心理危机持续影响个人的身体和生活，这时就需要专业的心理危机干预手段介入，使这部分人恢复到正常的状态。

（三）心理危机的发展阶段

1. 冲击阶段

当重大危机事件突然发生后，人们正常的生活和心理平衡被打破，开始经历着与平时完全不同的生活，人们会感到恐慌、焦虑、手足无措甚至绝望。例如，2003年北京暴发非典，由于人们对非典的不了解，听到身边的亲人、朋友还有医生感染上非典，患者人数逐渐上升，恐惧和焦虑的感觉就会上升并冲击人们正常的生活。

2. 防御阶段

面对重大灾难，人类本能地在逃跑（flight）与战斗（fight）之间进行选择。当突如其来的重大灾难的冲击远远超过个体的承受能力时，平时惯用的解决问题的方法没有作用，人们通常会选择逃避、否认等防御心理来面对灾难。例如，在汶川地震发生后，有些人不能面对亲人离去、家园毁灭的事实，拒绝他人的帮助，尤其是心理干预人员的援助，将自己封闭在自己幻想的世界中。

3. 解决阶段

灾难事件逐渐得到处理和平息以后，人们又开始了日常的生活，这一阶段人们意识到自身的问题，开始积极地寻求各种解决问题的方法，愿意接受或主动寻求亲人、朋友和志愿者等有效资源的帮助。

4. 成长阶段

经过重大灾难后，人们会重新认识事件和自身的变化，个体会变得更加成熟，学会了面对突发的灾难如何自救和互救。很多受灾群体在日后的救灾工作中积极加入志愿者的队伍中，将自身的经验和教训传递给更多的人，使他们获得帮助。

在现实生活中，并不是人人都能够成功渡过心理危机并获得成长的。经历危机事件后，人们有六种可能的发展轨迹。分别为：坚韧型（Resistance），即在危机事件发生后始终没有表现出明显的应激反应。复原型（Resilience），在危机事件之后呈现较明显的应激症状，但会逐渐恢复，甚至比原来更好。康复型（Recovery），即在危机事件之后表现出较明显的应激障碍的相关症状，但随时间推移会逐渐缓解，依然不能恢复到以前的水平。迟发性功能障碍（Delayed Dysfunction），在危机事件发生之后的一段时间并没有表现出或仅表现出很轻微的应激障碍相关症状，但在后期症状逐渐加重。反复发作型（Relapsing/Remitting），即在危机事件刚结束时可能没有太明显的症状，随着时间的推移症状逐渐显现，之后逐渐自行缓解到一定程度后再次出现症状，循环反复。慢性功能障碍（Chronic Dysfunction），在危机事件发生后，应激症状一直不能缓解，甚至越来越严重。

我们在2008年至2018年开展的针对汶川地震中青少年创伤后应激障碍的纵向发展轨迹的研究中，发现大多数青少年（坚韧型65.3%）在震后表现出非常轻微的应激症状或无症状或很快恢复，20.0%显示出了康复型轨迹，7.2%在随访期间表现为慢性功能障碍，4.2%表现为迟发性功能障碍，3.3%表现为反复发作型，如图8-1。

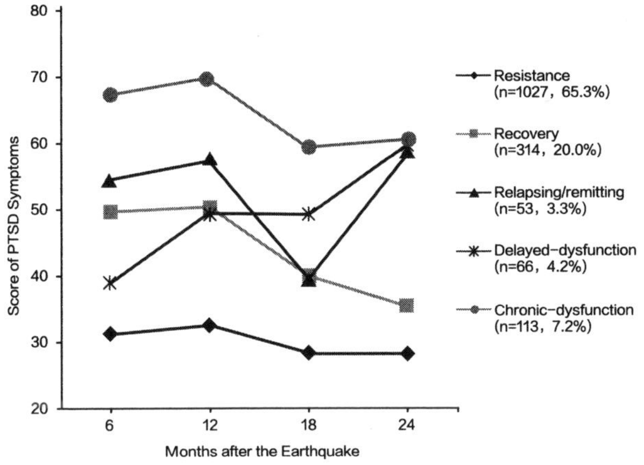

图8-1　汶川地震后创伤后应激障碍（PTSD）症状的发展轨迹

第九章　公共危机事件的心理危机干预

一、心理危机干预概述

心理危机干预最早开始于20世纪40年代。1944年，美国波士顿椰林夜总会发生火灾，林德曼对遇难者及其家属进行心理调查后提出：经历重大灾难后人们需要一段时间来发泄自己的悲伤和痛苦，推翻了当时流传的观点，即把经历危机后的当事人产生的身心反应作为病态进行精神治疗。并且提出了灾难后人们短暂的悲伤是正常的，可以运用危机干预技术进行治疗，林德曼提出了“哀伤辅导”的方法，即通过当事人及时把哀伤的情绪宣泄出来，接受亲人离去的事实，最终调节自己的心态开始新的生活。林德曼的“哀伤辅导”理论为心理危机干预奠定了重要理论基础。

卡普兰在林德曼的基础上将危机干预理论扩展到发展性和境遇性事件上，把心理危机干预的理论集中在帮助人们认识和矫正因为危机引起的生理、心理、认知和行为的扭曲上。卡普兰将危机干预定义为：通过激发处于危机状态下个体的潜能，同时为其提供相应的帮助和技术支持，帮助人们恢复原有的心理平衡状态。

从20世纪90年代开始，我国学者开始逐渐关注心理危机干预的问题，并提出了自己的理解：季建林等认为，从心理学的角度来看，危机干预是一种通过调动处于危机之中个体的自身潜能，来重新建立或恢复危机爆发前的心理平衡状态的心理咨询和治疗技术；胡泽卿等认为，危机干预是社会各界人士采取行之有效的办法，帮助处于困境的个体、家庭、群体渡过危机，恢复心理平衡的过程。包括弄清问题、表述感受、确立目标、达到目标的意见以及决定行动方案等过程。

整合国内外观点和我们的实践经验，我们认为：心理危机干预是对处于心理危机状态的个人或人群进行有目的、有计划、全方位的心理援助，通过调动其自身潜能，从心理上解决迫在眉睫的压力，使应激状态得到立刻缓解和持久消失，帮助求助者重新建立或恢复心理平衡状态。

（一）公共危机事件后群体心理危机的发展阶段和危机干预重点

1. 急性应激阶段

急性应激阶段往往发生在事件发生后的3~7天内，人们面临巨大的心理冲击，极易出现惊恐和慌乱，失去主见和理性。容易发生如混乱无序、拥堵踩踏、惊慌溃逃等状况；容易被谣言或错误信息误导，甚至导致精神崩溃和群体性事件。刚经历过危机事件的人们特别需要依靠和主心骨，特别需要及时而明确的信息和政府舆论的正确引导。这一阶段危机干预的重点是及时发布权威信息，畅通信息传播渠道，迅速排查高风险人群，做好安心暖心工作。

2. 慢性应激阶段

慢性应激阶段指的是事件发生后的1周到3个月以内，人们出现了求助的动机，但特别容易受暗示，对不公平和处置不当特别敏感冲动，容易被谣言蛊惑和利用，如果处理不当容易发生冲突、引发恶性群体性事件。这个阶段心理干预的重点是必须要细致，促进理解支持，疏解不满和对立情绪，增进心理和谐，预防冲突和恶性群体事件的发生，维护社会稳定。

3. 心理修复和重建阶段

心理修复和重建阶段是指事件发生后3个月到几年甚至更长时间，此时经历过灾难后的人们大多应激症状都逐渐缓解，但容易陷入失落情绪，如面临现实的困难，担忧未来，或者必须面对灾难带来的丧失、损失，甚至躯体的残疾时，就容易出现不满、怨恨、敌对情绪，特别敏感冲动，易发生冲突和群体事件。这个阶段心理干预的要点是重建希望和掌控感，指导发现、构建、维护和利用社会支持资源，同时要及时疏解不满和对立情绪，引导理性平和的心态，维护社会稳定。

（二）心理危机干预的模式

针对心理危机干预模式，很多学者提出了自己的观点。比较典型的心理危机干预模式主要有：

1. 平衡模式

心理危机的早期宜应用平衡模式。突发重大危机事件后，人们原有的心理平衡遭到破坏，容易产生不良情绪，需要充分的沟通和支持。这种心理危机干预模式主要采取倾听的方式，帮助当事人宣泄自身的痛苦和悲伤，稳定情绪，走出极端的心理误区。

2. 认知模式

当事人情绪稳定后，会产生否定自己和扭曲现实的观点，如对自己不能够有效帮助别人的内疚、认为救灾人员不称职、对未来悲观绝望等。这个时候就需要心理危机干预者帮助他们认识到其认知中的否定自我和扭曲现实的观点是错误的，让他们获得真实的信息，形成理性的认知和积极的情绪。

3. 心理社会转变模式

人是社会的产物，所以心理危机干预离不开亲人、朋友等社会资源的支持。在心理危机干预过程中，要指导当事人从家人、朋友、同事等处得到帮助，善用各种社会支持和环境资源，学会新的应对方式和问题解决策略，重新获得对自己生活的掌控感，最终使当事人能够面对灾祸，开始新的生活。

4. 折中模式

折中模式是目标和任务取向的，不固守任何一种理论，保持一种开放的心态，对取得成效的方法和策略进行不断的尝试和验证。折中模式认为，危机干预应从所有危机干预的方法中，有意识地、系统地选择和整合各种有效的理论和策略来帮助求助者。它的主要任务包括确定所有系统中有效的成分，并将其整合，使之适合于需要阐述的行为资料；根据对时间和地点的最大限度的了解，考虑所有相关的理论、方法和标准，用以评价和处理临床资料。

（三）心理危机干预的实施方式

进行心理危机干预有不同的方式，有的方式将干预过程划分为不同的阶段，针对不同阶段的特点，采取不同的措施与策略；有的方式针对不同人群、不同应激情境的特点，采取不同的措施与策略。

1. 个体心理危机干预方式

（1）六步干预法

由伯尔·吉利兰（Burl E.Gilliland）和理查德·詹姆斯（Richard K. James）提出的六步干预法是一种简单而又切实可行的心理危机干预实施方案。

第一步：确定问题

要从当事人的角度，明确并理解当事人所面临的问题是什么。以共情、真诚、接纳或积极关注的态度进行倾听，与当事人建立良好的关系，以了解当事人的危机是什么？需要明确的问题有：当前存在的主要问题是什么？有何诱因？什么问题必须首先解决？然后处理的问题是什么？是否需要家属和同事参与？有无严重的躯体疾病或损伤？还需进行自伤的评估。在与当事人接触过程中，要敏锐地观察其举止和表情，判断其自信心丧失、意志消沉的程度及心理状态如何（是紧张、迟钝、不安，还是犹豫、自责等），同时分析其是否具有自我心理调整能力，从而考虑采取何种有效的心理疏导方式。

第二步：提供安全感

帮助成年幸存者要提供基本生活必需品，如食物、衣服、庇护所等，同时处理他们的情绪反应，如悲伤、焦虑、麻木、伤心、愤怒、突然失控、担心灭顶之灾等情绪。对孩子还要提供温暖的怀抱，让他们有安全感。

第三步：给予支持

援助者必须无条件地以积极的方式接纳所有的求助者并提供支持。让求助者感到参与危机干预工作的人都是可靠的支持者，他们是用关爱的、积极的、不偏不倚的态度在处理危机事件，以帮助求助者看到支持资源，重拾希望。

第四步：提出并验证可变通的应对方式

危机状态下，被救援者往往处于理智受抑制的状态，无法判断什么是最佳的选择，有些人甚至认为已经无路可走了。危机干预者应帮助他们认识到，其实还有许多可变通的方式，并引导其思考，做出适当的选择。

第五步：制订开始新生活的短期计划

与被救援者合作，一起制订短期生活计划。非常重要的一点是，要让被救援者认识到这是他自己的计划。通过实施这一计划，帮助他们恢复掌控能力，摆脱无用感、无助感和依赖感。

第六步：自我承诺

帮助被救援者采取确定的、积极的行动方案，使他们不随便放弃这些行动方案。危机干预工作者要注意，在结束一个干预疗程之前，一定要从当事人那里获得诚实的、直接的、恰当的承诺保证。在随后的干预疗程中，危机工作者要跟踪当事人的进展，并对当事人作出必要而恰当的反馈报告。

（2）七阶段干预法

Roberts提出了危机干预的七阶段实施方案，该方案易于操作，效果明显，得到了广泛的应用。

第一阶段：进行心理接触并迅速建立关系

第二阶段：检视问题并加以界定

第三阶段：鼓励但是不强迫进行感受与情绪探索

第四阶段：发展并探究变通方式及特殊的解决方法

第五阶段：探究并评估过去的应对方法

第六阶段：通过行动计划的完成以恢复认知功能

第七阶段：追踪跟进

以上“六步干预法”和“七阶段干预法”多用于个体心理危机干预，确实有需要时，也可用于小团体的干预。

2. 团体心理危机干预方式

公共危机事件后，心理危机干预往往需要采用团体辅导的形式进行，团体辅导的类型主要包括阿德勒式团体、个人中心团体、理性情绪团体和行为治疗团体。

阿德勒式团体注重改变人的自我观念，帮助当事人彻底了解自己的生活方式和现实环境。其辅导过程分为四个阶段：建立关系、探索个体动力、领悟阶段和重新定向。

个人中心团体认为，人是积极的、理性的，人能够了解和改变自己，人有能力解决自己的个人问题。其辅导过程也可分为四个阶段：困惑探索、信任接受、自我探索和变化成长。

理性情绪团体认为，人的思想和行为是密切联系的，个人情绪和不良行为并非由于外部诱发事件本身引起，而是由个体对该事件的评价和解释造成的，所以应该将心理辅导重点放在改变当事人的非理性观念上，其辅导过程有：事件分析、信念分析、重建信念和总结提高。

行为治疗团体认为，人的所有问题都是后天习得的，可以经过新的学习历程而被改变，其辅导过程有：评估问题行为、制定治疗方案、实施治疗方案和评价治疗效果。

心理危机干预的团体辅导的方法与技术很多，主要包括心理晤谈、角色扮演、身体活动、绕圈发言、美术工艺活动和想象活动等。在干预过程中，可以根据实际情况将多种方法和技术结合起来综合运用。

我国学者隋双戈整理提出了“简快重建法”，适合中国文化背景的心理危机团体辅导。“简快重建法”的基本步骤如下：

第一步，呈现问题：呈现当前最困扰当事人的问题（或症状）。

主要内容：

（1）是什么

了解求助原因，拟沟通的困扰。不聚焦于应激事件本身，而是探索与应激体验相关的问题、应激事件带来的困扰，并具体化。如当事人是“最近睡觉不好”，需要了解对方表述的具体含义，是指入睡困难、早醒、多梦还是别的什么，有多久了、严重程度、波动情况及关联因素等。

（2）为什么

为什么会在这个时候想要处理这个问题，而不是别的困扰。强化动机，看到意义。

（3）聚焦核心问题

如当事人拟处理多个问题，应聚焦在当前情境下最困扰他的那个问题，确认咨询目标。

（4）评分

请当事人为这个问题带给他的困扰程度评分，从0分（中性或没有困扰）到10分（最严重的困扰或痛苦感受）评分。

第二步，信息传递：使当事人了解所呈现的问题（症状）是人类经历此类重大事件的正常反应，并提供有助消除误解的信息。

主要内容：

（1）正常化

告诉对方，人类面临此类重大事件可能出现哪些身心反应，他的情况是人类遇到这类事件的正常反应，以及这些反应发展变化的规律。

（2）提供有用信息

如：有针对性地科普相关知识，以及有助于消除认知误区、谣言的信息不对称内容；提供有关灾情、救助、安置、保障等对方希望了解的实用信息；提示由于过度关注负面信息而被忽视的部分；提醒哪些身心状况可能需要寻求专业诊治。

第三步，应对探讨：通过自助、互助、他助相结合的方式，引导当事人寻求解决思路或办法。

主要内容：

（1）内部资源

强化当事人自己的应对方式与内在资源。寻找当前或过去应对相关问题的成功经验，了解其内在资源与力量，找到哪些是积极的应对方式，增加自我效能感。

（2）外部资源

协助当事人梳理、连接可以为其提供帮助、支持的外部资源（例如亲友等社会支持网络），看到处理问题的更多路径。

（3）再次评分

再次评估核心问题的困扰程度，0分到10分。

（4）改善计划

在上述基础上，面向未来探讨改善计划。救援者可根据当事人提出的想法，提供改进、补充或替代内容，促进其接纳、掌握对他最适合的可行规划。

第四步，总结提升：总结提炼，收获感悟，增强信心，启动行动。

主要内容：

（1）回顾历程

回顾本次辅导的过程或者当事人改善的历程。

（2）总结收获

总结收获、感悟。

（3）启动行动

帮助服务对象看到资源，看到更多途径、方法，看到改善的希望，强化动机，促进行动。

（4）达成承诺

达成朝向改善的行动承诺。

（四）政府和非政府组织在心理危机干预中的作用

各发达国家的政府和非政府组织在心理危机干预中都发挥着重要作用。政府作为应急管理和心理危机干预的主导者，在危机干预的体系构建、立法保障、组织实施、人才培养等方面发挥着重要作用。非政府组织因其专业的服务、充足的人才储备、丰富的研究成果及广泛的国际合作，已经成为一支不可或缺的力量。目前，我国政府与非政府组织已建立起良性互动机制，共同推动应急管理中心理危机干预工作的开展与完善。

在公共事件心理危机发展演变的各个阶段，政府相关的管理部门都应做好应对工作。在危机发生之前，政府要提供法律法规的保障，建立切实可行的心理危机干预预案，推进心理危机教育的普及，储备心理危机干预的人力资源。在危机发生时，政府要组织协调心理救援，迅速响应并提供权威信息支持和资源支持，积极引导大众传媒。在推动心理重建中，政府要提高全社会对心理危机的正确认识，提供资源支持，建设长期心理危机干预平台，动员民间力量，建立各级心理危机干预常设机构。

二、自然灾害事件与心理危机干预

自然灾害主要包括水旱灾害、气象灾害、地震灾害、地质灾害、海洋灾害、生物灾害和森林草原火灾等。无论人类在文明的进程上走了多远，自然灾害总是如影随形。在以前的灾后救助中，人们想到的大多是抢险、物资救援等物质层面的工作，而对于自然灾害给人们精神所带来的创伤问题的救治却往往被忽视。随着社会的进步与发展，自然灾害中的心理危机干预正越来越成为人们关注的焦点。因此，建立和完善心理危机干预机制，越来越成为现代社会的迫切需要。在对许多重大自然灾难提供心理社会服务的过程中，如2004年印度洋海啸、2008年汶川特大地震等，逐渐形成和发展起一系列的心理危机干预理论，并且日趋完善。

突发自然灾害会使当事人产生严重的心理影响，如果不及时采取措施，将会引发各种精神障碍和行为问题，极端者可能会自杀。这种影响也是长期的，如果当事人不能及时地走出危机，很可能发展成创伤后应激障碍，长期影响人们的正常生活，甚至产生终生的心理创伤。因此，必须及时采取一定的手段对当事人的心理进行干预，使其能尽快走出危机，开始新的生活。诸多研究和实例证明，在突发自然灾难后，心理干预可起到缓解痛苦、调节情绪、塑造社会认知、调整社会关系、整合人际系统、鼓舞士气、引导正确态度、矫正社会行为等作用。

（一）自然灾害后的心理危机干预的基本方案

1. 时间和对象

自然灾害心理危机干预的时间，一般在灾害发生后的数小时、数天或数周。根据人们遭受灾难事件影响的方式，可将受灾人群大致分为以下几类进行干预。一级受害者：灾难事件的直接受害者，或死难者家属；二级受害者：现场目击者或幸存者；三级受害者：参与营救与救护的人员，主要包括救援人员、心理卫生人员、应急服务人员、志愿者，以及遇难者的同事、朋友等；四级受害者：指灾难事件区域的其他人员，如居民、记者、官员等；五级受害者：指通过媒体间接了解灾难事件的人群，尤其是老人、儿童等易感人群。

2. 步骤

第一步：心理干预人员接到任务后，按时间到达指定地点，接受当地救灾指挥部指挥确定工作目标人群和场所。第二步：按照心理危机干预方案开展干预工作。第三步：分成若干小组到需要干预的场所开展干预活动。在医院，建议采用线索调查和跟随各科医师查房的方法发现心理创伤较重者；在灾民转移和集中安置点，建议采用线索调查和现场巡查方式发现需要干预的对象，同时发放心理救援宣传资料；在灾难发生的现场，在抢救生命的过程中发现心理创伤较重者并随时干预。第四步：对灾区各类人群心理危机情况进行评估，筛选出疫情测试结果阳性的人员及时进行心理访谈，确定重点人群；对心理应激反应较重的人员及时进行初步心理干预。第五步：对重点人群安排个别或集体心理干预。第六步：在有条件的地方，要对救灾工作的组织者、社区干部及救援人员采取集体讲座、个体辅导等措施，教会他们简单的沟通技巧、自身心理保健方法等。第七步：及时总结经验，并对工作方案进行调整，同时进行团队内的相互支持。第八步：将干预结果及时向当地救灾指挥部汇报，并提出对重点人群干预的指导性意见。

3. 干预方法

（1）早期救助

包括切断应激源、尽快脱离现场、不要过多目击现场、不要过多询问受害人经历，提供物质帮助和安全的场所等。

（2）沟通和建立良好关系

建立和保持双方良好的沟通和相互信任，保持心理稳定，改善人际关系。

（3）提供必要的心理支持

应用倾听、解释、鼓励、保证、疏泄和改善环境等，必要时可酌情使用镇静药物或考虑短期住院治疗。

（4）建立社会支持系统

灾难发生后，人们平时依赖的人际支持系统已不足以抵御灾害，此时如能获得来自政府和社会各界的救助就非常重要。

（5）认知干预

帮助心理危机者正确认识所发生的事件，接受当前不利的处境，客观、现实地分析和判断危机事件的性质和后果，纠正不合理思维，建立比较积极、重新获得安全感和信赖感的认知。

（6）放松技术

自然灾害后的心理危机干预所使用的放松技术主要用于减轻受害者们的恐惧和焦虑，通常有渐进性肌肉松弛法、腹式呼吸法、注意集中训练法和行为放松训练法。

（7）心理宣泄

这里所谈的心理宣泄，专指干预者主动倾听当事人心中积郁的苦闷或思想矛盾，鼓励当事者将自己的内心情感表达出来，以此减轻或消除其心理压力，避免引起更严重的后果，并能较好地适应社会环境。在进行宣泄时，干预者要对经历自然灾害的个体采取关怀、耐心的态度，让他们畅所欲言而无所顾忌，使他们的不良情绪得到宣泄，感到由衷的舒畅，进而强化他们战胜自然灾害的信心和勇气。需要指出的是，经历自然灾害的个体，他们的心理宣泄内容不一定与灾害有关，只要能够达到心理宣泄的目的，内容不是重点关注的问题。同时，心理危机干预者要保证保守秘密，并在心理宣泄的过程中及时给予正确的指导。

（8）严重事件晤谈

严重事件晤谈是一种通过系统地交谈来减轻压力的方法。严格来说，它并不是一种正式的心理治疗，而是一种心理服务，服务的对象大部分是正常人。严重事件是任何使人体验异常强烈情绪反应的情境，可潜在影响人的正常功能。严重事件造成应激是因为事故处理者的应对能力因该事件而受损，个体出现适应性不良，如紧张、焦虑、恐惧甚至冷漠、敌对等。严重事件晤谈的目标是通过公开讨论内心感受，接纳自己的情绪，并通过观察和讨论他人及自己的反应，帮助当事人在心理上消化创伤体验，获得应对危机的方法。需要注意的是，处在极度悲伤期的当事人不适宜晤谈。晤谈时机不好，可能会干扰其认知过程，引发精神错乱。

（9）眼动脱敏再加工技术

眼动脱敏再加工技术是一种可以在短短数次晤谈之后，便可在不用药物的情形下，有效减轻心理创伤程度及重建希望和信心的治疗方法。

（10）加强信息管理

在重大自然灾害面前，公众大多缺少理性分析和分辨能力，消除恐慌和传言最有效的方法就是信息公开，可减低焦虑或恐慌程度。面对自然灾害，政府的权威信息传播得越早、越普及、越准确，就越有利于维护社会稳定和缓解个体的不良情绪。

（11）提供积极的应对策略

针对存在的困难和问题提出各种解决方法，选择积极的应对策略，学会心理防御及应对方式；教授有效地应对技巧，如自我放松、强制休息、强制娱乐等；提供宣泄机会，鼓励当事者将内心情感表达出来。

（12）配合药物治疗

对于一些应激症状特别严重的当事人，可合理选用抗焦虑、抗抑郁及抗精神病药物进行对症治疗。

（13）对救援人员的心理干预

主要方法包括满足物质需要、进行心理支持、组织关怀、小组督导、定时轮班换岗、团队协同工作、定时评估心理状态、及时撤离现场等。

（二）针对不同群体的心理危机干预措施

自然灾害对不同群体的心理行为影响是不同的，心理伤害程度最大的首先是直接的灾害幸存者及受害者的亲人，其次是直接参与救援的医护人员、战士、消防员、警察、志愿者等，还有深入灾区报道的新闻记者，此外，许多通过大众传媒得到灾害相关信息的人，心理和情绪上也会受到不同程度的影响。所以，针对不同群体设置合理而科学的心理危机干预措施很有必要。

1. 对幸存者的心理危机干预

在自然灾害中，幸存者亲身经历了死里逃生的惊险，心理上产生巨大的恐慌，灾难对于幸存者来说产生了巨大的心理冲击，因此，此群体也成为灾后心理危机干预的重点人群。在进行心理危机干预时，首先，应使幸存者远离灾害现场，为其营造一个安全舒适的环境，使其具有安全感；其次，主动帮助幸存者联系家人，为幸存者提供情感支持和心理援助。具体的措施包括：安排心理咨询师或受过专业训练的志愿者倾听他们的陈述，让他们宣泄心中的恐惧和痛苦，并给予积极的心理暗示，告诉他们灾难已经过去，现在已经安全了。帮助其纠正错误认知，引导并采用积极的应对策略和技巧。着手帮助他们解决一些实际性的问题，为他们提供食品、药物、医疗服务等生存必需的保障，提供一定的物质援助，帮助他们重新树立起开始新生活的信心以及面对困难的勇气。

2. 对罹难者家属的心理危机干预

失去亲人是人生最大的悲痛，特别是在诸如地震等突发性重大自然灾害中痛失亲人，更是万分悲痛的事情。关注罹难者家属这一特殊群体，特别是同时也经历了灾难的幸存者，他们面对的是自然灾害和痛失亲人的双重打击。因此，更要对这一人群的心理状况进行关注并给予及时有效的心理干预。心理援助人员必须帮助罹难者家属形成正确的认识、积极勇敢地面对并接受丧失亲人这一残酷事实。在得知亲人离世的噩耗之初为“心理休克期”，人们多处于麻木状态，此时治疗者应与罹难者家属之间建立支持关系，给予情感上的理解和支持。罹难者家属往往会出现否认现实、回避痛苦的倾向。为了让其接受丧失亲人这一事实，应鼓励罹难者家属表达自己内心的痛苦感受以及对逝者的回忆，允许并鼓励其哭泣、诉说、回忆，宣泄内心的消极情绪以达到减轻内心悲痛的效果。罹难者家属在经受了难以承受的打击之后，往往会采取消极回避的态度，情感淡漠、消极厌世、失去对生活的积极性和兴趣，不愿主动与人接触，因此必须尽可能多地动员其亲友提供情感支持和社会帮助，保证其饮食起居的作息规律，使其得到充分的休息，帮助其冷静地面对失去亲人的痛苦并逐渐从痛苦中走出来，找到新生活的目标。这一过程会因个体的人格特征、受创伤严重程度、社会支持等的不同导致时间的长短各异。因此，心理危机干预应做到及时、有效、长期关注，定期排查，这样才能真正帮助受灾群众从灾难的阴霾中走出来。

3. 对救援人员的心理危机干预

在灾难现场进行抢险救援的医疗救护人员和军人、警察、消防员、志愿者等救援人员以及深入一线的新闻工作者们，他们不可避免地第一时间见证各种惨绝人寰的悲剧现场，加之救援工作强度大，饮食和睡眠不能保证，有时也会因无力救助受灾群众而深感痛苦，灾害对于这一群体心理冲击同样巨大，会产生不同程度的身心问题，如恐惧、自责、强迫、焦虑、抑郁、失眠、没有食欲、恶心、无法进食等，所以对这一群体的心理干预也是至关重要的。

对医疗救护、救援人员以及新闻工作者进行心理危机干预。首先，应制定一定的组织计划，明确任务，在接受任务前，告知在执行过程中可能会出现的各种危机状况，做好救灾心理预建，以便在真正执行任务时避免心理冲击过大，产生强烈的心理不适应；其次，在执行任务阶段，合理安排饮食、休息与工作时间，做好前线救助调度工作；同时，保证救援人员内部以及与家人之间的交流，充分利用社会支持和情感支持；应利用各种缓解压力的技术帮助救援人员适时减轻心理压力，如合理安排休息和放松，进行不良情绪的宣泄，诉说痛苦，以舒缓内心的压力和恐惧；此外，还可以适时安排团体心理辅导，建立情感支持，理解互信，以增强自我抵御危机的能力。

三、事故灾难事件与心理危机干预

事故灾难是具有灾难性后果的事故，是在人们生产、生活过程中发生的，直接由人的生产、生活活动引发的，违反人们意志的、迫使活动暂时或永久停止，并且造成大量的人员伤亡、经济损失或环境污染的意外事件。主要包括企事业单位的各类安全事故、交通运输事故、公共设施和设备事故、环境污染和生态破坏事件等，例如溃堤垮坝事故、火灾事故、核泄漏事故等。

事故灾难不仅带给人们身体上的损伤与痛苦，加重个人、家庭和社会的经济负担，它同时是一种心理应激和精神创伤，个体面对这些难以解决的问题时常常会出现精神濒临崩溃的状态，表现出极度紧张、苦恼、焦虑、抑郁等负面情绪，甚至产生轻生的意念。一般来说，这些心理危机反应不是一种疾病，而是一种情感危机的反应过程。在心理危机发生时可以通过危机干预方式对当事人表达关怀，提供援助。危机干预就是要帮助出现心理危机的人渡过困境，重建心理平衡，它不仅可以防止心理危机的进一步发展，而且还可以帮助个体学会新的应对技巧，使心理恢复平衡，甚至超过心理危机前的功能水平。

（一）事故灾难后心理危机干预的对象

根据心理复原的社会生态理论，个体受到家庭、学校、社区和社会文化等不同层面因素的影响。个体因素：包括性格、应对方式、生理因素、遗传因素等。家庭因素：包括家庭经济社会地位、亲子关系、教育水平等。学校/社区因素：包括社会支持、同辈关系、社区环境、邻里关系等。社会文化因素：包括社会经济因素、社会价值观、文化传统等。心理健康依赖于整个社会生态系统的健康与平衡。

在事故灾难发生后，所有受到影响的个体均可能出现不同程度的心理问题，需要针对全社会进行基本的心理干预，不仅针对有需求的个体，也包含没有出现症状或者不主动寻求帮助的个体。

由于需求不同，需要在初期进行评估、辨别，并有统筹、有侧重地开展针对性的心理援助。根据症状水平和发展趋势，按照对心理干预的需求程度，可将人群分为四类。

明显出现症状的人群。包括临床和亚临床人群。

高危人群。高度创伤人群、心理疾患的高风险人群，包括严重受创人群、丧亲家属、干预工作者等。

易感人群。容易受到灾难事件影响，有较高灾后心理疾患流行率的人群，如儿童、青少年、妇女、老年人等。

普通人群。暴露于重大事故灾难事件的一般民众，可能受到影响的所有人群。

（二）事故灾难心理危机干预的时机

事故灾难发生后，心理危机干预越早进入越好。但在事故灾难发生的初期，往往视拯救生命为第一任务，心理危机干预不得不稍缓。危机干预的最佳时间是在危机事件发生后24到72小时，也就是“黄金72小时”。发生危机事件后，心理危机干预队伍最好能够在第一时间、第一地点进行及时干预。在灾后早期阶段，心理干预的重点是提高安全感、促进稳定性（冷静下来），促进个体和集体的效能感、促进人际联系、点燃希望。为了恢复当事人及相关人员的心理健康水平，需要开展长期的心理援助。

（三）事故灾难心理危机干预的方法

国内外常见的心理危机干预方法主要包括药物治疗和心理治疗。药物治疗须在专业精神科医生的诊断下开展。目前，国际上针对创伤后应激障碍的心理治疗，临床验证有效的方法主要是认知行为治疗、暴露治疗等；针对抑郁症的心理治疗，临床验证有效的方法主要是认知行为治疗。另外，近年来我国也开始了对中医治疗创伤后应激障碍的研究。对于高危人群（如严重受创人员、丧亲家属、干预工作者等），应进行以心理治疗为主的心理干预、开展心理教育，以防止其症状恶化或产生迟发性心理疾患。对于易感人群（如妇女、青少年及儿童、老年人等），可通过进行心理教育、组织团体活动等方式开展心理服务，促进学校和社区的文化氛围建设。对于普通人群，可通过公共宣传、新闻媒体宣传传播信息、稳定情绪、促进积极情绪，从而提高全民心理健康水平。针对伴随事故灾难的污名化，需要通过教育，科普相关知识，让普通群众了解受灾人群，以达到去污名的目的。

危机干预在干预阶段的一个重要任务是需求评估。与身体伤痛相比，心理创伤并不直观，需要较为深入的分辨与评估。事故灾难的心理评估包括社群层面和个体层面，需要分别考虑不同的实际情况和现实需求。

1.社群评估

社群评估主要是为了了解人群中精神疾患和心理问题的发病率以及不同干预需求的频率和程度。准确的评估是分配有限资源、建议服务内容、明确干预重点的基础。社群评估要求快速、有代表性，常采取走访社区干部和快速筛查的方法。早期的社群评估主要是了解社群情况、创伤暴露情况、受损情况并发现高风险个体。

2.个体评估

个体评估则是对个体进行相对细致的临床诊断、日常功能、社会心理因素、个人态度与信仰、个人及家族病史等评估，并直接提供可以满足个体需要的心理健康服务。个体评估往往针对社区评估中发现的已经出现的有严重症状的个体或高危人群。

（四）事故灾难后心理危机干预的管理

随着我国城镇化进程加速，人口越来越集中，社会生活方式越来越高度组织化，事故灾难带来的人员伤亡和心理冲击风险也随之大幅增加。为了更好地预防和应对我国事故灾难中的心理健康和社会稳定问题，应进一步加强以下几方面的工作。

1.完善灾后心理危机干预与援助的法律法规，加强灾后心理危机干预与援助在国家救灾行动中的地位

心理危机干预专业性强，对人员知识、资质、临床经验有严格要求，当前仍缺乏专业人员资质认证、培训和效果评估，加之灾后非常态的社会状况，急需进行统一管理和资源支持，出台配套的法律法规保证，以确保危机干预工作及时、稳定、有效地开展。

2. 建立科学的灾后信息发布、重大决策、善后处理和问题反馈制度

要逐步或实时地发布事故灾难后事故处理的进展，既要保证信息的公开透明，又要表达对受灾民众的重视，同时杜绝小道消息的产生和谣言的传播。准确发布信息除了有利于增加受灾民众的安全感和对政府的信任度，还有利于心理援助工作的顺利开展。扩大民众的参与权，吸收民众代表参与灾后处理与重建相关的事项决策，增强决策透明度。引导受灾群众通过合法的途径表达自己的需求，如正常的信访途径等，让受灾民众能找到正常、合法的问题反馈和情绪宣泄的途径。

3. 高度重视次生灾难发生对个体与群体心理产生的叠加冲击

事故灾难发生后，紧急救灾时，要立即开展安全普查和教育工作，预防再次发生同类事故或次生事故。如果发生次生事故或发生带有负性情绪的事件，将可能直接激化矛盾，影响事故的善后处理。

4. 对于维护社会稳定的任务要有符合灾后状态的定位

一般将不发生恶性社会性事件和一旦发生任何社会性事件要得到及时响应定位为工作底线。对民众到上级部门提出要求等要按照正常需求表达对待，以缓和民众和工作人员两方面的高压力状态，避免不良事件的发生。对极个别散布谣言、蛊惑他人、影响社会稳定的人，要联合公安机关依法给予严肃处置。要建立问题快速落实和服务群众的长效机制。针对群众反映的困难问题，能现场解决的现场解决，不能现场解决的，在做好解释说明的基础上，开通绿色通道，快速分流办理，跟踪督查落实，逐步将群众工作从应急转入常态。

四、公共卫生灾难事件与心理危机干预

公共卫生灾难事件是指突然发生，造成或者可能造成社会公众健康严重损害的重大传染病疫情、群体性不明原因疾病、重大食物和职业中毒以及其他严重影响公众健康的事件。主要包括传染病疫情、群体性不明原因疾病、食品安全和职业危害、动物疫情，以及其他严重影响公众健康和生命安

全的事件。

由于突发公共卫生事件的突然性、不确定性、演变规律多样性，导致结果难以估计，使得大多数常规防治手段往往难以奏效。尽管政府等相关部门积极采取措施应对，尽最大努力降低危机造成的损失，但这些突发的公共卫生事件对公众的生命安全、财产损失和对其心理造成的伤害是难以估量的。身体的创伤只涉及当事人的躯体，而心理创伤的影响不仅仅受害者自己能感受到，其家人、亲戚、朋友甚至同学、同事、邻居及这些人所接触的其他人也会受到影响。因此，突发公共卫生事件中的心理危机干预就显得尤为重要。

人们往往会根据事件发生的频率和后果等客观指标判断其严重性，当事件发生的次数越多、后果越严重时，个体所感受到的风险就越大。对突发公共卫生事件有风险意识和适度的担心，是人们面对危机时的正常心理反应，但是过度的担心或者非理性的想法会造成人们过高的焦虑、惊恐、无所适从的压力。有效的心理危机干预能够帮助人们获得生理和心理上的安全感，缓解突发公共卫生事件所引发的强烈恐惧或者悲伤的情绪，促进并激发个体的心理自愈功能，调整心理状态，恢复心理平衡，并且能够学习应对突发公共卫生事件的有效策略和健康行为，增进心理健康，避免后续系列心理问题的出现。

（一）突发公共卫生事件心理危机干预的对象

1. 公共卫生灾难中的患者

应该根据患者的性格、文化层次等情况对患者讲解疾病的基本常识，通过口授或者发放小册子之类的方式，使患者对疾病有正确的认识。可以鼓励他们多与朋友进行电话交流，相互沟通，增强感情，加强心理上的相互扶持。也应该帮助患者尽快适应环境，同时做好周密细致的生活护理工作，以换取患者的高度信任。患者往往远离亲人，容易产生孤独感，护理人员应该尽量为他们提供网络资源以及电视、收音机等视听器材，听一些舒缓的音乐，放松其紧张焦躁的情绪。

2. 公共卫生灾难中的患者家属

在突发公共卫生事件中，虽然导致人员死亡的概率比起其他事件小，但是传染的概率却可能较大。例如新冠肺炎，一人染病，就可能导致许多人受到传染。许多人食用同一批有问题的产品，会导致很多人出现相同的病理性症状反应。当得知患者感染上某种病毒、误食了有毒产品，家属首先会担心患者的病情是否会加剧，目前的科技能否挽救其生命。因此，对患者家属最重要的心理危机干预就是明确让他们知道患者目前患病的情况，有没有生命危险，消息的准确性会降低患者家属内心的焦虑感。同时，对患者的染病原因也要进行精确的描述，不要让患者家属胡乱猜测，不要随便相信谣言和传闻，要建立起患者家属的自信心。

3. 公共卫生灾难中的医务人员

对于医生和护理人员来说，工作强度和心理负担突然加剧。特别是面对一些恶性传染病，医护人员不仅有可能被传染，更有可能会面临生命危险。因此，应该建立起医护人员的自信心，让他们知道自己一定可以战胜病魔，挽救更多的生命；同时，也需要对他们进行上岗前的培训，执行轮岗制度，缩减其连续工作的时间，缓解他们的心理压力。更重要的一点是，要为医护人员营造一个安全的工作环境，缓解他们的后顾之忧。

4. 公共卫生灾难中的其他公众

突发公共卫生事件对公众造成不同程度的心理影响，严重时可能引发社会混乱，威胁社会稳定，因此对一般公众的心理危机干预也是必不可少的。对公众心理危机干预最重要的就是提供准确、权威的信息。及时、准确、权威信息的发布，有利于公众了解实情，明确压力源，阻断谣言带给人们不必要的恐慌，稳定公众的情绪。同时，要加强公共卫生知识的普及，教导公众如何正确应对突发公共卫生事件的发生。心理咨询热线电话以及网络心理援助平台是突发公共卫生事件发生时公众获得心理支持的有效途径，同时也是搜集公众心理信息的有力工具。

（二）突发公共卫生事件中心理危机干预的实施

1. 建立健全社会心理预警系统

在加强人群监测以及信息管理的基础上，逐步构建起突发事件社会心理预警系统，使重大突发事件的社会心理预警研究不断深入，为领导决策和改善公众在灾难时期的应对能力、提升心理健康水平提供依据。

2. 加强信息公开，干预恐慌心理

突发公共卫生事件带给人们的心理影响是巨大的，进行心理危机干预非常必要。突发公共卫生事件有着自己独有的特点，因此要把综合性公共卫生干预措施与专业性心理干预结合起来。危机发生之初的恐慌心理主要是由于政府与公众之间信息交流的不对称，致使公众缺乏对突发公共卫生事件真实情况的了解，从而使公众因为在危机中缺少心理的依靠而产生的。政府作为处理突发公共卫生事件的主体，在事件发生后，应采取积极措施使危机信息公开化，确保人们在谣言产生之前了解突发公共卫生事件的真实信息。从而攻破谣言，防止公众因为听信谣言而加剧心理的恐慌程度。此外，通过主流权威媒体宣传应对危机的方法和政府对危机的态度，可以加深公众对危机的了解，并自主采取行动切实对危机进行防范，从而阻止公众恐慌心理的加剧，使政府成为人们在危机中的主心骨，加深公众对政府的信任程度，舒缓公众的恐慌心理。

3. 加强对公众的健康教育

公共卫生事件突发时，开展广泛而深入的健康教育和健康促进活动，可以使公众正确了解有关知识，增强公众的心理承受能力和应变能力，避免污名化，降低病耻感。一方面，可以避免大范围的社会恐慌，维持正常的社会秩序；另一方面，还可以动员全社会的力量，极大地促进突发公共卫生事件的防治工作。健康教育的方式可灵活多样，除传统的印发科普资料、报告、讲座、咨询等以外，利用电视、电台，特别是网络技术等现代传媒手段能取得更好的效果。

4. 开通心理咨询热线

心理咨询热线兼有专业性心理危机干预与健康教育的作用。心理咨询热线有着安全性、隐秘性、持续性、服务广泛性、方便性等特点，使得这种形式的心理服务成为危机时期的一个有效力量，也是收集公众心理信息的一个有力工具。从公众角度来说，咨询热线可以有效帮助求助者缓解心理压力、疏解负性情绪、采取更适应性的行为方式，这不但有利于公众心态的安定，也有利于抑制不当行为。例如，华南师范大学“心晴热线”在广东乃至全国新冠肺炎疫情防控中发挥了重要作用。

5. 专业性心理危机干预

心理危机干预工作者一般是经过专门训练的心理学者、社会工作者、精神科医生等专业人员。需要心理危机干预的人群包括患者、幸存者、隔离人群、医护人员及救援人员、社会公众等。心理干预对象不同，其干预重点和内容也各有侧重。突发公共卫生事件发生以后，人们内心出现悲观、痛苦和失望的情绪。应尽可能安排出现严重应激反应的当事人接受精神科医生或临床心理学家的咨询与指导，及时发现、处理心理问题，并密切进行追踪观察。同时，家庭和社会应该密切配合，努力帮助当事人恢复自信心和生存价值感，使悲观、痛苦、失望心理逐渐消除。

五、社会安全事件与心理危机干预

社会安全事件包括重大刑事案件、重特大火灾事件、恐怖袭击事件、涉外突发事件、金融安全事件、规模较大的群体性事件、民族宗教突发群体事件、学校安全事件以及其他严重影响社会安全的突发性事件。学术界和法律文件对社会安全事件这一概念都还没有明确的界定，有的学者认为，“社会安全事件，主要包括严重危害社会治安秩序的突发事件”。有的学者认为，“社会安全事件的本质特征主要是由一定的社会问题诱发，主要包括恐怖袭击事件、民族宗教事件、经济安全事件、涉外突发事件和群体性事件等”。有的学者认为，“突发社会安全事件是指因人民内部矛盾而引发，或因人民内部矛盾处理不当而积累、激发，由部分公众参与，有一定组织和目的，采取围堵党政机关、静坐请愿、阻塞交通、集会、聚众闹事、群体上访等行为，并对政府管理和社会秩序造成影响，甚至使社会在一定范围内陷入一定强度对峙状态的群体性事件”。《国家突发公共事件总体应急预案》总则中指出：“社会安全事件主要包括恐怖袭击事件、经济安全事件和涉外突发事件等。”

社会安全事件给社会带来巨大的危害，也会扰乱人们的生活节奏，对其心理上带来巨大的冲击，造成巨大的恐慌。社会安全事件一般会经历潜伏、爆发、持续、结束、恢复五个阶段。在这五个阶段中，应该分析引发这种社会心理的根源性问题，及时予以解决，化解公众不满的社会心理和负性情绪，引导社会公众理性平和的社会心态，学会用合适的方式宣泄，从而避免社会安全事件的爆发，促进社会安定和谐。

下面我们以突发群体性事件为例阐述社会安全事件各发展阶段的心理危机干预要点。

（一）潜伏阶段的心理危机干预

1. 完善的社会心理预警机制的建立

群体性事件具有突然爆发的特点，但是往往在爆发之前，有一个较长的酝酿过程，贯穿于矛盾显现的初始及事态完全激化的过程中。即使是在矛盾完全激化后，群体性事件爆发依然需要经历行为的酝酿与行为的准备过程。凡事预则立，不预则废，在群体性事件的酝酿发展过程中，政府部门或主管部门如果能够及时发现矛盾根源，或者了解群众有哪些不满的负性情绪，及时有效地解决矛盾冲突，减弱或化解群众的不满情绪，就能够有效预防社会安全事件的发生。

社会安全事件的酝酿时间为开展社会安全事件的预测预警提供了有利的空间。我国正处于社会经济结构转型的发展过程中，不可避免存在利益冲突的现象、新旧观念的差距，而人们的心理承受能力有时比较脆弱，很多政策的制定总有可能损害一些人的利益，尤其是弱势群体的利益。因此，在任何政策实施之后，政府与社会相关部门应该及时调查政策实施的具体结果和影响，群众会不会有不满的心理。通过调查，充分分析社会公众的心理，制定合理的有针对性的社会政策。因此，在社会安全事件的潜伏阶段，政府应该积极建立完善的社会心理预警机制，包括社会心理的预警平台和社会心理疏导与干预机制的建立，有效预防社会安全事件的发生。社会心理预警平台是建立信息收集、处理、分析等预警的网络平台，通过分析数据建立科学的社会心理行为预测模型，能够及时收集社会中可能引发社会安全事件的各种矛盾或群众的负面情绪，并及时地反馈给相关的职能部门。社会心理疏导与干预机制是指发现社会上存在不满情绪，政府应及时采用有效的措施减弱或化解民众的不满和负性情绪。政府部门可以通过建立有效的利益协调机制、完善的心理咨询与危机干预体系、强有力的心理救助与干预队伍等有效预防社会安全事件的发生。总之，通过社会心理预警机制，对社会安全事件进行预警与预防，可以尽可能地避免社会安全事件的发生，减少其给社会带来的危害。

2. 平等理性的交流与沟通机制的建立

社会安全事件的发生，在很大程度上是由于部分民众在利益受损后，没有平等的利益沟通渠道，利益得不到切实的维护，从而产生不良的社会心理。不良的社会心理主要是由于不同群体间利益存在着差异，利益受损者或弱势群体对利益受益者存在偏见。如果不能及时化解这种偏见，使其长期存在，就会加剧社会的矛盾，引发更深的不满情绪。因此，政府或通过非政府组织建立平等的交流沟通机制与交流平台，消除不同群体间的偏见心理尤为重要。平等的交流沟通机制的建立则需要建立公平公正的制度，加强群体间的有效沟通，消除群体间的认知偏差和偏见，消除群体间的裂痕，增强对社会的认可度。

此外，民众还存在利益实现或达到目的的途径的偏见。有的民众或弱势群体的利益受损后，认为在制度内很难实现或维护自己的利益。因此，社会中民众形成一种偏见，出现“不闹不解决，小闹小解决，大闹大解决”的错误认知。如果不能有效合理地解决这一错误认知，社会安全事件发生的频率很难下降甚至会上升。政府应该建立健全的制度，建立公平、公正、平等的沟通平台，建立合理的利益诉求机制，并且严格按照规定，公平公正地解决内部矛盾，鼓励与引导人们采用正当合理的途径或程序维护自身的权益。另外，政府也可以通过媒体，向大众普及相关的法律与政策，从而让人们消除通过聚众闹事的方式来维权的心理，从而减少社会安全事件的发生。

3. 有效的情绪宣泄机制的建立

社会安全事件发生的主要原因往往是当事者为了维护自身的合法利益，但是也有很多人参与到社会安全事件中的主要目的，不是为了维护自身利益，而仅仅是为了宣泄自己心中的不满情绪，特别是对社会中的不合理现象的反感，如对富二代、官二代等人群的仇视心理。因此，如果能及时地减弱或化解群众的不满情绪或者使群众的不满情绪及时得到宣泄，就可以减少社会安全事件的发生，或者减少社会安全事件参与人员的数量。

情绪宣泄是一种社会功能。如果个体或群体的利益表达途径受阻，则社会情绪的宣泄途径关闭，社会矛盾与社会不满情绪不能及时得到释放，社会中不稳定的因素就会增加，当积累到一定程度后，社会动荡就可能会发生。如果建立了畅通的利益表达途径，社会不满情绪能够及时得到宣泄，就能减少社会中的不稳定因素，从而减少或避免一些社会冲突，维护社会的稳定。因此，政府应该建立合理有效的情绪宣泄机制，比如，畅通的利益诉求渠道、民意沟通机制与利益协调机制。社会上也可以建立民众情绪发泄的组织，为公众提供发泄不满情绪的途径或工具。总之，畅通情绪宣泄途径，使群众的不满情绪及时宣泄，及时地化解社会中的矛盾，才能有效防止社会中不稳定因素的出现，避免群体性事件的爆发或减少参与的人数。

（二）爆发阶段的心理危机干预

社会安全事件的爆发是指社会矛盾完全激化，人们的不满情绪转化为集体行动，群体性事件爆发。此阶段引发社会安全事件爆发的社会心理机制是谣言诱导心理、群体的易冲动性与非理性心理。由于社会矛盾与社会中不满情绪没有被及时化解，从而积累到群体性事件的爆发。在爆发阶段，如果政府与社会采取合理的心理引导措施，可以及时地避免或控制群体性事件，避免群体性事件持续发展，减少群体性事件参与人数，减少社会安全事件给社会带来的危害。

1. 建立和完善舆情管理机制

信息不通畅，信息接收不对等，公众不了解具体情况，从而谣言四起，社会安全事件就可能会爆发。因此，政府应建立完善的舆情管理机制，及时有效的信息公布，可避免谣言的产生和传播，从而避免或及时制止社会安全事件的发生与持续。具体实施时应注意以下几点：

（1）政府应该通过信息平台，及时敏锐地掌握具有“导火索”性质的可能引起群体性情绪的舆情或言论，并及时发布事件的真实情况

公众了解了事件真相后就会消除心理的焦虑和恐慌，如果公众得到了合理满意的回应，能极大地弱化或消除公众的不满心理，进而避免群体性事件发生。如果信息没有及时公布，公众失去了正常的信息来源，不能满足公众的认知需求，就会产生各种谣言，同时谣言的内容就会成为社会公众的认识，形成错误的认知，人们的恐惧焦虑或不满心理就会加剧，社会安全事件就可能爆发。

（2）当群体性事件爆发后，如果参与者不能及时了解发生的具体情况，不知道政府具体的解决措施，谣言就会进一步发酵升级

谣言升级不仅会加剧群体性事件发展的持续或恶化，还不利于政府对群体性事件的管理。因此，政府应该建立健全完善的信息发布机制，避免谣言的产生，从而减少社会安全群体性事件的发生，消除给社会安全带来的危害。

2. 培育群众法治观念及理性的行为

社会安全事件发生的根本原因是利益冲突或者利益受损，而人们法治观念的缺失是群体性事件发生的重要影响因素，如法不责众心理。社会安全事件发生一方面是因为通过正常途径不能实现自身利益或不能得到利益补偿；另一方面是没有法治观念，不会通过法律途径维护自身的利益，因此，人们会通过非理性的途径维护自身的利益。人们法治观念缺乏的原因一方面是法律知识教育的欠缺，另一方面是受我国历史政治等传统文化的影响。虽

然我国是法治社会，但由于几千年来施行人治的封建传统，人治的观念还没有彻底消除，很大程度上还影响着人们的行为。政府应该通过大众媒体广泛开展法律知识的定位教育，提高人们的法律观念，树立理性的行为观念，在遇到相关问题后，首先应该想到的是应用法律来维护自身的利益，而不是通过群体性事件或“闹”来维护自身的利益。要引导人们树立正确的价值观，理性地看待问题，不能盲目地跟从，避免造成不良的后果。

3. 持续阶段的心理危机干预

社会安全事件在持续阶段，事件在时间与空间上全面扩散，对社会的影响也逐步扩大。影响社会安全的群体性事件持续的主要社会心理机制有相互感染心理、从众与模仿心理、去个性化的匿名心理、责任分散的无责任心理等。这些社会心理机制导致了社会安全群体性事件的进一步扩散与持续。因此，在群体性事件发生后，如果政府能够及时了解社会公众的心理，采取有效的措施，制止群体性事件的持续，就能极大地减少群体性事件给社会带来的危害。在社会安全事件的持续阶段，可以采取措施引导民众的心理。通过建立正确的引导机制，可以淡化情绪渲染；通过控制群体集聚，可以消除从众心理；通过发挥强制措施的震慑作用，可以弱化匿名与无责任心理。

（1）建立正确的引导机制，淡化情绪渲染

社会安全事件发生后，由于情绪渲染的存在，使人们的不满情绪不断持续激化，导致事件的扩散升级。因此，如果能够弱化群体间情绪的感染，就能有效地制止群体性事件的扩散，从而降低群体性事件对社会造成的危害程度。如，大部分群体性事件发生的主要原因是当事者利益受损，因此大多群体性事件的发起者与参与者也不希望把事情弄到不可收拾的地步。所以，政府部门在群体性事件发生后，要及时掌握引发事件的原因，迅速做出正确的政策引导，按照国家政策制定出具体的解决方案。同时，对参与群体进行必要的教育，指导公众明白哪些行为不合理或不合法、是非理性的行为。让群众知道，只要是合理的利益诉求，就应该用正常的途径来维护自身的利益，而不是通过非理性的、不合法或不合理的行为来维护自己的权益，且可能触犯法律，造成更为严重的后果。通过正确引导社会公众心理，淡化公众的情绪渲染，进而阻止群体性事件的扩散，有效地制止群体性事件的持续，从而化解群体性事件。

（2）控制群体聚集，消除从众心理

由于从众心理的影响，使群体性事件发生后参与人数不断增加，致使事件规模不断扩大，其影响范围也逐渐扩大。因此，当事件发生后，及时地控制群众的集聚，减少群体性事件的参与人数，消除人们的从众心理，就能有效控制群体性事件的规模、持续时间以及破坏性，减少群体性事件对社会的危害性。政府应该针对群体性事件中不同性质的人员，采取不同方法。群体性事件中有发起者、组织者、领导者，既有利益相关者，也有起哄者、围观者等与利益无关的人群。因此控制聚集人员的方法是争取多数孤立少数、团结多数打击少数，即争取团结围观者与起哄助威者，孤立打击发起者与组织者。对群体性事件的发起者以及组织领导者应该及时依法予以控制，如果构成犯罪，坚决依法打击；对于一般群众通过宣传教育的方式，让其明白群体性事件的危害性，使其自觉离去，不参与到群体性事件中来，从而有效地控制群体的集聚，弱化从众心理，控制群体性事件的持续。

（3）有效执法，弱化匿名与无责任心理

社会安全事件发生后，由于集群的性质，公众在群体中具有匿名与无责任的心理特征，往往不会考虑行为后果，致使群体性事件的破坏性扩大，时间延长。如果社会安全事件发生后，能够有效弱化公众的匿名与无责任心理，就能有效地减少群体性事件的破坏性以及持续时间。具体的措施是政府加强执法力度，使群众知道，自己必须对自己的行为负责，不能因为人多而不对自己的行为负责。当群体性事件发生后，政府相关部门可以采取强制措施，弱化社会公众匿名与无责任心理，从而减少群体性事件的破坏性或事件的持续性，从而减少群体性事件对社会的危害。

4. 结束与恢复阶段的心理危机干预

社会安全群体性事件已经结束，对社会的危害有时还未结束，如果处理不当，还会给社会带来负面影响，甚至可能导致更大的群体性事件爆发。因此，在群体性事件结束与恢复阶段政府要建立完善的利益协调机制与公平公正的事后补偿机制，从根本上解决群众的利益冲突，消除公众的不满情绪，构建和谐社会。

（1）利益协调机制的建立

社会安全事件引发的根源是利益分配不均或者是在社会转型中部分人员的利益受损，特别是弱势群体。社会安全事件的发起者往往都是弱势群体。因此，在社会安全群体性事件结束后，政府应该建立完善的、公平公正的利益协调机制。在具体实施中应该注意以下几方面的问题：首先，应该关注弱势群体的利益，在社会转型过程中，利益受损者往往都是弱势群体，而弱势群体利益受损后，就不能保证基本的生活水平，因此，应特别关注弱势群体；其次，必须保证公平公正，保证群众既得利益的实现；最后，保证利益协调的合理性，不能使一些人通过“闹”得到不合理的额外收入，如果出现类似的现象，就会鼓励群体性事件的发生，从而增加群体性事件发生的数量。

（2）事后补偿机制的建立

事后补偿是利益协调相配合的措施，主要目的是维护弱势群体的利益或利益受损者的利益。事后的补偿机制是保证利益受损者的利益得以实现的保证。虽然在利益协调中，制定了利益的相关分配原则，但如果没有得到具体的实施，则任何的利益协调都起不到作用，还可能激起社会公众更为不满的情绪，从而爆发更为严重的群体性事件，而利益补偿能够保证利益协调的结果得以实现。因此，政府应该建立公平公正的事后补偿机制，在事后补偿中应该注意的问题是：一方面，应该是利益受损者的利益得到真正的补偿。补偿与利益受损者受损的利益相当，如果过多，激励群众发起更多的群体性事件；如果过少，不能实现受损利益的补偿，从而激起公众更为严重的不满情绪，公众可能发起更为严重的群体性事件。另一方面，对侵害利益的群体应该采取强制措施，采取严厉的罚款机制，制止侵害弱势群体利益行为的发生。总之，民众的社会心理在社会安全事件发生发展的不同阶段各有其特点，政府部门应在潜伏阶段、爆发阶段、持续阶段和结束阶段，有针对性地采取有效的方法和途径，解决人们内部的矛盾冲突，引导理性平和的社会形态，维护社会的和谐稳定。

第十章　群体性事件与舆情管理

当前我国正处于社会转型时期，群体性事件时有发生，影响社会的和谐稳定，这已经成为需要高度重视的一类公共危机事件。事实上，群体性事件作为我国社会矛盾的一种表现类型，对社会的发展也具有双重效应：一方面，群体性事件参与者所表现出来的过激行为和非理性因素，对社会生活和经济社会发展危害极大；另一方面，它作为人民内部矛盾的一种特殊形态，以特有的形式反映了我国现有的生产方式、分配方式、管理方式以及我国现有的生产力发展水平和人民群众的需要不相适应，暴露了社会的一些深层问题。如果认识正确、处理到位、方法得当，对于克服党和政府中少数工作人员的官僚主义，密切党和人民群众之间的联系，化消极因素为积极因素，调动人民群众的积极性具有重大意义。

群体性事件是一种有可能避免的公共危机事件，了解群体性事件的发生发展规律及其机制，对于广大公务员有着重要意义。

一、群体与群体性事件

（一）群体

群体是存在共同的目标，以一定的方式结合在一起，彼此存在相互作用，心理上存在共同感并且具有情感联系的两个以上个体的集合。可以从个体和群体两个层面来理解群体。从群体的层面讲，群体一定要有两个及以上的成员并且成员有共同的目标，缺乏共同目标的一群人实质上依然是个体的组合，因此形式上的“群体”也很快就会分解。在共同目标的基础上，每个成员都扮演一定的角色，在群体中占有一定的位置从而形成一定的群体结构。在同一候车室的人群，他们的目标是一样的，即等待班车，但他们之间没有互动，没有形成一定的结构不能算作群体。如果此时有意外事故发生，比如有人晕倒，人们互相合作一起救助晕倒的人，此时这群人有了一定的社会互动，并有了简单的分工：有人打电话联系救护车，有人做人工呼吸，有人协调秩序，那么可以算作临时性的群体。如果临时性群体的社会互动变成持续性的，那么临时性的群体也可以转化为群体。

（二）群体性事件

我国对群体性事件的认识，由于受不同的政治环境和经济、社会因素的影响，经历了不同的阶段。2004年11月8日，中共中央办公厅、国务院办公厅转发中央处理信访突出问题及群体性事件联席会议《关于积极预防和妥善处置群体性事件的工作意见》的通知（以下简称《意见》）。《意见》对处理群体性事件的处理原则、组织领导、职责分工、现场处理和宣传教育等项工作都做出明确的规定，对于各地处理群体性事件提供了依据。党的十六届六中全会《中共中央关于构建社会主义和谐社会若干重大问题的决定》强调指出：“坚持依法办事、按政策办事，发挥思想政治工作优势，积极预防和妥善处置人民内部矛盾引发的群体性事件，维护群众利益和社会稳定。”把积极预防和妥善处置群体性事件首次写进党的重要文献。

“群体性事件”的界定仍然有争议，但一般认为是指具有某些共同利益的群体，为了实现某一目的，采取静坐、冲击、游行、集合等方式向党政机关施加压力，出现破坏公私财物、危害人身安全，扰乱社会秩序的事件，可分为群体性暴力事件和群体性非暴力事件。

（三）群体性事件发生的心理机制

对于群体性事件发生的心理机制问题，学术界提出了各种不同的理论，影响比较大的主要有“乌合之众理论”与“相对剥夺感理论”。

1. 乌合之众理论

勒庞（Le Bon）认为，在日常生活中，人们都是有理性、有教养的，其行为都是符合社会规范的集体行动的参加者，由于受到群体狂热气氛的感染，就像“失去理性的乌合之众”，在特定情境中去个性化增强，人们暂时失去了日常生活的行为特征而出现非理性行为。这些行为与个体的日常行为完全不同，只有在特定的群体情境中才能出现。即使是彬彬有礼的绅士，在特定群体情境中也会出现非理性的集体行为。

乌合之众式的集体行为有四个核心要素。

（1）感染性

如果大型群体处于开放的环境中，置身大型群体中，人们的情绪、行为会由于社会感染而相互影响，新的行为方式会像传染病一样在大群体中迅速蔓延。

（2）匿名性

在大型群体中，由于人们之间缺乏直接互动，不能相互了解，个人的行为会消失于群体之内，好像隐姓埋名。因此，即使个体出现了与自己日常表现完全不同的行为尤其是非理性行为，也不会有人将这种异常行为与某个特定的姓名联结起来。

（3）暗示性

所谓暗示就是自愿地与他人的认知、情绪和行为保持一致。大型群体尤其是有限空间内高密度的聚集人群，由于人与人之间的距离缩小，因此人们的行为很容易受其他人的影响，在认知、情绪和行为上与他人保持一致。勒庞认为，在集群中，个人文明程度下降，心智会很容易降到一个较低的活动水平，人们就变成了按照本能行动，不再进行理性思考的生物，会毫不怀疑地被动接受和模仿其他群体成员的行为和态度。

（4）责任分散性

在日常生活中单独行动时，人们都倾向于遵守社会规范，因为个人承担自己行为的全部责任。而在大型群体中，人们对群体行为只承担部分责任，且承担责任的多少与群体规模有关。如果个体处于100人的群体中，发生了暴力行为之后他承担的责任只有1%；如果处于50人的群体中，他承担的责任为2%；如果处于10人的群体中，个体承担的责任提高为10%。因此，大群体责任分散也会导致非理性行为。

后来，美国学者布鲁姆（Bloom）继承和发展了勒庞的理论，引入了一些社会学因素，提出了循环反应理论。他认为，集体行为起源于社会变迁所引起的不安，并把集体行为产生的机制称为循环反应。该过程分为三个步骤：集体磨合、集体兴奋和社会感染。第一阶段集体磨合是传递谣言的过程，随着谣言的传播，人们的不确定感增强，人与人之间相互感染并产生某种共同的感觉；这样就进入集体兴奋的第二阶段，随着人与人之间的感染力和共同感觉继续增强，集体情绪抬升；循环反应就进入社会感染的第三阶段，非理性行为点爆发，随即发生社会感染并爆发集体行为。

大量群体性事件中，均可以看到勒庞和布鲁姆描述的这些心理现象。但是这种理论对集体行动的解释力有限，它可以解释群体性事件的现场发生过程，解释人群聚集过程和聚集起来后发生暴力行为的心理过程，但是无法解释人群为什么参加聚集，是什么驱使他们要去聚集。仅仅是谣言？如果是谣言，那么为什么会产生某种谣言？还有，当我们从个体走进群体，真的就会发生从理性到非理性的转变吗？回想我们置身群体的时刻，真的就会丧失理性吗？

勒庞的看法是过于直接和简单的。事实上，如果民众能够在共享信息基础上进行沟通和对话，就会促进他们的理性互动。网络时代，我们每个人在一次次的转发、点赞、评论中，切切实实地参与了对话，这些对话让网络上公众群体得以形成。对于互联网上的“乌合之众”现象，当越来越多的网络“喷子”出现时，是将他们简单归类为“群氓”“乌合之众”，还是承认他们的主体性，研究他们所共享的信息、共同的身份认同，进而试着去理解他们的互动行为？不同的理解方式，会影响我们采用不同的行为方式：是无视、批评网络“群氓”，还是尝试开启对话，在互动中影响对方？勒庞观点的危险之处正在于：他会导向一种对民众的蔑视和不信任，对简单地“控制盲流”“禁止聚集”“禁止发言”等威权做法的支持。事实上，通过畅通信息渠道，促进沟通互动，我们可以培育更好的公众群体。

2. 相对剥夺感理论

1970年，格尔（Gurr）出版了一本名为《人为什么造反》的书，提出了相对剥夺感的概念。他认为，当社会变迁导致社会的价值能力小于个人的价值期望时，人们就会产生相对剥夺感，相对剥夺感越大，人们造反的可能性就越大，破坏性也越大，他把这个过程称为“挫折—反抗机制”。

相对剥夺感是个人对期望得到的和实际得到的价值满足差距的感受。根据期望的变化和个人实际得到满足的变化，相对剥夺感可分为四种不同形式：一是期望型相对剥夺，即人们的期望值在不断增加，而实际得到的满足并没有显著增加；二是持续型相对剥夺，即实际得到的满足和人们的期望值均不发生改变，实际得到的满足低于期望值；三是递减型相对剥夺，即人们的期望值不变，实际得到的满足却减少；四是渐进型相对剥夺，即人们实际得到的满足虽不断增加，但总是低于其期望值。格尔指出，相对剥夺感为政治暴乱等群体行动提供了潜在的可能性。相对剥夺感理论是一种理解个体或群体认知和情感过程的社会评价理论。以往研究表明，个人相对剥夺感既能够对员工的心理健康、工作态度和行为产生一定的消极影响，又能够在特定情况下激发员工的一些积极行为；而群体相对剥夺感则不仅能够对员工个体层面的主观幸福感、心理健康以及自尊产生影响，还能够对群体层面的内在群际态度和外在集群行为产生影响。因此，需要对个体和群体的相对剥夺感及时察觉并进行恰当的引导，一方面引导他们选择合适的参照群体，进而从根本上减轻社会比较带来的相对剥夺感；另一方面要进行必要的心理疏导，帮助他们正视现实，打消心中不切实际的想法，从而对现状有一个正确的评估。

虽然在大多数情况下，相对剥夺感是一种令人厌恶的感受，但是适度的相对剥夺感却能够激发人们更加努力地改变现状。关注公平是个人相对剥夺感产生的重要前提，这就要求引导民众或群体树立正确的公平理念，同时建立公开透明的评价、选拔机制和人才上升通道，合理地控制收入差距，构建公平合理、合作共赢的治理体系，进而减轻群体外部比较带来的相对剥夺感。

（四）网络群体性事件发生的社会心理机制

随着互联网技术的不断升级，网络空间的迅速拓展，加之网络特有的信息传播机制，各种由网络上发生的群体性事件不断增多，发展过程也越来越复杂多样。“网络群体性事件”是在网络空间发生的新型群体性事件，其影响力不亚于现实社会的群体性事件。甚至给现实社会带来巨大的破坏和损失，影响社会的稳定和谐。因此，了解网络群体性事件，掌握其成因、特点和规律，有利于规范网民行为，使网络环境趋于和谐、良性，对我国和谐社会建设具有重要的现实意义。

网络群体性事件形成的社会心理机制纷繁复杂，总的来说，对归属感、尊重和公正的追求往往是网民参与网络事件的心理动力，注意、认同、互动、极化构成了其逐步深入的心理过程，刻板、匿名、同情弱者、逆反等心理效应在事件演化、扩展过程中发挥重要作用。这里主要介绍具有普遍性的群体性事件背后的三种心理现象：

1. 首因效应

首因效应即“第一印象”效应，是指在认知过程中，通过“第一印象”确定人们对客体的认知产生的影响作用。其本质是一种优先效应，人们总是倾向于相信最初的信息，而忽视后面的信息，即使后面的信息与前面的信息不一致，也会优先前面的信息，形成一个整体认知。在网络信息传播过程中，大众普遍存在“先入为主”倾向，在接收信息时，总是会相信第一眼看到的，而对后来的说法持怀疑态度。在重大社会公共事件发生后，广大网民急需获取相关信息，那些带有强烈情绪性和煽动性的言论则会占据上风，演变成网络群体性事件。

2. 易受暗示性

易受暗示性是网络群体所表现出的一个突出特征，而且，不只是受到他人暗示，在网络群体中，自我暗示也处于一个非常活跃的状态。勒庞在定义群体的时候，认为群体的一个普遍特征就是极易受人暗示。

3. 看客与盲从心理

在一般群体性事件中很多参与者的行为具有明显的群体娱乐特征，怀有一种唯恐天下不乱的看客心理，从事件混乱发展的过程中取乐。在网络群体性事件中，网络的匿名性使得很多网民认为互联网上的行为无从追查而更加肆无忌惮。刺激信息和情绪等很容易相互感染，产生泛滥的盲目跟风、从众心理，非常容易在“意见领袖”的煽动下引发“多数人的暴政”。正如勒庞所说，群体为了自己知之甚少的信仰、思想和只言片语便敢于直面死亡。

网络群体性事件具有爆发速度快、参与人数多、影响范围广、社会控制困难等特征，它的频繁出现深刻改变了中国社会的政治文化生态。了解清楚事件背后纷繁复杂的社会心理机制，才能准确把握和正确应对网络群体性事件。

二、引发群体性事件的舆情及其心理机制

（一）舆情概述

舆情作为一种复杂的人类精神现象，对其精确定义，本身就具有相当的难度。一般学者把舆情看作群体的意见与态度。作为一种意见和态度，民意一般与社会的政治制度密切相关。王来华在其主编的《舆情研究概论》中对舆情这样定义：舆情是指在一定的社会空间内，围绕中介性社会事项的发生、发展和变化，作为主体的民众对作为客体的国家管理者产生和持有的社会政治态度。简单地讲，舆情就是社会客观情况与民众主观意愿，即社情民意。

舆情有以下特征：（1）舆情是民众的情绪、意愿、态度和意见；（2）舆情难以实证与测量，只能根据民众所流露出的种种外在情绪与行为表现来推论与度量；（3）舆情表现为强烈的情绪化，它是民众内心想法的充分流露。

（二）影响舆情的几个心理效应

1. “罗密欧—朱丽叶”效应（逆反心理）

一个人内心所激发出心理抗拒，是网络舆论应对与引导中常见的现象。

逆反心理也叫“罗密欧—朱丽叶”效应，家族的反对反而促进了罗密欧与朱丽叶的结合。心理学认为，逆反心理是为了宣示自己的存在感和自由感，如果在交流中过分强调己方的意见，就会引起对方心里不适，对方就会本能地产生逆反心理。

好奇心也可以产生逆反心理，越是禁止的，人们越是好奇。另外，过分夸张和言过其实也会产生逆反心理。一些个人和机构在解决危机中如果使用过多空泛的大话套话，就很容易引起逆反心理。

逆反心理在网络舆情应对和管理中很有启发。比如，过分限制某些信息的传播，反而会激起更多人传播这些信息的欲望。阻止谣言的传播往往让谣言传播得更快，这是因为：很多人传播某个消息，其实并非因为他们相信这个消息，而仅仅是出于他们“打破了某种限制自己自由感”的逆反心理。

2. “态度优先”效应

在快速阅读的新媒体时代，传播力和影响力经常并不在于事实和逻辑的传递，而在于态度和情感的传递，这就是态度传播。

心理学家早就发现，决定人行动的，往往是喜好而非知识。比如戒烟，人们都知道抽烟有害健康，但只有让人痛恨吸烟，才有可能戒烟。有时候理性告诉人们应该怎么说，但是就是不喜欢，或者不习惯。所以，传播力生成和影响力要素中最直接的，就是情感和态度的传递，在传递信息的同时要注意情感和态度的塑造。

在一些灾难性事故的政府新闻发布会上，即使发言人发布的事实再翔实，如果缺少一句真诚的道歉，没有一句温暖人心的慰问，其效果也不会很理想。尽管最基本的传播是事实传播，但在情绪对立方先有偏见的情况下，最有效的传播是态度传播，即最重要的是把你恰当得体的态度首先传递出去，否则就很容易形成各说各话、各执一词的局面，失去了第一时间争取对方谅解的机会，也不利于为下一步更好的事实传播准备必要基础。在危机面前，最重要的往往并不是对错，甚至也不是真伪，而是“态度”。

3. “乐池”效应

什么样的事件容易引起人们的集体关注？传播学中的“乐池理论”认

为，一个人说我能解决中东问题，另一个人在演出时不小心掉进了乐池，谁更容易引起关注？谁更容易成为网络的热点话题？显然是后者。所以，传播力大小，往往并非由事件的重要性决定，而是由事件的戏剧性程度决定的。

4. “尖叫”效应

人们是否接受一个信息受很多非理性因素的影响。一个突出的现象是，人们倾向于相信那些能够惊吓或者激怒人的信息，类似“尖叫”会引起人们高度关注一样。

5. “坏消息”效应

坏消息总比好消息传播得快。你告诉大家一个有关某个熟人的好消息，知道好消息的人最多告诉两三个人就不再提了；如果你告诉他们一个有关那个熟人的坏消息，哪怕是不起眼的坏消息，接收到这个消息的人也会很快把它告诉他看见的大部分人。

有学者指出，人们之所以更加容易关注负面新闻，是因为在漫长的演化中，人类只有拥有了超强的危险感知能力才能生存，而“坏消息”往往意味着危险。生活在社会中下层的大多数人，他们的焦虑感和不安感更加强烈，所以也就对危险信息更加敏感。

6. “感叹号”效应

在网络传播行为中，相当部分人会自觉不自觉地遵从“感叹号”心态，即在极短的时间里跟着感觉走，选择那些更“刺激”人们情感和情绪的信息进行转发，而那些更为完整、理性、严谨的信息，往往在网络的喧哗中沉没在信息汪洋里。

7. “叙事视角”效应

传播学规律表明，叙事视角的设定和转移，会带来不一样的态度引导。比如，从受害者角度的描述，和从施害者角度描述，传递给人的好恶程度就有差别。同一素材的不同叙述结构，也会提供不一样的故事。此外，语言风格、感情色彩等也能影响同一事实所带来的杀伤力。

8. “双面论据”效应

对受教育程度较高的受众，提供双面乃至多面信息，有助于他们了解事件复杂性，从而更加理性地进行判断。传播学规律认为，一般来说双面展示更有说服力。比如，先说一个缺点，再说一个优点会有更好的效果。但是，对传媒素养较低的群体，应该优先考虑的是不要把他们弄糊涂，所以最好是就事论事，提供简单清晰的单面事实甚至断言，反而有好的效果。

9.“回音室”效应

群体可以极化和放大信息。所以，争取好评的捷径是争取最先的好评。如果群体中一开始就有人认为一个人好看，整个小组的人就会越来越认为这个人美丽动人。很多明星就得益于此，说她好看的人越多，人们就会认为她越好看。这也叫“回音室”效应：大家的互动就像一个回音室，会很快把声音变大并变得更加极端。

10.“定时炸弹”效应

个人或机构形象、品牌构建之所以重要，是因为一旦这一形象在网民心中树立起来，要否定它十分困难。网民如果认为一个人或者品牌是好的，你就是有一百个理由，他们中的很多人还会有一千个理由为之辩护。但是，好的形象应该是多面的、丰满的、有人性的。如果形象过于伟岸和完美，就会形成“定时炸弹”效应，稍微一点瑕疵就会立即引爆，形成戏剧化效果，引发危机。这给予我们的启示是，宣传不宜过分拔高，说话不可过头。过于绝对的模范等于人造了一个靶子，放到众人的放大镜下，架在火上烧。

（三）传统媒体舆论与网络舆论的异同

1. 传统媒体舆论与网络舆论相同之处

从发展历程上分析，舆论早于媒体的出现。在媒体出现之前，人与人进行直接的交流沟通，不断积聚的相同意见就形成了舆论。不论是网络舆论还是传统媒体舆论，都是社会舆论的一部分，并交互形成着新的社会舆论。在互联网出现之前，传统媒体舆论就是社会舆论。因此，网络舆论与传统媒体舆论都是舆论，具有大致相同的发展阶段及舆论所具有的一般特征，它们因媒体不同而具有不同的场域、范围，可相互作用，促成更大影响范围的社会舆论。

2. 传统媒体舆论与网络舆论不同之处

与传统媒体舆论相比，网络舆论具有如下特点。一是网络舆论主体间的交互性、匿名性、平等性。网民可以平等地与其他网民相互交流，自由发表意见。二是网络舆论内容的丰富性、多元性、难控性。在网络上，传播者的话语主导权和控制权被打破，网民可以发表自己不同的意见或选择听还是不听。三是网络舆论形成的快捷性、原生性、易变性。由于网络的即时性和几何积聚递增的特性，使得网民关心的议题，在非常短的时间内引发全社会的关注。四是网络舆论影响的深远和巨大。网络代表了一种对抗传统媒体的议程设置能力以及对抗政府、政党的权力，这对传统媒体造成了巨大冲击，也推动国家民主进程。

此外，网络舆论还具有非理性、盲目性和弱权威性。与网络舆论相比，传统媒体舆论也具有自身的特点。传统媒体舆论更具有理性和权威性。但原因在于传统媒体受政府指导干预较强、有成熟的新闻理念、能把握新闻内在规律、从业者有良好的职业道德，同时有健全的奖惩制度，而这些都是网络媒体所不具备的。

三、网络舆情的应对与引导

（一）网络舆情的应对

网络舆情应对是指针对网络事件引发的舆论危机，利用舆情监测手段，分析舆情发展态势，加强与网络的沟通，以面对面的方式和媒体的语言风格确保新闻和信息的权威性和一致性，最大限度地压缩小道消息、虚假信息，变被动为主动，先入为主，确保更准、更快、更好地引导舆情的一种危机处理方式。

1. 网络舆情应对的基本思路与原则

相较于一般的社会舆情而言，网络舆情具有隐蔽性、广泛性、信息海量、扩散迅猛的特点。为了在大量的网络舆情中，确保信息收集的完整、信息研判的高效，需要遵循“全面遴选、集成创新、有限目标、重在实用”的思路，形成全面收集网络舆情信息的机制，并集成筛选。对网络舆情的正确研判是有效应对的基础和前提。网络舆情应对应遵循以下基本原则：

第一，保证信息的公开透明化。突发的热点事件尤其是负面事件，必然会引起网络舆论的广泛关注。此时形成的网络舆情会包含各种网民声音，其中不乏偏激的不理性声音，甚至有时候这种声音是占主流的。在处理此类事件时应该用事实说话，公开信息真相，设置议题议程，疏导舆论。而不是搞封堵杂音、堵塞舆论通道，这样做更多的时候只会适得其反，因为只有事实才是引导舆论的根本。

第二，主动承担应有的责任。舆情危机的爆发，大多数时候是因为对突发事件问责处置采取回避不积极解答导致，而问责又是事件的舆论焦点。因此在舆情应对时要求主动解答公众疑问，不能回避，更不能回绝。

第三，体现意见的辩证性。突发事件引发网络舆情危机，其背后必定有各种意见的存在，不同观点意见在冲突过程中形成舆论主调。在处置危机时，应该辩证设置议题，突出主流认识，辩证引导受众的认知，使受众的言论不盲从，不为一时的情绪左右。

第四，坚持引导和启发。在危机处置过程中，态度应该要温和，要充当意见领袖的作用，对错误的认识要循序引导，启发理性思维，而不宜采取简单粗暴的说教或批判方式，去强制受众接受自己的观点和意见。

第五，有序推进。在处置网络舆情危机时，不要想一蹴而就地平息事端，而应该根据舆情的发展规律，制定分阶段的处置策略，一步步引导舆论的发展方向，使舆论朝着有利于事件处置的正确方向发展。

第六，完善预案，有备无患。在网络舆情发生之前，要构建舆情预警机制，制定网络舆情危机的应急预案，当舆情危机发生后，立即启动应急预案，及时解决危机。

2. 网络舆情应对的基本方法

舆情应对的首要条件是了解舆情发展态势，分析舆情民意动向。而全面信息数据收集则需要网络舆情监测。通过舆情监测第一时间了解民意，在萌芽状态化解矛盾。在进行网络舆情研判与应对工作中，需要在五个方面形成着力点，即平台搭建、数据收集、舆情分析、舆论反馈与发布机制、舆情预判和预先应对。

第一，搭建专业的网络舆情监测分析平台，要以网络为依托，收集各级媒体网站和门户网站的舆情信息。同时，收集在全国范围内影响大、涉及面广的重要网络社区和论坛、贴吧的重要新闻事件，从中及时发现需要的舆情信息。

第二，建立网络舆情实时收集机制。依托专职部门和专职人员进行网络舆情的日常监测，对于互联网上具有苗头性、倾向性、群体性的舆情信息，及时发现、报告预警。对已然发展、发酵的舆情信息，及时进行处置。

第三，建立网络舆情分析研判机制。对收集到的舆情信息进行分类，对网络舆论进行梳理总结，形成舆情动态信息专报。

第四，建立网络舆情快速反馈与发布机制。对网络舆情要确保在第一时间展开调查，掌握真实情况，采取积极有效的应对措施，与发布舆情的门户网站或论坛保持信息畅通和联系，并及时组织针对性评论，积极进行正面引导，及时化解各种负面影响；要建立信息常态发布机制。通过及时、客观地在网上发布群众急需了解的相关信息，主动满足群众的知情需求，从而有效遏制流言和谣言的扩散。

第五，构筑大数据网络，进行舆情预测，实现舆情预判和预先应对。我们已经进入了大数据时代，大数据的核心理念和目标在于预测预判。利用大数据建模可以建立预测模型，通过舆情信息间的相关关系预测舆情走向，可以对舆情状况进行预判，并做出预先应对，防患于未然。

网络舆情研判和应对是一项系统工程，它涵盖社会的各个部门和行业，涉及包括心理学、传播学、社会学、公共管理等在内的多个学科。因此，在进行网络舆情研判工作时，要综合考量政府部门的工作体系、社会系统的认知体系、媒体的思维体系和行动体系等。从网络舆情研判对象来看，要将其作为一个整体来考察，针对具体的系统体系，做出相对应的研判决策。在网络舆情研判的过程中，要善于在批量的舆论信息中抓取典型案例，进而加以科学合理的定性判定。要合理运用网络舆情承载媒介，充分认识到舆情的内隐特征，善于查看新闻评论、博客、微博、微信、QQ等自媒体平台上的网络舆情信息，并从该信息中筛选彰显民众的社会政治态度、舆情产生根源、发展态势以及可能产生的后果的有用信息，进行追踪和深层挖掘。

（二）网络舆情的引导

根据网络舆情的特点及其形成机制，可以从政府、媒介以及受众层面思考舆情引导的策略。

1. *受众层面*

（1）去标签化，拒绝刻板认知

网络受众是一个庞大且特殊的群体，他们具有现实与虚拟双重身份，在网络的匿名环境下，受众对言论的发表往往不会有心理顾虑和负担，而会表现出更为强烈的猎奇心理和宣泄情绪的态度，网络舆论的反沉默螺旋愈演愈烈。媒介中的信息传播一旦触动网络受众的内在情绪，便会触发网络舆论的蝴蝶效应。社会心理学理论认为，人们在复杂多变的事情面前，倾向于借助于头脑中已经存在的形象，即用简单、现成的语言去感觉和把握形势。由于受众常常会把自身所感知的图景内在化，形成固有的认知模式和刻板印象，对于新闻事件的判断往往从局部出发，习惯性地灌注情感，容易被自身的刻板印象所支配，助推网络舆情。因此，对受众潜意识中的“刻板成见”进行及时有效的清除，减少或消除网络受众的刻板认知，引导理性、客观发言就成为当务之急。

另外，受众应提高自身的辨别力，当重大的舆情事件发生时，不能成为一些不良媒体的传谣者，而要坚决做到不信谣、不传谣，对网络舆情事件要做出自己的理性判断，切不可还未弄清楚真相就盲目地对舆情事件进行自己的定性，进而制造出网络舆论风险，演化成为社会的恐慌，导致社会安全风险升级。

（2）加强受众的媒介素养教育

霍布斯将媒体素养定义为大众对媒介信息进行处理和使用，并且运用媒体工具创造信息的过程。媒体素养教育是受众脱离“群氓”的一个重要手段，尤其是要提升受众的“新媒体素养”。一是提高受众辨别信息的能力，对一些显而易见的假新闻、假消息、谣言要学会鉴定；另外也要提升受众对营销号具有煽情语言以及蛊惑心理的文章进行鉴别；同时还要教育受众不盲目从众，不盲目传播转载一些还未明确真相的文章。二是要不断提升受众的批判能力，善于对网络舆情事件形成自己客观理性的认知。另外，对于受众而言，还应不断提升自身的道德素养，自觉抵制谣言。

2. 媒体层面

（1）严格把关，构建理性舆论场

首先，对于传统主流媒体而言，务必重塑公众对于传统主流媒体的信任，即要求主流媒体，务必全面、真实、客观、公正的进行报道，确保新闻源的真实性，对相关存在风险性的信息务必进行实地采访再进行报道，避免由于未调查清楚舆情事件的真相和原因，草率给舆情事件定性，助推网络舆情的反转和恶化。

具体而言，一要恪守新闻真实的底线，坚持客观中立报道，防止提前定性事件，避免实操过程中的标签化心理。二要不断提升报道的时效性，紧追舆情发展的方向，对舆情发展趋势进行跟踪连续报道。三要提醒受众时刻保持清醒的判断力和辨别力。四是要第一时间辟谣和“止沸”。再者，要对自媒体提出更高的要求，既要严格要求自己，不做没有底线肆意传播谣言的自媒体，更不能僭越法律红线、撕裂道德底线，对那些散布谣言的所谓网络大V，要坚决依法严惩。

（2）媒体应主动引导舆情，注重时效性

传统媒体所要兼顾的因素多种多样，因此对于舆情事件的报道也格外谨慎小心，因此在对舆情事件的报道以及舆论引导方面常常处于被动局面。媒体应主动引导舆情，强化传统媒体第一时间为社会公众传递真相的能力，不断树立起传统媒体在大众心目中的权威形象，始终肩负起为社会公信度兜底的重任。在舆情事件中，传统媒体较网络媒体的优势在于其公信度比较高，尽管时效性上比较落后。因此，传统媒体务必加强报道的速度，提高报道的时效性和专业性。

3. 社会及政府层面

（1）建立快速反应的舆情预警机制

舆情预警是社会预警机制的重要组成部分，在危机之前做出预警与预案，并及时采取行动尤为重要。在互联网时代，小范围的舆情事件都有发展成为重大舆情事件的可能，进而影响到社会稳定。政府相关部门务必在舆论事件发生之后，务必遵循“黄金4小时”澄清法则，牢牢地把握住舆情初始的前4小时。即通过多渠道搭建通畅的信息发布机制，即使用微博、微信、抖音等新媒体手段及时发布和解释相关舆情事件的发展状况，进而消除普通大众对舆情事件的疑虑，帮助受众建立起对政府的信赖。

在舆论潜伏期，往往由于舆情信息潜伏较深，需要对舆情信息进行实时监控，可以从技术上搭建舆情预警体系，例如使用舆情监测软件以及网络爬虫工具，对还未发酵成为重大舆情事件的信息进行有效管控，将其及时拦截处置。

（2）建立基于网民心理的网络舆情应对机制

政府应建立基于网民心理的网络舆情应对机制，通过建立一个强大的舆情收集与分析系统，不断收集舆情并且分析舆情，而对于一个重大网络舆情事件，政府则需要作深入的调研，调查受众的真实心理需求及其意见，从而帮助相关舆情事件的疏导和解决。

政府要关注网络舆情事件所引发的社会心理问题，避免负面的群体情绪扩散；建立权威的发布机构和体系，专门回应相关重大的舆情问题；建立基于网民心理的舆情研判机制，避免引发社会群体事件。另外，还要不断从社会心理学的视域来对网民的群体归属感进行合理的引导。

（3）建立网络舆情的善后机制

政府需建立完善的善后机制，对大众心理的变化进行观察并记录，追踪舆情事件的发展进程，切实做到密切关注、高度重视、高效监测、有效疏导、积极应对和评估总结，提升政府公信力。政府不能为了避免相关媒体的披露而对信息采取封锁不准报道的手段，这样只会站在公众的对立面。

第四篇

心理健康与危机干预

第十一章　心理健康与社会心理服务体系

心理健康不同于生理健康，它是个体社会性发展的指标，个体的心理障碍在一定程度上都是社会问题的反应。构建有效的服务体系，通过心理健康知识普及、心理咨询和心理治疗等方式，给予困难中的人们以帮助，改变个体自卑、抑郁、愤怒、失能的消极状态，重建个人价值与社会联结，使他们能够重建自尊自信的人格，恢复理性平和的情绪，重新以积极向上的心态面对人生的难题，这是社会心理服务的应有之义。具体而言，人群的心理健康状况不同，社会心理服务工作的任务也存在差异；所服务的对象不同，社会心理服务工作也具有不同的服务体系。

一、不同心理健康状况人群的特点

一般来说，人们可能会处于三种不同的心理健康状态，分别是：心理正常状态、心理不良状态（状态性不良，包括一般困扰或心理危机）与心理不健康状态（患心理障碍和精神障碍）。心理健康状态不同，其行为特点也会不同。

（一）心理正常状态

处在心理正常状态中的人通常没有较大的困扰，属于心理健康人群。他们的心理处在一种积极、顺畅、和谐的状态，这是心理的最佳状态。处在心理正常状态中的人易于适应社会，认知合理、情绪稳定、人际和谐、内心平安；能认识到自己的能力，能够应对正常的生活压力，能够富有成效地工作，能够为自己或其社区做出贡献。他们倾向于与社会保持一致，能够表现出符合社会要求的行为，从而能得到社会与他人的接受与认可，他们的自我也能得到充分的发展，并获得学习的进步与事业的成功。

（二）心理不良状态

人生难免会遇到各种生活事件。某些负性生活事件，如受到上级批评、与家人发生矛盾等，往往会让人们进入一种心理上的不平衡状态，也就是心理不良状态。当然，越是抗压能力差、自我调节能力差的人，就越容易在遇到压力性事件时进入心理不良状态。心理不良状态又分为两种：一种是心理困扰状态，一种是心理危机状态。在遇到压力性生活事件时，是保持在正常状态中，还是进入到心理困扰状态，甚至是心理危机状态，一方面取决于压力事件的性质，包括事件的严重程度、是否突然发生等，也取决于个人的心理素质。

处在心理困扰状态中的人会出现失眠、疲劳、胃口不好等躯体反应，还会出现焦虑、担忧、紧张、悲伤等情绪感觉。一般来说，这种困扰状态是暂时的，随着压力性事件的解决，只要采用适当的自我调整方法，如休息、聊天、运动等，一般在一两周以内都能得到缓解，也不会对日常的工作和生活带来太大影响。

例子：职场人小夏的困扰

作为一名“90后”职场新人，小夏的工作经验并不丰富，自从她步入职场后就开始不断跳槽，在适应新环境、接受新项目的过程中，她已经感受到了不同程度的心理压力，而且一度尝试到了前所未有的崩溃状态。新同事、新环境逼迫着小夏不断跳出自己的舒适圈，在这种不停转换身份和工作环境的情况下，小夏开始夜夜失眠、对工作失望、不想吃饭，工作上不断触碰到的专业壁垒也让她对自己的能力产生了深深的质疑。就这样沉浸在自我怀疑的泥潭中整整半个月，终于在一天下午，她选择去海边散心旅游，在看到宽阔的大海之后，仿佛一个新世界出现在她的生活里，她也开始以全新的角度看待自己看似糟糕的职场生活，并最终学会了以积极的态度应对生活的挑战。

小夏那一个月的心理状态由具体的“工作压力”引起，她的正常生活被完全扰乱，睡眠、饮食和负面情绪都陷入混乱状态。她经过自己的调整，避免了进入心理障碍状态，半个月以后走了出来。这些情况符合心理困扰状态的标准。

心理危机状态则出现在个体遭遇了他认为无法解决、无法逃避、看不到任何希望的压力性事件时，也就是说，心理危机的出现与个体对事件的认识关系最大，而与事件本身的严重程度并无直接关系。危机意味着心理状态彻底失衡，除非及时缓解，否则危机会导致认知、情感、躯体和行为方面的功能失调。认知上常表现为“什么都做不了”“做了也没有用”“没有意义”等，情绪上常表现为失控、崩溃、绝望、无助等，躯体反应常表现为麻木、心慌、解离反应（如不知道我是什么样的、我应该是什么样的，甚至出现幻觉）等。

例子：“崩溃”的新冠肺炎患者

有一位去医院检查的患者，当医生诊断他得了新冠肺炎时，他感觉“自己快要崩溃了”“觉得自己快要疯掉了”。每天在家里自我隔离，很憋闷，隔离的时候就不停地刷手机，而刷到的基本都是些负面新闻，但他又习惯把这些负性东西往自己身上套，这些负性消息像点亮了他内心的焦虑和恐惧的灯一样，他越想越负面，越刷越绝望，最后不堪重负，陷入一种枯竭无助的心理危机状态。

（三）心理不健康状态

当个体长期处于心理失衡状态而不能及时调节疏导，就可能会从状态性不良（心理不良状态）进入特质性不良（心理不健康状态），也就是出现心理障碍或精神障碍。状态性不良一般是由压力性事件引发的，压力性事件解除或是调整及时，个体是可以比较快地回到正常状态的。而特质性不良则属于病理性状态，个体很难进行自我调节。而且在没有外在压力性事件的影响下，特质性不良个体也会处在以负面情绪、负面思维、负性行为为主导的状态中。心理障碍或精神障碍的类型有很多，每种类型都有不同的特点。

二、社会心理服务体系的构建

党的十八大报告提出“注重人文关怀和心理疏导，培育自尊自信、理性平和、积极向上的社会心态”。党的十九大报告进一步提出“加强社会心理服务体系建设，培育自尊自信、理性平和、积极向上的社会心态”。党的十九大报告已经明确提出了社会心理服务体系建设这项重大任务。根据党的十八大、十九大报告中关于社会心理服务体系建设的基本思想，2019 年 7 月，国家卫健委发布了健康中国行动之心理健康促进行动，确定了两项行动目标：提升居民心理健康素养水平和减缓心理相关疾病发生的上升趋势。根据党的十八大、十九大报告提出的社会心理服务体系的指导思想以及健康中国战略的具体要求，我们认为，中国特色社会心理服务体系的基本宗旨是“以人民为中心，以人文关怀为本”，中国特色社会心理服务体系的基本目标是“建设健康中国”。

（一）心理服务工作的基本任务

根据上述基本宗旨与基本目标，中国特色社会心理服务体系的基本任务有三个：第一是针对心理健康群体的发展性任务——培养良好心态与国民健康素质，第二是针对心理状态不良群体的干预性任务——调节不良心态，第三是针对心理不健康群体的治疗性任务——矫治心理障碍。

1.心理服务工作的发展性任务

构建良好的国民心态和健康素质，是实现社会转型、实现人的现代化与全面发展的必由途径。随着我国综合国力的不断提升，国民对国家的自信

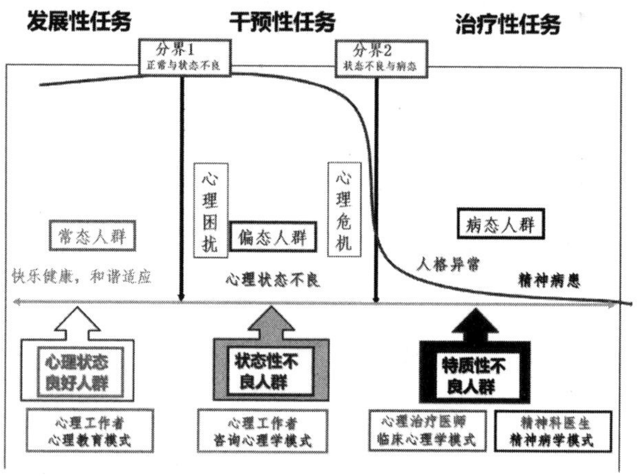

图11-1　心理服务针对不同群体与不同心理状态的三大基本任务

心和自豪感与日俱增，国民心态的健康与否关乎我国社会主义现代化事业进程的快慢，是促进个人、社会、国家发展进步的重要心理基础，是国家文化软实力的重要组成部分。培育健康国民心态，有利于促进个人幸福和全面发展，有利于推动经济社会和谐发展，有利于为我国发展营造良好的内部环境。

健康心态主要指的是乐观、积极的态度，尤其是在面对压力时具有较强的心理抗逆力和坚韧性。人们也许对自己所经历的压力和困境无法完全掌控，但坚韧性强的人更倾向于朝着积极的方向看待压力事件，改变自己能够改变的，坦然接受自己无法改变的，因而能更好地面对压力。

例子：压力之下的“抉择”

在大公司刚实习一个月的小君总是觉得技不如人，在经历了部门解散、上司忽视等一系列负性事件之后，他对自己职业未来发展产生了消极的看法，他认为自己无论做什么都无法取得和身边同龄人一样的成就，因此日渐消沉，最终无法承担压力，选择辞职。与此同时，与他同一部门的小林虽然也经历了相同的负性事件，但他始终坚信自己能掌控周边环境，并对未来秉持着积极的看法。因

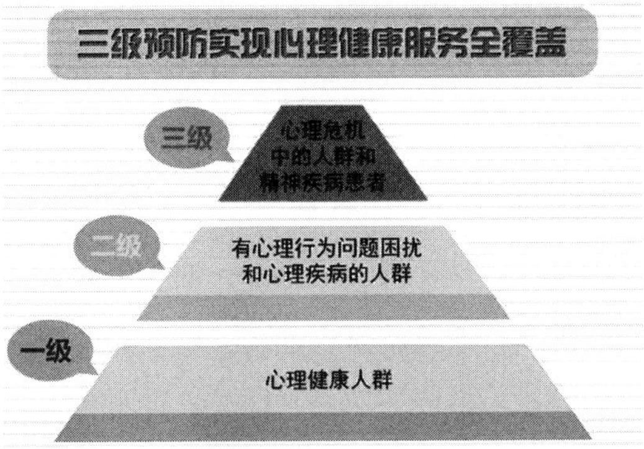

图11-2　社会心理健康服务体系覆盖图

此在之后的职业发展道路上，他逐渐成为公司的顶梁柱。

培养良好心态与国民健康素质，首先要提高国民对心理健康的重视，其次要对心理健康及压力应对进行正确宣传，帮助民众养成良好的心理保健习惯，同时要强调心理健康与体育锻炼之间的关系，呼吁国民重视体育锻炼。心理健康的基础就是健康的身体，大量研究均证实体育锻炼有助于降低焦虑抑郁水平、提高自尊以及保持积极情绪。

2.心理服务工作的干预性任务

社会心理服务干预性任务的对象为心理状态不良群体，心理服务工作者需要采用心理咨询等方法对他们进行调节疏导，以使其尽快恢复到正常状态。

但在我国，心理咨询的接受度和普及度并不高，这可能有以下两个原因：

一是大多数国民对于心理问题的了解甚微，普遍将心理问题等同于精神障碍，认为只要是有心理问题、心理困扰的人就是精神障碍患者；同时，不少人也对精神障碍患者持有错误认识，认为精神障碍患者都是疯子、都有攻击倾向。这些错误想法导致不少民众即使有心理困扰、想要寻求专业帮助，也羞于启齿，担心周围人的看法。

二是一部分民众对于压力和困境持有“宿命论”的观点，认为自己无法改变眼前的困境，也没有任何人能帮得了自己。一遇到困难，他们就会选择逃避，或者自暴自弃。

但其实，很多暂时处于心理困扰甚至危机状态中的人并不是心理障碍或精神障碍患者，而且即使是精神障碍患者，他们中的绝大多数也没有攻击倾向，不会伤害周围的人。而且，研究证实，科学的干预方法能够有效缓解甚至消除人们的心理困扰。因此，要做好社会心理服务中的干预性工作，首要任务就是要积极宣传关于心理健康和心理健康服务的正确知识，改变大家对于心理问题的错误理解，使民众愿意接受心理咨询等心理服务。

与此同时，我们也希望处于心理不良状态中的人们能够尽早寻求专业服务，因为暂时的、轻微的心理困扰，如果不加处理的话，就可能会累积起来，产生严重的后果。

社会心理服务的干预性任务需要由经过专业训练的心理咨询师、社工等人员承担。

3.心理服务工作的治疗性任务

社会心理服务治疗性任务的对象是心理不健康群体，心理服务工作者需要通过药物治疗、心理治疗等方法将其转为正常群体，或是使其心理障碍的水平维持在稳定状态、不再恶化。社会心理服务的治疗性任务需要由精神科医生和心理治疗师承担。

图11-1展示了社会心理服务的三大基本任务及其对应的三类群体和三种心理状态。

（二）心理服务工作的组织架构

为构建完善的社会心理服务体系，社会心理服务工作应当从三类人群出发，实现心理健康服务全覆盖（如图11-2）。

从整体设计出发，社会心理服务体系应为“三系统、四层次、两通道”的联动体制。“三系统”即为覆盖所有固定场所、服务所有人员的三个服务系统，也就是学校心理服务系统、企事业单位心理服务系统和社区心理服务系统；“四层次”即为“省—市—县区—基层”的四层次条块结合的运行管理方式，也就是由政法委与卫健委牵头，建立的以行政区域（如镇、区）为单位的“社会心理服务指导中心”，它可以将全市（镇区）各相关部门的力量整合起来，组成合力，统一协调指导所在区域的社会心理服务工作；“两通道”也就是对接“社会治安系统”与“精神卫生系统”的两个通道。

1.“三系统”服务模式简介

以学校社会心理服务系统、企事业单位社会心理服务系统和社区社会心理服务系统的基本运作方式为例：

学校心理健康服务体系是一整套的服务系统，它以心理健康教育教师为核心工作队伍，遵循心理健康的特点和规律，向学生和教职工提供不同层级的心理健康与心理保健服务，包含围绕该项工作的各种人财物的投入、教育培训、管理以及相应的制度建设等。学校心理健康服务的重要使命在于使学生具有健全的人格、良好的个性心理品质，促使其内心世界的丰富、精神生活的充实、潜能的发挥与人生价值的正确体现。

在企事业单位，心理服务工作旨在从组织氛围建构、职业倦怠预防、干预、援助等环节全方位地帮助员工应对压力。通过专业人员对组织的诊断和建议，以及对员工及其直系亲属提供的专业咨询、指导和培训，旨在帮助改善组织的环境和氛围、解决员工及其家庭成员的各种心理和行为问题，以及提高员工在组织中的工作绩效，改善组织气氛以及组织管理。

社区心理健康服务是指运用心理学及相关学科专业知识服务社区居民的心理需求，集预防、矫治为一体，维护和促进社区居民身心健康的一种工作形式。社区心理卫生服务的宗旨在于促进儿童青少年的正常发展，培养其健全人格；保持成年人的正常发展；预防各类心理障碍，如神经症、精神发育迟滞、病态人格、心身疾病等；消除引起心理压力和各种不良心理的因素。

2.“四层次”条块结合的运行管理方式

“四层次”条块结合的运行管理方式是由政法委与卫健委牵头，整合相关部门的力量，形成覆盖学校、机关企事业单位和社区的“块条结合”的组织架构。所谓“块块”，即是由政法委与卫健委牵头，建立的以行政区域（如镇、区）为单位的“社会心理服务指导中心”，它可以将全市（镇区）各相关部门的力量整合起来，组成合力，统一协调指导所在区域的社会心理服务工作。所谓“条条”，即是三个社会心理服务系统。

具体来说，该运行模式由政法委与卫健委牵头，带领政法系统、医疗系统、教育系统、民政系统、工会系统、共青团系统、妇联系统和社团系统等共同成立市社会心理服务指导中心，指导各镇区相关部门成立的分中心的社会心理服务工作；各分中心则可在学校系统、企事业单位系统和社区系统分别成立若干工作站，负责指导下辖单位的心理服务工作，并整合协调工作站下辖各单位的心理服务资源。

3.“两通道”心理服务体系对接模式

“两通道”心理服务体系对接模式即在“四层次”条块结合运行管理机制的基础上，引入“社会治安系统”和“精神卫生系统”，对各层次心理服务指导中心提供人力、物力支持。

（三）“纵向管理”与“横向覆盖”相结合的社会心理服务体系

整个社会心理服务体系旨在在基层设立多个社会心理服务站，将个案分为“轻度”和“中度”给予重点关注和跟进服务，并视个案发展情况提供延长性公益免费咨询。对于突发的即时性个案，实行顾问式即时支援性咨询，对于严重者还会给予持续性心理健康服务。同时，基层心理服务平台还可为社会矫正人员、精神障碍患者、青少年和孕妇等群体提供基本的心理诊断和治疗服务。

从“横向覆盖”角度而言，社会心理服务体系将打通学校、企事业单位和社区社会心理服务系统，形成多元联动的社会心理服务机制。例如，该体系可联动平安法治社工项目组、公益导师、志愿服务队等服务资源，通过联合服务、资源共享、搭建转介渠道等方式，扩大实体化心理健康平台的影响，且与“企业—村居—学校”三位一体的服务整体和教育中心一起结成共建伙伴关系，预防校园心理危机；与村（社区）、工业园区合作共建，设置多个分站点，打造村居心理健康工作阵地，推出线上心理专栏内容；向企业职工普及心理健康支持，为职工提供个性化的心理支持。

最近几年，我国社会心理服务发展迅速，很多学校、单位、社区都设立了心理咨询室，但心理咨询的工作模式却是“被动等待”式的，也就是咨询师坐在咨询室中等待个体前来主动求助。但是由于很多国民对心理服务还不太了解，对心理问题也缺乏重视，甚至部分民众对心理问题抱有羞耻感，这就使得主动前来寻求心理服务的民众并不多。这种“被动等待”的工作模式会导致大量受心理问题困扰的民众得不到及时的心理服务。因此，我国社会心理服务工作需要化被动为主动，在主动筛查的过程当中，发现潜在的心理不良个体，从而提高我国国民的心理健康状况。

整体而言，我们提出的“三系统、四层次、两通道”的社会心理服务体系联动体制能够很好地弥补“被动等待”工作模式的不足，将全体国民纳入心理健康服务体系中，为国民提供更好更全面的心理健康服务。

第十二章　对正常群体的发展性工作

近年来，全体国民的心理健康意识不断增强，心理健康知识的普及度也在不断提高。心理健康服务体系中面向正常群体的发展性工作旨在培养全体国民良好心态，提高国民对心理健康的重视程度。在本章中，我们将结合当前国民总体心理健康水平，介绍促进正常群体对心理健康知识的重视度、增强全体国民的心理健康程度的基本手段。

一、发展性工作的基本要义

（一）国民心理健康水平概况

《中国国民心理健康发展报告（2019—2020）》指出，当前国民的整体心理健康意识有所增强，2020年调查中94%的调查对象认为心理健康工作是重要的，与2008年87.9%的占比相比，提高了6.1%。在预测未来5年的心理健康状况变化时，人们普遍表现出乐观的倾向；在评估预测周围人未来5年的心理健康状况时，有50.2%的人认为未来会更好。另外，在过去10年间，心理健康水平的地区差异进一步扩大，东部地区人们的心理健康水平总体高于西部地区，高收入、高学历群体对心理健康知识的熟悉程度显著高于低收入、低学历群体。人们对心理健康知识的需求也逐渐多样化。调查显示，人们普遍希望提高自我调节和人际交往的能力。不同年龄段调查对象的心理健康以及对心理健康知识的需求表现出差异，年龄越低需求水平越高。当被询问到“你认为心理咨询服务是否便利”时，74%的受访者认为“不便利”。这些调查结果均显示，过去10年间我国国民总体心理健康水平不断提高，但各地区之间的心理健康水平仍存在显著差异，心理健康知识的普及程度仍然较低，青少年群体对心理健康知识有着更强的需求。

人的发展，离不开心理的健康发展。因此，提高全体国民的心理健康素质、加强心理服务体系建设，是整个发展性工作的应有之义。

（二）基本促进办法

《健康中国行动之心理健康促进行动》指出，在我国，无论是青少年还是成年人，居民的心理健康水平仍较低，大众对各类心理行为问题的认知率也比较低，缺乏对心理健康服务的专业性、有效性的认识。该行动认为，社会和政府应从以下五项行动措施出发，提高全体民众的心理健康意识：

一是加强心理健康知识普及。针对公众缺乏心理健康知识的现状，政府部门和有关机构应利用各类媒体和传播媒介，加大心理健康知识科学宣传力度，提升公众心理健康意识。

二是构建心理服务网络。发挥基层社区在心理健康服务中的网底作用，搭建基层心理健康服务平台。同时，注重整合社会资源，进一步完善未成年人心理健康辅导网络，培育社会化的心理健康服务机构。

三是完善心理健康工作人员培养与使用机制。目前，心理健康工作人员面临专业人员少、工作岗位不明确、保障机制不到位等问题，社会应加大专业人员培养、设立工作岗位、完善薪酬分配制度。

四是各行各业开展心理健康服务。各机关、企事业单位和学校应组建心理健康服务团队，或通过购买服务形式，为员工和学生提供心理健康服务。

五是开展重点人群心理健康服务。鼓励基层社会组织、社会工作者和志愿者为老年人、妇女、儿童、残疾人等重点人群提供心理健康服务。

从个人和家庭维护心理健康的角度出发，我们号召民众正确认识心理健康问题，树立“每个人是自己心理健康第一责任人”的意识；使用科学的方法缓解压力。针对竞争压力增大的情况，我们希望公众正确看待压力，使用合理方法缓解压力；重视睡眠健康，按时规律作息，保证充足睡眠时间，出现睡眠问题及时就医；培养科学的运动习惯；考虑运动对调节情绪的积极作用，培养适合自己的运动爱好。

二、发展性工作的实施办法

（一）提高公众心理健康意识的方法

1. 支持心理健康服务机构的发展

心理咨询机构、心理健康推广平台是普及心理健康知识的重要途径。大力推动平台的建设与发展，有利于让更多群众了解心理健康服务和心理健康知识，帮助普通群众树立心理健康意识、增长心理健康知识、觉察自己的心理健康状态。一些普及心理知识的网站、公众号、微博等社交媒体，都在促进全体国民的心理健康水平方面起着关键性作用。

2. 开展心理健康讲座

在各地社区、企事业单位、学校中，心理健康讲座可以通过讲解案例、开展心理小游戏等方式帮助人们应对来自职场、家庭、人际等方面的压力困扰，逐步引导群众舒缓自身情绪、调节生活节奏，掌握幸福理念、幸福策略，学会经营幸福生活，提高自身的心理健康水平。

3. 利用大众媒体宣传心理健康知识

我们还可以利用广播、电视、书刊、影视、动漫等传播形式，组织创作、播出心理健康宣传教育精品和公益广告，利用影视、综艺和娱乐节目的优势传播自尊自信、乐观向上的现代文明理念和心理健康意识。

4. 培养心理健康服务人员

在各地社区、企事业单位、学校中，我们应当广泛培养心理健康服务人员，传播心理健康知识，倡导健康生活方式，提升心理健康素养，培育良好社会心态；引导人们在日常生活中有意识地培养积极心态，学会调适情绪困扰与心理压力，积极自助。

5.提高基层宣传心理健康知识的能力

基层文化组织是提高全体国民心理健康素质的基本途径。在各地社区、企事业单位、学校中，我们可以通过创办心理健康宣传栏、发放心理健康知识手册等方式，向公众传播心理健康知识。

（二）提高自我心理健康意识的方法

1.接纳自己

接纳自我就是要有一个清醒的自我意识，能正确地评价自我，辩证地看待自己的优缺点。在评价自己时，既不夸大自己的优点，也不用放大镜来看自身的缺点。我们在自我认识和了解的基础上，还要进一步悦纳自我，即要欣然地接受现实的我，并肯定自我、赏识自我，以积极乐观的心态和健全的个性面对人生，追求更多的生活和工作乐趣。

2.培养积极的人生态度

遇到困难时，我们不要闷闷不乐、意志消沉，要珍惜热爱生活，相信只要坚持自己的信念，追求自己的目标，自己去努力奋斗，一切都会变得更好。

3.善于控制情绪

我们要善于培养积极的心态，正确认知压力，灵活调整自己的内在情绪。当我们遇到不愉快的情感体验时，可以换位思考，不要让痛苦的过去牵制我们的未来；学会自我放松，在适当的时刻选择休息，不必追求完美。

4.进行积极的心理暗示

在面临学业、工作压力时，我们可以在心里不断暗示自己“再大的压力也难不倒我”，这种心理暗示在某种程度上可以消解压力、稳定情绪、树立自信心及增强战胜困难和挫折的勇气，提高自己的心理保健能力。

5.积极了解各类心理知识

我们还要积极学习各类心理健康知识，实时监控自我的心理健康状态，重视心理状态的变化，学会对自己的心理状态做出诊断。

三、不同系统的发展性工作

（一）学校系统的心理健康发展性工作

学校系统发展性工作的目标是面向全体学生实施心理健康教育，提高其心理素质、开发其心理潜能、促进其全面发展。发展性教育内容主要包括学习发展、个性与社会性发展、职业心理发展等几个方面，具体实施内容根据不同年级和不同心理特点有所侧重。总的来说，大致包括以下内容。

1. 学习心理的辅导

学习心理的辅导是指教师运用心理学的有关原理，对学生在学习活动中发生的各种问题，包括认知、动机、情绪、行为等方面的问题进行辅导，其目的在于培养学生良好的学习心理品质，帮助学生克服学习障碍，提高学习效率，完成学习任务。由于学习是学生的主要任务，学习心理活动是学生的主导心理活动，所以学习心理辅导是学生心理健康教育不可缺少的。

学生学习心理辅导的具体内容包括学习目标的制定、学习动机的激发、学习兴趣的发展、学习策略的掌握、学习时间的安排、学习习惯的养成、应考技能的掌握、应考心态的调整、学习疲劳的预防等。其中，学习动机的激发与学习策略的掌握是最关键的内容。学习动机解决的是“愿不愿学习”的问题，学习策略解决的是“会不会学习”的问题，这两大因素是影响学习是否有效的关键。

2. 健全人格的培养

人格的健康发展是学生顺利学习和生活的前提和保障，健全人格的培养是学生心理健康教育最重要的内容之一，其目的是帮助学生认识和了解自己的人格特点，引导学生养成健全的人格品质，并帮助学生矫正不良的人格缺陷。

健全人格的培养主要包括以下几个方面。

（1）自我意识教育

学生阶段，特别是中学阶段，是自我意识迅速发展的时期，也是自我意识教育的关键时期。自我意识是指个体对自己所作所为的看法和态度，包括自我认识、自我体验和自我控制三种心理成分。自我意识教育的目标是使学生认识和接受自我，形成良好的自我概念和积极的自我意象，提高自尊和自信水平，能自我协调、自我激励和自我管理。

（2）情绪情感的培养

情绪情感培养的目标是要使学生做到情绪有常、情绪有度，培养其乐观的生活态度和良好的情感品质，并使学生能对不良情绪和消极情感进行调节和控制。情绪情感培养的主要内容有：正视和理解自己的情绪；学会恰当地表达自己的情绪；养成乐观的生活态度，增强对快乐的体验；学会控制自己的情绪，处理自己的情绪困扰；培养良好的情感品质和高尚的道德情操。

（3）意志品质的培养

意志品质培养的目标是使学生增强行为的自觉性、果断性、坚韧性和自制性，能勇于面对困难，正确对待挫折。

3.人际交往的辅导

人际交往的辅导是对学生的人际交往过程和人际交往活动进行辅导，促进学生认识交往的意义，提高其交往的主动性，使其掌握交往的技巧，消除交往的心理障碍，进而建立一种和谐融洽的人际关系，促进学生的人格健全和心理健康。随着自我意识的发展，学生会产生强烈的交往需求，交往水平也不断提高。但由于心理不成熟，缺乏社会经验，他们在交往过程中容易产生各种问题。人际交往的辅导，可以帮助他们解决交往中的问题，提高交往能力。人际交往辅导的具体内容包括同伴交往的辅导、师生交往的辅导、亲子交往的辅导和异性交往的辅导。

4.职业心理的辅导

职业心理辅导的目的是帮助学生进行升学准备、专业选择、职业选择、就业准备以及职业适应。具体内容包括：帮助学生了解自己的职业能力和职业兴趣，树立正确的职业观和择业观；能根据自己的身心特点和社会要求，选择最适合自己的职业或专业，提高升学或就业的决策能力；帮助学生掌握填报升学志愿或求职择业的技巧。

5. 生活与社会适应方面的辅导

生活与社会适应辅导的目的是促使学生掌握基本的生活技能，建立合理的生活规范，了解社会的有关信息，培养学生适应社会生活的能力。生活适应包括对生活环境的熟悉、生活技能的掌握、生活习惯的养成、休闲生活的安排、生活压力的应付等；社会适应包括对社会环境的熟悉、社会规范的掌握、社会角色的认知、社会责任感的形成等。

具体内容包括：日常生活技能的教育：指导学生养成良好的生活与卫生习惯，培养学生的生活自立能力。自我保护的教育：培养学生的安全意识与自我保护意识，引导他们正确认识纷繁复杂的社会现象，掌握与坏人坏事做斗争的适当方式。学校适应方面的辅导：帮助学生认识新的学校环境，把握新的学习生活特点，调整自己的心理与行为方式，尽快适应新的学校和学习环境。性问题方面的教育：帮助学生认识性别差异，认同并接纳自己的性别，学会同异性进行正常的交往，并能正确地认识和处理青春期的性生理问题和性心理困惑，例如初恋、青春期对异性的好感等。休闲教育：帮助学生确立正确的休闲观念和态度，使学生获得必备的休闲知识和技能，学会选择安排有益的休闲活动方式，从而使自己获得充实而丰富的休闲生活。消费指导：帮助学生了解消费的一般常识，养成健康合理的消费行为方式。

（二）企事业机关系统的心理健康发展性工作

企事业单位心理服务发展性工作中，可以设立员工帮助计划。员工帮助计划（Employer Assistance Plan，简称EAP）是由组织为员工设置的一套系统的、长期的服务项目。

从发展性任务的角度来看，我国企事业单位心理服务系统EAP 服务的具体形式，主要包括以下几种类型：

个人心检：通过调查问卷的形式，对企业内部员工的心理压力、抑郁倾向、情绪压力等因素进行综合测评，并根据每一个员工的具体情况出具员工报告，并指导他们如何解决心理压力，提升他们的心理健康水平，防止出现心理健康危机和风险。

个体咨询：全天候的心理咨询是员工帮助计划的重要服务内容，员工只要拨打心理咨询电话，专家就会对员工当前面临的心理问题给予评估，并根据评估情况给出相应的解决方案，咨询的内容可以包含子女教育、婚姻关系、工作压力、人际关系等，来访者可以根据自身的喜好选择面对面咨询、邮件咨询、电话咨询、在线咨询等。

团体咨询：以团体为对象，目的在于解决团体面临的问题。通过团体内人际交互作用，促使员工在交往中通过观察、学习、体验，认识自我、发掘自我，调整与完善组织成员之间的关系，以发展良好的组织氛围。

教育培训：为员工提供援助服务培训、再培训及各种咨询培训等。通过压力管理、挫折应对、保持积极情绪、咨询式的管理者等一系列培训，帮助员工掌握提高心理素质的基本方法，增强对心理问题的抵抗力。同时对管理者进行培训，使其掌握员工心理管理的技术，能在员工出现心理困扰问题时，很快找到适当的解决方法。

知识宣传：通过手机短信、电子期刊、微信等多种方式向员工宣传各类心理健康知识，并将这些知识与日常生活和工作紧密结合起来，在遇到心理困难时应用心理学技巧来解决问题。

职业生涯规划：为个人或组织提供职业生涯规划方面的咨询。掌握员工的个性化特征和职业发展动向，了解员工的需要、能力及自我目标，加强个体管理；再辅以按照员工兴趣、特长和公司需要相结合的培训发展计划，充分挖掘其潜力，使员工真正安心于企业工作并发挥最大潜能，创造出企业与员工持续发展的良好氛围与条件。

研究工作：为 EAP 的研究及推广提供支持。共同探讨和解决员工的各种心理和行为问题，积极开展企事业单位EAP服务的相关研究，以有效推动EAP服务的推广和普及。

（三）社区系统的心理健康发展性工作

我国社区心理服务的发展性工作包括以下形式。

建立心理健康网络：依托政府和社区卫生机构开展心理健康教育，逐步建立市（县）——街道——社区三级保健网络。在注重网络建设的同时，也要注重培养心理咨询的专门人才，还对分管社区卫生工作的领导进行这方面知识的培训。

心理健康知识宣传：深入家庭发放宣传材料，发布活动信息，采取社区居民喜闻乐见的形式进行宣传普及，目的是提高社区居民对心理健康重要性的认识，促进居民对心理健康基本知识的了解，掌握自我心理保健的常用方法，树立科学的“健康观”，预防心理疾病。

开展多种形式的教育活动：在社区开展形式多样的心理健康知识宣传，建立心理健康知识宣传栏，进行心理健康普查。针对诸如青少年教育、家庭关系、生活习惯、行为方式等方面的问题，定期举办心理健康专题讲座，可及时解决一些社区居民的心理问题。

开设心理咨询室：咨询室应设立心理健康咨询信箱（邮箱），开设电话和“互联网+”网络心理咨询热线，随时给居民提供信件（邮件）、电话和网络咨询，帮助不愿面谈的居民解决心理问题，满足不同层次的心理健康需求。

第十三章　对心理困扰人员的干预

对心理困扰人员的干预性工作主要包括两个方面：一是心理咨询；二是心理危机干预。心理咨询主要面对的是受到一般性心理问题困扰的人，而心理危机干预面对的则是处于心理严重失衡状态，有可能出现极端行为的人。本章将分别介绍心理咨询与心理危机干预的基本知识。

一、对心理困扰个体的心理咨询

（一）个体产生心理困扰的原因

关于人类心理困扰的基本原因，存在两种不同的回答。卢梭、弗洛伊德及当代一些存在主义哲学家和心理学家的观点是：工业文明与人类本性之间存在基本冲突是当代人心理适应困难的根本原因。且由于文明的进步无法逆转，人的生物学进化又不可能加速，因此，指望这种矛盾出现转机是不可能的，人类精神生活的前景一片黯淡。然而，人类学家和社会学家们则认为：当代文化中的制度文化与精神文化落后于物质文化，这才导致了人类的心理困扰。因而，人的先天素质中并不缺乏适应的潜能，人所缺少的是获得适应能力的环境条件（江光荣，2012）。

在现代社会中，很多原本心理素质不佳的人会因为生活中各种压力性事件产生心理困扰。因此，导致人们产生心理困扰的原因可分为内在原因与外在原因两大方面。

内在原因主要包括三点：第一，认知偏差问题。认知偏差是人们错误

表13-1　成人负面生活事件及其影响程度

序号	负面生活事件	影响程度
家庭有关问题		
1	恋爱失败或婚姻破裂	89
2	自己（爱人）流产	68
3	与爱人父母不和	56
4	夫妻感情不好	75
5	夫妻分居（因不和）	82
6	子女管教困难	65
7	性生活不满意或独身	42
8	配偶一方有外遇	95
9	家庭成员死亡	100
10	父母不和	63
11	子女升学（就业）失败	62
12	家庭经济困难	74
13	欠债	85
14	本人重病或重伤	90
15	本人（爱人）做绝育手术	51
工作有关问题		
16	工作出现事故	54
17	扣发奖金或罚款	43
18	预期的评选或升职落空	65
19	与上级或同事关系紧张	64
20	第一次远走他乡	58
21	本人退休离休或未安排具体工作	38
社交及其他方面的问题		
22	好友死亡	40
23	被人误会、错怪、诬告、议论	63
24	个人法律纠纷	74
25	失窃、财产损失	52
26	意外惊吓、发生事故、自然灾害	64

表13-2　学生负面生活事件及其影响程度

序号	负面生活事件	影响程度
家庭有关问题		
1	恋爱失败	60
2	情侣之间发生争吵	67
3	家庭成员死亡	100
4	父母发生争吵	77
5	遭父母打骂	68
6	家庭经济困难	67
7	欠债	65
8	本人重病或重伤	89
学业有关问题		
9	与老师或同学关系紧张	63
10	第一次远走他乡	61
11	成绩不好	67
12	学习负担重	66
13	预期的评选落空	59
14	家庭给你施加学习压力	59
社交及其他方面问题		
15	好友死亡	83
16	被人误会、错怪、诬告、议论	69
17	失窃、财产损失	53
18	意外惊吓、发生事故、自然灾害	61
19	与人打架	54

地解释了自身遇到的问题。例如，在面对工作失误时，许多职场人士会将失误的原因片面归结为自身能力不够，这可能会导致许多人产生焦虑、抑郁等情绪。第二，情绪调节问题。绝大多数人都会在工作、学习和生活方面遇到挫折，这种受挫情绪会进一步导致个体情绪低落、郁闷，对周围事物兴趣减低、学习工作效率明显下降。如果此时未能正确调节这些情绪，个体就会进入心理困扰的状态。第三，自我认识问题。自我认识是指对自己的洞察和理

解，包括自我观察和自我评价。比如：儿童和青少年往往会因为学业挫折、交往挫折而对自我的能力、价值做出负面评价，觉得自己处处不如人，从而陷入胆怯、自卑的心理状态中。

对于存在以上三方面问题、心理素质不佳的个体来说，当他们遇到压力性生活事件时，就容易产生心理困扰。压力性生活事件可能多种多样，但总的来说，可被归为以下三大类：

第一，家庭问题。对于成年人来说，随着现代社会的进步，物质生活水平的提高，人们对婚姻家庭生活质量的要求越来越高，面临婚姻家庭问题的困惑也越来越多，如夫妻之间相聚时间少，缺乏相互沟通；夫妻间出现不理智吵架，不能相互理解、包容；婆媳关系不和谐；养育孩子观念不一致；经济压力大等，类似这些常见的婚姻家庭问题对于传统的家庭成员来说，往往持着“家丑不可外扬”或任其内部消化的状态，出现家庭成员生闷气、相互埋怨、相互责怪等情况，导致家庭成员之间关系僵化，家庭日常生活受到影响。若个体的问题得不到及时、正确、有效的处理，不仅影响家庭成员身心健康，还有可能导致家庭破裂，成为影响家庭生活质量的应激源。对于学生来说，家庭系统理论认为家庭对个体的心理和行为有着直接而重要的影响。良好的家庭功能，如高水平的爱和支持、积极沟通等，可以有效减少青少年问题行为，促进青少年的健康发展；而不良的家庭功能，如亲子冲突、父母的不良监管等则会减少孩子的心理资源，导致各种问题行为的发生，如抑郁、网络成瘾等。

第二，工作/学业压力问题。在社会节奏迅速加快的同时，职场人、学生被高强度的工作压力、学业压力所困。有很多人长期处于高度紧张的状态，但没有学会较好地缓解压力的方式，久而久之便会产生焦虑、抑郁等不良情绪，进而产生心理困扰与心理疾病。从生理学的角度来看，一个人的心理如果总是高度紧张的话，会造成内分泌功能失调及免疫力下降，易产生各种身心疾病，甚至会导致“过劳死”。而从心理学的角度来说，一个人的心理状态一直处于紧张、焦虑的情绪中，就会产生一系列的不良反应，从而进入到一个心理不健康状态的恶性循环，甚至产生心理疾病。

第三，社交及其他方面问题。我国心理学者丁瓒说过：人类的心理适应，最主要的就是人际交往的适应，所以人类的心理病态，主要是由于人际交往的失败而来。在当代社会中，由于人际交往受挫引发的心理困扰越来越多。人际交往受挫会引起很痛苦的情绪体验，一些人可能会因此出现一系列不理性行为，甚至对自己造成伤害。除此之外，面对现代社会飞速发展、瞬息万变，我们无法避免一些突发不良事件，有些突发事件很可能导致个体丧失对生活的希望，产生一系列适应不良问题。

表13-1和表13-2分别列出了一些常见的压力性生活事件对成人和学生的影响（由包括1027名成人和3256名学生的调查得到），分数越高，代表影响越大，满分为100分。当一个人同时经历若干压力性生活事件时，这些事件还会产生叠加影响。

内在原因和外在原因缺一不可。如果一个人心理素质、抗压能力不佳，但是生活一帆风顺，没有经历压力性生活事件，那么他并不会出现心理困扰；同样地，如果一个人心理素质良好、抗压能力很强，那么即使他经历了较为严重的压力性生活事件，也不会出现心理困扰。只有心理素质不佳、抗压能力不强的人在经历了压力性生活事件后，才会出现心理困扰，需要接受心理咨询。

（二）对心理困扰个体的心理咨询

个体心理咨询就是心理咨询师对来访者提供一对一的心理辅导。个体咨询的目的是帮助来访者自助，即通过咨询，使来访者被压抑的情绪得以释放疏泄，并增加对自我或情境的了解，增强自信心与主动性，学会自己做出判断和决定，从而使人格得到成长。完整的咨询过程一般包括三个阶段：诊断阶段、咨询阶段和巩固阶段。

1.诊断阶段

在完整的咨询流程中，诊断阶段也是开始阶段，可能由一个或多个咨询小节组成。咨询师在对来访者进行心理评估的基础上，与来访者共同商定咨询目标。在这个阶段，咨询师的工作主要涉及以下内容。

理资料：全面了解来访者的背景信息，这些状况包括：一般状况资料，如性别、年龄、民族、职业等；个人成长资料，如原生家庭、成长经历、受教育经历等；目前状态资料，如当前的生活环境、工作环境等；疾病诊治资料，如有无躯体疾病，有无精神病史等。

找症状：评估来访者当下的各种状态，这些状态包括：心理功能状态，可从认知、情绪和行为三个方面加以考虑，是否有异常的想法或认知偏向、是否存在持续的消极情绪感受、是否有异常的行为发生，频次如何等；生理功能状态，心身是密切相关的，许多来访者会有一定的生理功能异常，比如背部酸痛、偏头痛、胸痛、手部发抖等；社会功能状态，常见的如主动性较低、与人群疏离、职业功能受损等。

下诊断：根据来访者的状态判断来访者的问题类型。精神障碍的连续体模型指出，从正常人到某种障碍患者之间并无截然的鸿沟存在，只是异常表现严重程度、持续时间长短、影响范围大小的差别。现有的问题分类也是在此基础上确定的，目前较常见的分类为：一般心理问题；严重心理问题；神经症；精神障碍。

究原因：分析导致来访者出现心理困扰的原因。现有研究表明，导致心理问题出现的原因主要有三个方面：心理原因，如个体的认知特征、人格特征等；生理原因，包括脑结构性变化、神经递质水平、激素水平、基因，乃至躯体疾病等；社会原因，包括各种生活事件、社会支持程度、家庭环境、学习环境、工作环境、社会环境等。

选测验：心理测验的作用是为主观的心理现象尽可能提供客观的衡量指标。它在心理咨询中可以帮助咨访双方有效了解来访者的状态变化以及问题可能的影响因素。当前，在咨询中比较常用的心理测验包括智力测验、人格测验、心理健康量表、应激相关量表、生活事件量表、社会支持评定量表、应对方式问卷等。

定目标：在心理评估的基础上，咨询师和来访者共同商定咨询目标。为了保证咨询工作的顺利开展，商定的咨询目标应符合前述有效咨询目标的七个要素。

2.咨询阶段

咨询阶段主要通过不同流派的具体咨询技术来实现。实际上，近年来，越来越多的心理咨询专业人员不再囿于某个流派的局限，而是倾向于折中或整合的咨询取向，以更好地满足来访者的实际状况与期待。这里我们简要介绍比较常见的部分咨询技术与方法。

系统脱敏法：可用于治疗来访者对特定事件、人、物体或泛化对象的恐惧和焦虑。基本方法是让来访者用放松取代焦虑。第一步，教来访者掌握放松技巧；第二步，把引起焦虑的情境划分等级；第三步，让来访者想象引起焦虑的情境，同时做放松练习。最后经过在实景中的重复练习，使来访者逐渐从过去引起焦虑的情境中脱敏。

冲击疗法：又称暴露疗法、满灌疗法，是用来治疗恐惧和其他负性情绪反应的一种行为治疗方法，其方法是让来访者持续一段时间暴露在现实的或想象的能引起焦虑的刺激情境中。

厌恶疗法：通过附加某种刺激，使来访者在做出不适应行为时，同时对该刺激产生厌恶的心理或生理反应，如此反复实施，使不适行为与厌恶反应建立条件联系。以后尽管取消了附加刺激，但只要来访者进行这种不适行为，厌恶体验照旧产生，为了避免厌恶体验，来访者不得不中止或放弃原有的不适行为。

模仿法：又称示范法，是向来访者呈现某种行为榜样，让其观察示范者如何行为以及通过这种行为得到了什么样的结果，以引起他从事相似行为的咨询方法。

生物反馈法：是通过现代电子仪器，将个体在通常情况下不能意识到的体内生理功能予以描记，并转换为数据、图形或声、光等反馈信号，让来访者根据反馈信号的变化在咨询师的指导下有意识地通过呼吸、冥想等方法，了解并学习调节自己体内不随意的内脏机能及其他躯体机能，达到调节心理状态的目的。

认知疗法：是一种通过改变不良认知，达到消除不良情绪和行为的心理咨询方法。这种疗法认为，心理痛苦在很大程度上是认知出现偏差的结果；强调改变认知，从而带动情感、行为的改变。

来访者中心疗法：其基本原理是帮助来访者去掉那些由于价值条件作用，而使人用来应付生活的面具或角色，恢复真正的自我。

3.巩固阶段

巩固阶段也是结束阶段，这里特指完整咨询的结束，在基本达到咨询目标后，双方确定咨询关系结束的时间，一般发生在双方都认可可以结束时。通常而言，巩固阶段都不是只在最后一个咨询小节完成的，往往涵盖了最后的几个咨询小节。这个阶段有以下任务需要完成。

全面回顾与总结：咨询师综合所有资料，结合咨询目标和咨询方案，全面回顾和总结咨询过程，强调咨询要点，总结咨询成果，充分肯定来访者取得的进步，强化积极态度和行为，提出注意事项。除此之外，咨询师也可让来访者自己进行总结，咨询师予以适当的补充。

帮助来访者运用所学的方法和经验：咨询师鼓励来访者运用所学的方法和经验去处理生活、学习和工作中出现的场景。在这个阶段，咨询师逐渐采取相对被动的姿态，让来访者处于主动角色，逐步独立、自主、积极地运用所学的方法和经验，分析和处理自己的问题。这样做既是为了真正达到助人自助的目的，也是为来访者摆脱对心理咨询的依赖做准备。

帮助来访者接受离别：咨询的结束也就意味着咨询师和来访者的分离，鉴于咨询关系温暖、信任、安全的特征，这段关系的结束往往会给来访者带来一定的焦虑感。咨询师在这个阶段的工作重点之一就是帮助来访者克服依赖，让来访者接受离别，在现实生活中自力更生。咨询师比较常见的做法有两种：一是可以采取逐渐结束，在不知不觉中离别；二是提前告知，明确结束日期。

二、对心理危机个体的紧急干预

（一）个体心理危机的基本认识

心理危机（Psychological Crisis）是指个体在遇到了突发事件或面临重

大的挫折和困难时，既不能回避又无法用自己的资源和应对方式来解决问题时所出现的心理反应。

对于个体是否达到心理危机的程度，一般有三个判断标准：一是个体是否遇到了具有重大心理影响的生活事件，如突然遭受严重灾难；二是个体是否出现了严重不适感，以及是否出现了一系列生理和心理应激反应；三是当事人习惯的处事手段是否能有效应对突发事件。

例子：恐怖事件后的“心理危机”

9·11事件后，毗邻纽约世贸中心的美林证券公司员工反映，他们经常情绪紧张，失眠情况严重；而纽约市消防局100多人因精神紧张而请假，许多人靠服用安眠药和镇静剂才能维持正常生活。

1.个体心理危机的典型表现

当个体处于危机状态时会产生一系列身心反应，这些反应一般会维持6到8周。

个体处于危机状态时的反应表现在生理上、情绪上、认知上和行为上。

生理方面的反应可能包括：肠胃不适、腹泻、食欲下降、头痛、疲乏、失眠、做噩梦、容易惊吓、感觉呼吸困难或窒息、梗塞感、肌肉紧张等。

情绪方面的反应可能包括：害怕、焦虑、恐惧、怀疑、不信任、沮丧、忧郁、悲伤、易怒、绝望、无助、麻木、否认、孤独、紧张、不安、愤怒、烦躁、自责、过分敏感或警觉、无法放松、持续担忧、担心家人健康、害怕染病、害怕死去等。

认知方面的反应可能包括：注意力不集中、缺乏自信、无法做决定、健忘、效能降低、不能把思想从危机事件上转移等。

行为方面的反应可能包括：反复洗手、反复消毒、社交退缩、逃避与疏离、不敢出门、害怕见人、暴饮暴食、容易自责或怪罪他人、不易信任他人等。

2.心理危机状态的特征

心理危机状态具有如下特征。

（1）对于处在心理危机状态中的人来说，危机既意味着危险，又蕴藏着机会

一方面，心理危机状态是危险的，因为它可能导致个体出现严重的病态行为；另一方面，危机也是一种机会，因为它带来的痛苦会迫使当事人寻求帮助。如果当事人能够利用好这一机会，则危机干预能够帮助个体成长和自我实现。

（2）一般不存在万能的或者快速的解决方法能够使个体应对心理危机状态

帮助处于心理危机状态中的个体的方法是多种多样的，但是基本不存在什么快速解决危机状态的方法。遭受严重应激影响的许多求助者通常总是试图寻找迅速解决问题的方法，如滥用药物等。虽然这样可以延缓极端反应的出现，但对造成心理危机状态的原因毫无影响，最后仍会导致危机的加深。

（3）个体的心理危机状态往往伴随着情感的不平衡和紊乱

在心理危机状态下，人们遭受重大挫折而使用常规方法并不能解决问题。因此，他们必然会产生害怕、震惊、悲伤、焦虑等情感失衡的感觉，进一步导致人们丧失应对能力。

3.心理危机的分类

心理危机有很多种不同的分类方法，如按照危机产生的诱因、危机影响的时空范围、危机发生的领域等进行分类。这里我们主要介绍根据危机事件影响范围的不同所做的两个分类。

（1）个体心理危机

由个体在正常成长和发展过程中遇到的突发性事件，如情感受挫、亲人去世、家庭经济困难等情况所引起的，主要影响当事人本人，导致当事人产生严重的心理不适和应激反应，严重者甚至可能出现暴力等极端严重行为。

（2）群体心理危机

由自然或社会重大危机事件，如自然灾害（洪水、地震、海啸等）、大范围传染病（如新冠肺炎）所引发的，会对群体产生影响。

（二）对个体心理危机干预的基本认识

1.心理危机干预的目标

一般来说，危机干预的目标在于帮助当事人克服危机，再建心理平衡，

重新面对生活。主要包括三个层次的目标：

一是帮助当事人减轻情感压力，降低自伤或伤人的危险；

二是帮助当事人组织、调动支持系统应对危机，避免出现慢性适应障碍，恢复到危机前的功能水平；

三是提高当事人的危机应对能力，使其更加成熟。

因此，心理危机干预是帮助人成长的一种重要手段。危机干预的目的是随时对那些经历个人危机，处于困境或遭受挫折和将要发生极端行为（如攻击等）的人提供支持和帮助，使其恢复心理平衡。

2.心理危机干预的原则

为达到心理危机干预的目的，助人者一方面可以鼓励危机当事人充分表达自己的思想和情感，树立渡过危机的信心；另一方面，助人者也可以为当事人提供适当帮助，帮助他们直接解决实际困难或现实问题。

一般来讲，个体心理危机干预的原则主要有以下四点：

一是迅速确定要干预的问题，并立即采取相应措施；

二是必须有当事人的家人或朋友参加危机干预；

三是鼓励当事人树立自信，不要让当事人产生依赖心理；

四是把心理危机作为心理问题处理，而不要作为疾病进行处理。

我们认为，心理危机干预可以分为应对式干预和预防式干预两类。一般意义上的心理危机干预通常指的是应对式危机干预。应对式危机干预，在非常态条件下以精准有效为前提，对危机事件的干预要即刻、就近、简洁、简短；干预时要对当事人的感受进行共情、不作价值判断；干预者要接受培训与指导、保持良好的工作状态。预防式危机干预，则是在常态化条件下研究判断可能存在的潜在风险，以培训、教育等活动方式系统性地提升人们的风险感知及防范化解能力。

3.心理危机干预的基本步骤

心理危机干预的通常做法是采取六步法，即：确定问题；保证求助者安全；给予支持，主要用倾听而非采取行动的方式；提出并验证可变通的应对方式；制订计划；得到承诺，采取积极的应对方式。另外，检查评估贯穿于整个危机干预过程中。

危机干预是一种特殊形式的心理咨询和治疗，心理咨询的基本技术如倾听技术、提问技术、表达技术和观察技术是完全需要的。危机干预的关键是根据个人的特点制定不同的干预方案。

简单来说，干预的基本方法为：主动倾听并热情关注当事人，给予其心理上的支持；提供疏泄机会，鼓励当事人把自己的内心情感表达出来；给予当事人希望，使其保持乐观的态度和心情；培养当事人的兴趣，鼓励其积极参与有关的社会活动；注意发挥社会支持系统的作用，使当事人多与家人、亲友、同事接触和联系，减少孤独感。

三、不同系统的干预性工作

社会心理服务体系中的三大系统——学校、企事业单位和社区系统遵循同样的个体心理咨询和危机干预的原则与流程，但三大系统在干预性工作的具体做法上又各有侧重。

（一）学校系统的干预性工作

1.对学生进行心理辅导

当有学生遇到一般性心理困扰时，学校心理老师会对学生进行个体心理辅导，帮助学生缓解心理压力，提升心理健康水平，形成健全人格。

2.建立三级心理危机预防机制

针对学生可能出现的心理危机，学校要建立心理危机三级预防机制。学校心理危机的三级预防包括初级、二级和三级预防，它们各自的主要内容和对象简述如下：

初级预防：初级预防针对的是全体学生，包括一般学生和适应困难学生，目的是防止学生自我伤害倾向的发展。初级预防的主要工作内容包括开展热爱生命教育、应对挫折、应对情绪与交往障碍的教育课程或讲座。除此之外，还需要进行全校性的心理健康调查，识别出可能存在心理问题的学生并进行访谈和积极的心理干预，做到及早发现、及时预防、有效干预，防范伤害他人事件的发生。

二级预防：二级预防主要是针对有一般心理问题、有危险想法、有自我伤害行为倾向的个体。主要工作内容是进行心理危机干预（包括个别心理健康辅导、咨询、团体心理辅导等），帮助处于心理危机中的学生摆脱困境，主要负责人和实施者应是持有心理辅导上岗证或相关证书的教师。除此以外，学校应积极发挥主导作用，重视提高教师素质，建立一支以专业人员为骨干，专业人员、兼职人员与班主任相结合的多层面的心理工作队伍，这是有效防范和干预学生心理危机的重要条件。

三级预防：三级预防主要是针对出现严重的心理不适、应激反应以及危险行为的学生。主要工作内容是开展个体心理辅导、转介和追踪个案管理等各种必要措施，主要参与人员为心理健康教师、各校级领导及社区工作人员。主要目标是复原心理健康，提高学生对环境的再适应，预防其再次发生危险行为。

（二）企事业单位系统的干预性工作

1.个体咨询

针对员工已经出现的心理问题（比如工作、个人及家庭问题等），开展形式多样和内容丰富的心理咨询。形式主要有咨询热线、一对一服务、网上问答等，内容可以涉及心理问题的产生根源、表现形式、典型症状以及解决方法等，充分掌握员工的心理问题，提供及时周到的服务。

2.危机干预

员工帮助计划被引入企业后，在企业发展的各个阶段及员工面对的各种情境中都有用武之地，针对组织中的常见问题，如企业内冲突、裁员、员工对变革的不确定性等引发的压力进行干预，具体包括设计员工的沟通流程、预防和及时处理各种危机行为，提供有效的员工沟通、裁员会谈、面对变化的心理辅导等。因此，EAP框架下的心理干预性工作主要是为各种紧急、重大事项，如办公场所的暴力、裁员、精神疾病等提供干预服务，且主要针对个人。

国内普遍认同的EAP框架下的员工心理危机干预主要分三个步骤：危机前干预、危机中干预和危机后干预。

（1）危机前干预

危机前干预主要是防止员工个体自我伤害倾向的发展。主要内容首先是对员工提前进行危机干预培训，文字媒体宣传，把危机当成生活的一部分来看待。其次要在企业内部建立一个互相支持的体系，使每一个员工都觉得生活在一个有利的支持系统里面，增加员工的安全感。此外，企业要建立一个有利的专业支持关系，拥有企业自己的心理援助顾问，让员工在有心理困难时第一时间得到专业的帮助。

（2）危机中干预

危机中干预即为危机的现场处理，最重要的是及时性，最好要在危机事件发生之后的24至48小时之内进行干预。应激事件如果没有得到及时处理，会转变成慢性心理疾病，增加解决的困难。所以，现场处理，除了有序的干预、防止危机扩散外，更重要的就是立刻启动危机干预程序。一般此时需要一个有分量的人物在场，比如企业的核心人物，或者心理专家，可以起到稳定军心的作用。

（3）危机后干预

危机后干预往往是最重要也是最容易忽视的环节。目前，国内企业管理层由于对心理问题的重视度不高，往往看到事情没有在现实中进一步持续就认为危机已经过去，殊不知，很多危机干预的工作才开始。因为一些危机的影响一旦产生后，并不会立刻表现出来，特别是在行动上看不出什么不同，但却会在以后的生活中对在场的员工产生长远而潜移默化的影响。所以即使当下危机已解除，干预者也需要对危机个体进行进一步的跟踪观察和及时的干预。

（三）社区系统的干预性工作

1.开展干预性心理活动

提供心理咨询：社区开设的心理咨询室为心理困扰人群提供相应的心

理咨询服务。

团体心理辅导活动：由专业心理健康工作者针对社区居民常见的心理问题、心理障碍开展专题团体心理辅导，如：心理危机干预、人际交往辅导、亲子沟通辅导、情绪调节辅导、戒除网瘾辅导等。

对精神障碍患者居家康复期间的心理服务：对社区内处于居家康复期间的精神障碍患者进行随访，并提供必要的心理服务；同时对患者家属提供必要的帮助。

2.建立危机干预机制

社区心理危机干预体系的构建是一项复杂的系统工程。各级政府与政府各部门以及社区居委会的高度重视是社区心理危机干预体系构建和完善的前提，社区心理健康队伍的建立和健全是保障，各级心理卫生中心、心理专业诊疗医院、精神病院以及高校科研院所心理学等相关专业人员的参与是关键。一个完整的危机干预过程应包括危机前的预防、预警，危机中的应急处理，以及危机后的心理健康水平追踪。鉴于此，社区应该从以下几个方面来构建和完善社区心理危机干预体系。

（1）预防机制：开展危机干预教育

预防机制主要是防止社区居民过激行为倾向的发展。主要内容是开展心理危机预防及干预的基本知识和方法的相关教育与活动。心理危机预防和干预的宣传教育可以纠正人们以往对心理危机的错误认识，使人们正确地理解心理危机和初步了解心理危机干预的基本方法，使人们能够以宽容的心态面对心理危机，在面对心理危机时不惊慌失措、不怨天尤人、不无端发泄情绪和攻击他人，尽可能以正确的方式应对和处理心理危机。

（2）预警机制：强化心理问题疏导

预警机制的建设目的是尽早发现与锁定“重点人群”，并及时进行心理关怀、压力疏导、情绪矫正和精神抚慰从而化解“重点人群”所可能产生的心理危机。主要内容是建立“社区心理健康档案库”。从心理危机发生的角度来讲，除了突发事件外，多数心理危机是逐步形成的，因此以家庭为单位建立社区居民心理健康档案是社区心理危机预警机制构建的重要一步。社区居民心理健康档案建立后，还应当根据心理危机预警指标来确定预警级别，从而有的放矢地分清轻重缓急来做好“问题人群”的心理疏导工作。

（3）干预机制：化解与减少心理危机

社区的干预机制主要是对出现心理危机，曾经有过危险行为的人采取各种必要的措施，预防其再次发生危险行为。完整的社区心理危机干预包括社区心理危机干预和社区心理危机后干预两个方面。社区心理危机干预是指对处于心理危机状态的社区居民的直接心理救助，其目的是使当事人恢复到心理危机前的心理平衡状态。当然，全面的心理危机干预不仅包括对危机当事人的个体干预，还包括对周围相关人员的干预。由于周围的人员参与或目睹了心理危机事件的发生、发展，其心理肯定会受到一定的影响，担心、害怕、焦虑和愤懑等负性情绪会较大程度地影响到他们的生活、工作和学习，因此也需要对他们进行适度的心理干预。

心理干预的结果有三种：一是当事人顺利渡过危机，恢复到甚至超过危机前的心理健康水平；二是当事人暂时渡过心理危机，但心理创伤仍在，心理状态并不稳定，日后遇到类似刺激还会发作；三是干预没有取得效果甚至使当事人的心理危机状态更加恶化。当后两种结果出现时，就需要进行心理危机后干预。社区心理危机后干预是指由更专业或水平更高的人员对暂时渡过心理危机或未渡过心理危机的社区居民或周围相关群众所进行的心理救助，以帮助他们达到危机前的心理健康水平，并尽可能地提升社区居民对心理危机的应对能力。

第十四章　心理障碍人员的治疗性工作

对心理障碍群体的治疗和干预性工作主要以心理治疗和药物干预的方式开展。通常来说，当心理活动异常的程度达到医学诊断标准时，我们就称之为心理障碍。心理障碍强调的是这类心理异常的临床表现或症状较一般性心理问题更为严重，但并未强调原因的特异性。与状态性心理问题相比，心理障碍的泛化程度高、持续时间长、功能损耗程度更高，因此往往需要多种治疗手段并用，来帮助患者重回正常生活。

一、心理障碍的定义

（一）什么是心理障碍

世界卫生组织认为，心理障碍是一种综合征，指个体在认知、情绪调节或行为上的显著紊乱，导致心理、生理功能的失调，并会损害个人、家庭、社会、学习、工作或其他重要领域的功能。

（二）心理障碍的类型

常见的心理障碍有以下类型。

1. 抑郁障碍

抑郁障碍是由各种原因引起的以显著而持久的情绪低落、快感缺乏为主要临床特征的一类心境障碍，主要包括抑郁症和心境恶劣障碍。

2. 焦虑障碍

焦虑障碍是一组以广泛和持续性焦虑或针对特定对象的焦虑或恐惧为主要特征的心理障碍，常伴有自主神经系统紊乱，主要包括广泛性焦虑障碍、惊恐障碍、特殊恐惧症（如动物恐惧症、社交恐惧症）。

3. 强迫障碍

强迫障碍是一种以强迫思维、强迫行为为特征的心理障碍。所谓“强迫思维”或“强迫行为”，是指异常的、不必要的、违反患者自身意愿的但患者又控制不了的想法和行为，这些想法和行为给患者带来严重的焦虑。常见的强迫思维有害怕自己生病，于是出现强迫性清洁行为（如反复洗手）；害怕家中被盗，于是出现强迫性检查行为（如反复检查门是否锁好、窗是否关好）。

4. 创伤或应激相关障碍

创伤或应激相关障碍是指人们在面对各种突如其来的，并给人带来重大影响的事件，例如当战争、自然灾害、传染病流行、重大交通事故、暴力事件发生时在心理、生理上不能有效应对，进而出现各种身心失调状况的心理障碍。

5. 进食障碍

进食障碍是指在心理因素、社会因素及特定的文化因素的交互作用下导致的进食行为异常，主要包括神经性厌食症、神经性贪食症和暴食症。进食障碍患者的核心特征是自我评价过度依赖于身材和体重。

6. 睡眠障碍

睡眠障碍是指睡眠到觉醒过程中表现出来的各种功能障碍，可由多种因素引起，常与躯体疾病有关，包括睡眠失调和异态睡眠。

7. 人格障碍

人格障碍又称病态人格，指个体的行为方式持久显著地偏离正常，对环境适应不良。通常起病于成年之前，发展缓慢，并一直持续到成年乃至终生，部分患者在成年后有所缓解。

8.神经发育障碍

神经发育障碍是指儿童从胎儿期到18岁心理发育成熟以前，各种有害因素损害神经系统，导致儿童心理发展的各个方面，包括认知、情感、行为等心理活动以及能力、性格等心理特征，不能遵循儿童心理发展的规律健康发展，出现迟缓、倒退或偏离正常的现象，即心理发育实际水平不能达到相应年龄阶段的水平。

9.精神分裂症及其他原发性精神病性障碍

精神分裂症及其他原发性精神病性障碍是一类破坏人们对所看到、听到的东西的思考和理解方式的疾病，典型症状包括幻觉和妄想。

（三）心理障碍的诊断标准

心理障碍通常需要由专业的精神科医生进行诊断才能给出结论。一般来说，心理障碍的诊断标准都会包含以下四个方面。

第一，症状标准。心理障碍都会表现出很多症状，比如抑郁障碍患者会出现心情低落、兴趣减退、注意力无法集中、自我评价过低、精力下降、行为迟缓、睡眠和饮食出现问题，等等。而要达到抑郁障碍的诊断标准，必须出现规定数量的症状。比如，重性抑郁障碍要满足以上症状中的五个或更多，且必须有一个症状心情低落或兴趣减退；恶劣心境障碍则要求满足以上症状中的两个到四个。

第二，时程标准。不同心理障碍对症状持续时间的要求是不同的。比如对于重性抑郁障碍，如果患者的相关症状持续两周以上，每天都有一半以上的时间持续存在，则符合其时程标准；广泛性焦虑障碍的时程标准则是半年，恶劣心境障碍的时程标准是两年。

第三，对功能的损害程度。这里的功能既包括日常生活、学习等个人功能，也包括工作、社交等社会功能。没有一个心理障碍不会损害个人和社会功能的发挥，假如某个体存在至少五个抑郁症状，且持续时间超过两周，但并未影响到其个人和社会功能，则不能诊断为重性抑郁障碍。个人社会功能是否受到损害是衡量构成心理障碍与否的重要标准之一。

第四，排除标准。心理障碍的诊断还需要排除躯体疾病或服用药物等情况对个体的影响。比如，患有甲状腺疾病的个体通常会有和重性抑郁障碍患者一样的症状表现，但这不能诊断为重性抑郁障碍，如果甲状腺疾病得到治疗，则其相关症状会一并消失，因此这种情况不属于心理障碍，而是躯体疾病。另外，服用某些药物也会带来一些副作用或中毒反应，进而导致个体表现出类似心理障碍的症状，这种情况也是要排除的。

在进行心理障碍诊断时，除了要考虑以上四个标准外，还要考虑到文化差异。比如，很多地区的迷信或风俗习惯会让一些人的行为看起来很怪异，但并不能认为他们有心理障碍。另外，心理障碍存在较为普遍的共病现象，即通常在一个患者身上可能同时存在多种不同的心理障碍。比如研究表明，50%的抑郁障碍患者同时患有广泛性焦虑障碍。

例子：小萌的抑郁症状

杨小萌是一名研究生二年级的学生，她来到咨询室，说自己特别容易发火，对各种小事都看不惯，比如认为导师管得太严，只要离开学校就得向导师请假，这让她感觉自己像被关在笼子里的小鸟，没有自由。她抱怨学校的制度太不人性化，虽然是疫情防控期间，但也没必要每进一个教学楼都测一遍体温。她跟舍友的关系也越来越疏远。她觉得周围没有人理解她，她不想跟任何人交流，但又觉得内心非常渴望朋友，这种矛盾的心情一直折磨着她。她最近一个月体重下降了十斤，但她并未刻意节食，也没有过度运动，她只是不想吃任何东西，去食堂变成了一项待完成的作业。她经常在食堂伫立十几分钟而不知道自己要吃什么。早上起床后，她会不知道该穿什么衣服，往往半个小时过去了，她还没完成任何一项起床该做的事情。最近一个月，她觉得心情一直处在低落之中，有时也会一个人偷偷流泪。她觉得自己没能做好研究，该完成的作业也没能按时完成，导师交代的项目也是一拖再拖。她对自己未来是考博士还是工作犹豫不定，好像一切都很迷惘。最近一个月，她的睡眠变得极不规律，晚上经常失眠，有时凌晨三四点才能入睡。白天觉得没有精力，即便什么都不做，也觉得昏昏沉沉的。

杨小萌表现出了典型的抑郁症状：心情低落、睡眠变化、饮食变化、体重变化、精力减退、人际退缩、难以下决定等，且这些症状持续超过两周，对她的正常学习和生活造成了严重影响，比如不能按时完成作业和项目等。在排除身体疾病之后，她被诊断为重性抑郁障碍。

（四）区分状态性心理问题和心理障碍的标准

区分状态性心理问题和心理障碍的标准主要有以下四个：

1.是否过度泛化

“泛化”（Generalization）是行为主义心理学中的重要术语。指当个体对一种刺激产生了条件反射后，在遇到相似或相关刺激时会产生类似反应的倾向。泛化在人类和动物的学习中经常被运用，是一种将过去的学习经验运用到当下相似情境中的策略。泛化有利于人类的学习，有利于经验的转化，也有利于增加人际信任。但过度泛化往往会带来问题。比如，一个人每次吃苹果时，喉咙都会发痒和肿胀，他们可能会认为自己对所有水果都过敏；如果他试着去吃西瓜，发现也有相同的反应，就更会加固这种泛化，从而导致他可能会不敢尝试任何一种水果，尽管这种泛化可能是不正确的。再比如，一个儿童因为害怕小白鼠，可能会泛化到害怕所有白色毛茸茸的玩具。古语说“一朝被蛇咬，十年怕井绳”，也是典型的过度泛化。

泛化现象具有重要的临床心理学意义，是区分一般心理问题和严重心理问题的重要指标。研究显示，对恐惧的泛化被认为是焦虑障碍发展的关键机制。比如，一次考试的失败可能会被泛化为整体自我价值的不足，觉得自己能力不够，或整个人生都失去了价值；老师的一次批评可能会被泛化为自己不是好学生，进而陷入持续的内疚之中等。这些将人生负面经历过度泛化到个人性格或人生全过程的现象，很容易导致焦虑和抑郁障碍。

例子：泛化危机

王洁是一名大四即将毕业的学生，她半年前在一家知名企业实习，结果实习期未满就被辞退，原因是她和另外一名男实习生谈恋爱，违反了这家企业关于同事之间不许谈恋爱的规定。被辞退一个月后，她和这个男实习生也分手了。此后，她开始对所有的权威都很排斥，对恋爱和婚姻也不再抱有希望。

她谈到在实习期间遭受了各种工作霸凌，小组长对她从不当同事对待，小组长的命令必须无条件服从，即便是错的命令。小组长甚至命令她每天早到半个小时，以便打扫她的办公室和冲泡好咖啡。王洁觉得办公室是组长的私人领域，不应该是她的工作范围。但其他同事说，公司一直都是这样，新来的员工帮小组长打扫办公室和冲泡咖啡，大家都习以为常，反而觉得王洁娇气。

王洁和另外一名男实习生谈恋爱的消息是被她很信任的同事说出去的，她对此非常气愤，因此觉得人都是不可信任的。事发之后，她被公司辞退，但男朋友却留了下来。而且，由于不能像实习期间那样天天见到男友，男友对她的态度也开始冷淡下来，并在一个月后提出了分手。这让她非常委屈和失望，觉得男人都是靠不住的。

在之后的半年里，王洁一直把自己关在房间里，不愿意与人交往，天天靠外卖过活。每天看网络上的各种短视频、电影或综艺。每到晚上又为自己浪费掉的一天内疚和自责。她想着明年考研究生，但又觉得即便考上了也不会快乐。最重要的是，她不再相信这个世界是公平的，她认为人就是分等级的，领导（哪怕是小领导）就是会剥削和霸凌员工，而且你反抗也没有用；她认为别人都会为了利益而出卖朋友，她不愿意再跟任何人做真心朋友；她也认为男人靠不住，在现实面前，爱情不堪一击，人都会为了利益而放弃爱情和友情。

王洁被诊断为重性抑郁障碍，而引发此心理障碍的重要原因就是她实习期间的遭遇被泛化了。实习期间，她对小组长不满又无力反抗，还被其他同事认为是异类；被同事告密，与男友分手。这些具体的事件被她泛化为这个世界不公平、朋友和男人不可信，进而引发了她的抑郁情绪、社交退缩，对未来（考研）的兴趣丧失。这些症状持续了半年，构成了重性抑郁障碍的诊断标准。

2.持续时间

绝大多数心理障碍的诊断都需要满足一定的持续时间，即时程标准。而状态性心理问题往往在持续时间上达不到心理障碍的诊断要求。比如，你可能因为某次面试失败而未能得到一份心仪的工作，这种挫折可能会使你抑郁3~5天，这段时间你可能觉得自己很失败，做什么都没兴趣，可能失眠、没有食欲，做什么都无法集中注意力。这些症状表现都和抑郁障碍的表现相同，但如果这些症状只是持续了3~5天，只在每天的某些时间段出现，并未超过一半以上的时间，那就不能诊断为重性抑郁障碍，因为在时程标准上未满足要求。

很多其他的心理障碍也都有持续时间上的要求，详见表14-1。症状的持续时间是对心理障碍严重程度的一个重要判定标准，因此是区分状态性心理问题和心理障碍的重要指标。

表14-1　不同心理障碍对持续时间的判定标准

心理障碍	持续时间的标准
重性抑郁障碍	2周
恶劣心境障碍	2年
广泛性焦虑障碍	几个月
强迫症	每天持续1个小时以上
创伤后应激障碍	几个星期
延长悲伤障碍	6个月以上
神经性厌食症	6个月内体重下降20%
注意缺陷多动障碍	6个月以上
精神分裂症	至少1个月

3. 功能损害程度

心理问题对个体功能的损害程度也是区分状态性心理问题和心理障碍不可或缺的重要标准之一。状态性心理问题对个体功能的损害通常是短暂的、程度较轻的；而心理障碍对个体功能的损害往往是持久的、程度非常严重的。假如个体的抑郁症状并没有达到临床上要求的五个症状，或者症状的持续时间没有达到时程标准，但抑郁情绪、兴趣减退、无法集中注意力等症状严重影响了个体的工作和学习，导致了个体的巨大痛苦，那么在咨询和治疗中则不可固执于诊断标准，而应灵活考虑个体的现实需求，将心理问题的严重程度提高等级是比较有建设性的选择。

4. 是否存在外部刺激源

很多状态性心理问题往往由负性生活事件引发，这些生活事件可大可小，小到某次人际冲突，大到重要亲人的丧失，都有可能引发状态性心理问题。当然，也存在这样的情况：人际冲突导致状态性心理问题，但冲突的根源得不到解决，内心的痛苦持续存在，反复的人际冲突和持续的内在痛苦最终可能导致重性抑郁障碍或社交焦虑障碍。刺激源可能导致状态性心理问题，也可能导致心理障碍，但区别在于状态性心理问题一定存在刺激源，而某些原发性心理障碍可能并无显在的刺激源，比如原发性精神分裂症。

值得注意的是，是否存在刺激源并非判定状态性心理问题和心理障碍的充分必要条件，而是参考条件之一。刺激源作为某种心理障碍的诱发因素，若不能及时消除，也可能成为心理障碍的维持因素。因此，对刺激源的关注是心理咨询和治疗不得不考虑的因素。

一般而言，对心理障碍患者的心理治疗与心理咨询所采用的心理方法是类似的，但心理治疗一般需要同时采用药物治疗的方法；同时，由于心理障碍患者的症状更严重、对自我发展危害更大，因此总体治疗时间更长，需要多种手段加以干预治疗。

二、不同系统的治疗性工作

（一）学校系统的心理治疗工作

学生心理健康是一个动态变化的过程，其独立人格还处于逐渐形成之中，面对新时代新挑战，一部分学生可能会患上不同种类和程度的心理障碍，但经过正规的心理治疗和药物治疗后，很多学生是能够康复并重返校园的。治疗过程中，学校起着不可或缺的作用，学校的主要工作包括以下几个方面。

1.做好转介工作

学生在出现心理障碍发病征兆后，一般需要转介到专门的医院，过程需要学校和医院的有效协同。学校心理健康咨询中心立即启动评估程序，将疑似心理障碍学生的情况通知法定监护人，并建议法定监护人送学生到医院精神专科就诊。在此过程中，心理健康咨询中心可以给学生的法定监护人普及心理障碍的发病及治疗相关知识，并协助办理转诊手续。

2.做好配合工作

在心理障碍的治疗阶段，学校和医院的配合尤为重要。在征求学生本人和法定监护人同意后，医院可以将诊断意见、药方和医嘱备份给学校心理中心，以便心理老师了解心理障碍学生的病情，从而提供相应的心理咨询服务，并监督学生按时足量服药。在门诊服药期间，如果学生选择在学校居住，学生应主动寻求学校心理中心的心理辅导服务，学校心理中心也要督促学生定期到医院精神专科复诊。

3.做好支持工作

在病情得到专业治疗有所缓解后，康复期的功能恢复情况决定了心理障碍学生重返校园和社会的时间周期与适应程度，此时校方和所在社区需要提供学生需要的专业服务。在尊重学生隐私权的情况下，应及时同步多方信息，减少不必要的反复询问环节；同时，相关服务机构要做到及时跟进，确保心理障碍学生能够在专业指导下逐渐康复。

（二）企事业机关系统的心理治疗工作

一个完整的EAP应该具有“三大过滤系统”：第一系统是广泛宣传、教育以及筛选。第二系统是对广大群体进行有针对性的干预、疏导和缓解。第三系统是个体援助，即对患有心理障碍的个别员工进行干预、疏导和心理治疗。第三个系统的个体大多都是在前面两个系统的作用下筛选出来的，或者通过前面两个系统，也就是前面所介绍的发展性与干预性工作，患有心理障碍的员工会主动寻求帮助。对有心理障碍的员工，企业相关人员可以推荐医院或专业的心理治疗机构对他们进行心理或药物治疗。

（三）社区系统的心理治疗工作

社区心理健康服务在心理障碍人群的治疗中处于一个战略性的重要位置。目前，我国的社区心理健康服务一般分为三级预防系统。一是初级预防，指采用一系列措施消除可能产生心理障碍的环境因素。二是次级预防，目标是及早发现社区居民心理障碍和精神疾患并及时干预；前两级预防对应心理健康的发展性与干预性工作。最后一级预防是对心理障碍人员，视情况及时为其提供帮扶救助和转介的资源，做到早援助、早治疗，目的是减少社区中有心理障碍、精神疾患的人数并为他们创造良好的社会回归环境。

第十五章　自我心理调适与情绪管理

在日常生活中，每个人都会经历各种压力和挫折。因此，学会自我心理调适与情绪管理具有重要意义。

一、常见的心理困扰问题

人们常见的心理困扰主要出现在以下方面：家庭生活、工作学习和个人发展。

（一）家庭生活中的心理困扰

家庭生活中的心理困扰主要与夫妻关系和亲子关系有关。夫妻关系是家庭生活的核心，良好的夫妻关系是和谐家庭生活的前提。但近年来，我国的离婚率持续攀升，这反映出很多夫妻间的矛盾已经达到了不可调和的地步。夫妻关系中的常见矛盾主要有以下六个方面：一是生活习惯。成长背景不同的两人很可能有不同的生活习惯，如果不能相互协调，则有可能因为生活习惯的差异而产生矛盾。二是家务问题。当代家庭多是双职工家庭，夫妻两人都要工作。如果家务全部由夫妻中的一方承担，那么工作和家务的双重压力往往会使其产生不满、怨恨等情绪，此时如果另一方不能给予一定的帮助和支持，则很容易爆发家庭矛盾。三是经济问题。家庭生活中的大小事务都需要建立在一定的经济基础之上，如果夫妻双方不能就经济收入由谁主管、日常开销如何分配等问题达成共识，也很容易产生矛盾。四是子女教育。现代家庭往往非常重视子女教育，但如果夫妻双方在教育目标、教育方式等方面存在分歧，则容易引发冲突。五是亲属矛盾。婚姻不只是两个人的事和小家庭的事，婚姻关系还需要协调夫妻双方的原生家庭及亲属。如果双方的原生家庭有不同的价值观、不同的相处模式，且某一方或双方的原生家庭试图干预小家庭的生活，则夫妻之间很容易产生矛盾。六是个性问题。夫妻双方是两个不同的人，彼此的性格需要磨合。如果双方都过于强势或过于执着于保留自己全部的性格特点，在争吵时都不肯谦让、不甘示弱，那么矛盾就很容易激化。

亲子关系也是家庭生活中心理困扰的重要来源。一方面，对于身处职场的父母而言，如何平衡工作与家庭的关系，给孩子足够的陪伴和支持是维持家庭幸福和孩子健康成长的关键。然而，当代快节奏的社会往往使父母们很难两头兼顾：一边是应接不暇的项目，一边是缺乏陪伴的孩子。在这种情况下，职场父母们因生活的压力往往选择先顾事业，这种选择在让他们疲惫不堪的同时，也使他们对孩子抱有深深的内疚感。而缺乏父母陪伴的孩子，在学习、人际关系等各方面都可能遇到困难，这又给家长带来挫败感和无力感。另一方面，孩子渐渐成长，特别是进入青春期后，他们追求独立的意识变得愈加强烈，也更加渴望拥有足够的个人空间和父母的尊重。他们不愿他人特别是父母过多地干预和介入自己的生活，在对待社会生活中的各种事务时也会有自己的判断和理解。但是，他们的思维模式仍然趋于片面化，所谓独立的想法经常是不切实际的，而且青春期的孩子情绪反应强烈，无法正确认识自我、定位自我。大多数父母并不能正确理解孩子的心理需求及青春期孩子的特点，仍然在用管教儿童的方法对待他们，这就造成了亲子之间强烈的矛盾，也有可能导致父母和孩子双方都产生严重的心理困扰。

（二）工作学习中的心理困扰

对于职场人士来说，当今社会竞争激烈，就业、工作压力大，可以说职场如战场，人人都在为生存而拼搏。工作压力主要体现在两个方面：一方面，许多岗位需要长时间工作，加班现象普遍较多。许多在公司、企业工作的年轻人甚至需要加班至凌晨才能结束工作，周末也无法得到彻底休息。长时间工作带来的是身体素质直线下降和心理压力陡然上升。另一方面，虽然感觉自己为单位付出了许多，但大多数工作者会觉得自己的付出与收获不对等，从而产生心理失调。

对于学生来说，他们也承受着相当大的压力。部分学生学习成绩不好，经常受家长、老师批评，可能在不知不觉中形成一种“我不如人”的自卑心理。还有一部分学生性格内向孤僻，很少与同学交往，与家长、老师也缺乏沟通，常常自己一个人独自活动。长此以往，这类同学会缺乏归属感，在面对学业等各种挫折时也无法得到有效的社会支持，因此发展出严重的心理问题。

（三）个人发展中的心理困扰

追求自我实现，是每个人的人生理想，但理想与现实往往差距巨大。

知识拓展：中国人力资源开发网对5000人调查的资料显示：有1/4的上班族存在或轻或重的心理健康问题。一般工作了3~4年的人，在能力不断提升的同时，都获得一定的职务或职称，并在所在行业业绩卓越，成果颇丰，自我发展、自我实现的目标已达到。但有部分人，在工作3~4年后，发展并不如意，心理失落感强。人力资源专家指出，择业和就业的初期，是职业定位危机，工作5年左右，产生晋升危机，40岁时出现方向危机，50岁后出现饭碗危机。参加工作5年的人，心理健康问题尤为严重，这一年是个分水岭，有心理健康问题的人比例达到最高30.4%，第6年后，这一比例逐渐下降。因此，参加工作5年的人，易出现自我发展心理适应不良的问题。

对于刚入职场的年轻人而言，他们往往是带着对新生活、新工作的憧憬进入单位的。但是长时间从事与他们预期不符的工作内容，会让他们产生迷茫困惑等情绪。如果此时他们无法正确端正自己的态度，改进自身认知，就可能会陷入“躺平”状态甚至产生对自身能力的怀疑。如果工作一年或两年后，他们仍未能对自己的职业发展有一个清晰明确的定位，那么他们就可能会陷入不断自我怀疑的怪圈，甚至出现抑郁、痛苦、绝望等情绪；在已经工作5年以上且已取得一定成就的职场人中，仍有相当一部分人会出现晋升危机。部分职场人士的职业发展正处于异常尴尬的瓶颈期中，若此时他们未能发展出核心竞争力，他们的职位很有可能被更年轻的工作者所取代；是继续在原有岗位上奋斗，还是选择其他方向发展，都是使这个阶段职场人产生心理困扰的重要原因。50岁后，大部分职场人士即将迎来退休生活，习惯了在工作中不断奋斗的生活节奏，他们在一时之间很难适应退休后没有目标且相对清闲的生活。因此，这个阶段的职场人士也有可能陷入迷茫状态，产生无所适从的感觉。

对于在校学生而言，他们很有可能仍未在中学学习生涯中明确未来发展的方向和途径。一方面，繁重的课业负担让他们无暇思考自己未来发展的方向，他们只需要完成眼前的作业就好；另一方面，自进入青春期以来，他们对自身的关注变得敏感，诸如"我是谁""我想成为什么样的人"等问题几乎引起每个青少年的思索，他们必须仔细思考全部积累起来的有关他们自己及社会的知识去回答这些问题，以最终实现自我发展。但是，在班级学习中，过于同质的思考模式和对未来职业的单一认识很可能导致尚未选择未来道路的青少年们再次陷入迷茫状态，甚至拒绝对自身发展做出规划。

二、常见的心理调适方法

如前所述，人们在家庭生活方面、工作学习方面以及个人发展方面常常会遇到不顺心的事情，不可避免地陷进压力、焦虑、忧郁、苦恼之中，在前面已经讲到，如果经常或长期陷进这种心理不良状态，就可能逐步发展为心理障碍，从状态性不良向特质性不良蜕变。因此，我们遇到不顺心的事情而感到烦恼不安的时候，应该学会自我调节，通过各种方法，使自己走出心理困境。

以下介绍几种可行性高且行之有效的心理调适方法。

（一）采用积极的情绪应对策略

在面对压力时，我们还可以采取三种积极情绪应对策略：

第一种积极情绪应对策略是积极再评价，即关注正在发生或已经发生的事情的好的一面，如“我会从这个挑战中变成一个更强更棒的人”。通过积极重评人们将目光转向当前正在发生或已经发生的事情的好的方面，因为情景的意义已被改变，人们更多地体验积极情绪。

第二种积极情绪应对策略是问题中心应对，即运用思想和行为来管理或解决引发压力的内在原因关注于可控制的事情。以积极的态度面对问题，能增强控制感和效能感，从而使情绪更好。这样就形成一个良性循环，即问题应对促使积极情绪的增加和消极情绪的减少，反过来又增强问题应对。

第三种积极情绪应对策略是创造积极事件，即创造逃离压力的休息事件，如把通常要做的事情停下来，想些积极的事情，可能是曾经获得的表扬等。在压力情境下，个体有意无意地做能增加积极情绪的事情，可以补充他们的心理资源。从而提高应对能力。

例子：小赵的职场压力应对策略

作为上市公司高管，小赵几乎没有私下休息的时间，每天都在忙着落实公司各项政策和项目。他经常在结束一天工作之后感到极度的疲惫和倦怠，但他在日常工作中有着很好的自我调节情绪的能力，面对项目压力时，总是坚信自己能完成挑战、提高自我的能力；在休息日会让自己远离工作的压力情景，通过读书、健身等方式让自己从繁忙的工作中逃离。

（二）正念觉察

正念指有意识地去觉察当前存在的每一个时刻，去感受，并且不加以自己主观的评判，仅仅是去觉察。正念强调处于当下并以开放不加批判的态度去接受自己及周围事物，是一种平稳、不被干扰、警觉和清晰的清醒意识状态。很多时候，人们的负面情绪和压力感受来源于对过去的遗憾和悔恨，或对未来的焦虑与迷茫，而当我们把注意力集中于当下时，则能在很大程度上缓解负面情绪和压力。因此，我们可以在日常生活中进行正念训练。正念训练包括“注意”和“态度”两个核心。“注意”主要指只关注当下活动的内容，也就是“活在当下”的思想；“态度”主要指对当下发生的事情及注意的内容不做主观判断。

知识拓展：正念训练方法

1.从一个干净的地方起始

早上起床沐浴时，去感受水的温度、肥皂的味道和洗涤时身体的触感。保持与身体接触，有助于摆脱不断进入脑中的杂念。将注意力集中于身体，摆脱胡思乱想。

2.想开始的时候就开始

早晨氛围很适合练习正念，试着体认和了解早晨所做的所有事情，让感官能够感知所从事的活动。意思是说，在喝咖啡的时候，要抑制住看手机的冲动。

3.平静的通勤

许多人发现，每天往返办公室之间的日常通勤，是压力最大的时候；不论是搭车或开车，都可以用这个时间来实践正念，把注意力带回到身体。在等交通信号灯时，注意呼吸和坐姿的身体感觉，而不是不耐烦或沮丧。花点时间做自己，进入自我的环境。

4.短而美

意念练习就像间歇训练，靠短暂爆发增加耐力；最好练习整合一天之内的短时间，然后尝试强制去感觉一些还没有感受到的东西。随时以检验身体来测试，试着脱下鞋子，把脚掌在四周活动活动，用脚趾压压地面。

5.等待时间

大部分人每天都花费相当多的时间在等待，可以充分利用这一时间，集中注意于呼吸。用鼻子呼吸时注意呼气与吸气的不同位置，当呼气时，感受到温暖的空气通过鼻子进入的凉爽的空气，吸气时注意空气通过喉咙后方、胸部膨胀和收缩的方式。

6.用实物提醒

以每天都可看到的东西作为提示，这也许是一张在办公室的画作或休息室的某把椅子，每当你看到这个东西时，就提醒专注于当下。

7.顺利开始，顺利结束

晚上睡觉时自然放松，当意识到把身体置于床上时，可告诉自己“放下”“松弛”，让身体休息；“正念”是一种技能，就像其他任何活动一样，练习越多越有效率，收益也更多。

（三）渐进性肌肉放松

渐进性肌肉放松训练指有意识地按一定的顺序逐步绷紧和放松全身肌肉，同时，有意识地去感受身体的松紧、轻重和冷暖的程度，在这个过程中掌握主动松弛的技巧，从而在压力大、身体处于紧绷状态时，能快速进入松弛状态。研究发现：渐进式肌肉放松训练可以使消化系统的功能增强、应激水平降低、负性情绪减轻、生理功能改善、生活质量提高。

知识拓展：渐进性肌肉放松训练

练习者可采取舒适的坐位或卧位，按照从上到下的顺序，渐次对各部位的肌肉先收缩5～10秒，同时深吸气，并体验紧张的感觉；然后再迅速地完全松弛30~40秒，同时深呼气，体验松弛的感觉，如此反复进行。

（四）深呼吸调节法

当工作繁重、心理压力过大时，你可以抽出5～15分钟的时间来做深呼吸：选择安静、光线不太强的地方，坐在沙发或椅子上，也可以在自己家的床上，放松身体，然后做深呼吸，每次缓慢吸入空气，达到最大肺活量，尽可能多保持一会儿，然后再缓慢地把气彻底吐出来，在这个过程中体会身体肌肉由紧张到渐渐放松的感觉。

（五）音乐放松法

舒缓的音乐能够帮助我们放松紧张的神经，比如：焦虑、紧张、烦躁者，可以选择《春江花月夜》《渔舟唱晚》等乐曲；而情绪低落、消沉、抑郁者可以选择《喜洋洋》《步步高》等欢快轻松的乐曲。每天听音乐可以帮助我们祛除消极情绪，缓解压力。

（六）自我成长

我们应不断学习成长，通过继续教育、继续培训、继续学习，来提高自己的心理能量以及纠正对事物的错误认识。

（七）向他人倾诉

和亲密的人倾诉自己的烦恼可帮助我们取得内心情感与外界刺激的平衡。在遇到不幸、烦恼和不顺心的事之后，切勿忧郁压抑，我们应当将这些烦恼向我们信赖的、善解人意的人倾诉出来。很多烦恼在说出来之后，往往就已经得到了减轻。

（八）培养兴趣爱好

当我们感觉到心理压力很大时，会很难从这个氛围当中抽离出去。此时，我们可以将自己的注意力转移到感兴趣的事物上，多从事一些让自己感到开心的活动，例如看一场喜欢的电影、参观画展、做手工、画画等。

（九）适量运动

大量研究证明，在运动过程中大脑会大量释放多巴胺，而多巴胺正是帮助我们调节情绪的重要神经递质。因此，在你感受到心情低沉、郁闷的时候，可以多进行自己喜欢的运动帮助自己调节情绪。

（十）构建社会支持系统

处理好工作和生活中的人际关系，参加社群活动，建立工作和生活的界限，花时间和家人朋友相处，经营好自己的亲密关系，发展更多的外部支持性资源，也能够帮助我们应对压力。

第五篇

管理与领导心理

第十六章　管理与领导的理论体系

管理与领导，从理论到实践，从东方到西方，多重内容多方视角，即使从心理学的角度，研究与观点也是多元繁杂的。所以，在本章中，我们从管理的具体实践出发，先是对管理心理理论中几个核心的变量做了简要的分析和梳理，然后根据中国的现实需要，从领导、追随和情境来展开我们的讨论。

随后，我们对管理与领导实践中的两个重要因素，人性与权力的心理学研究做出了介绍。首先，所有的管理行为和理念背后都隐藏着巨大的人性假设，那么，在管理的历史和现实中，都存在着哪些对人性的真知灼见，当下的管理实践背后隐藏着怎样的人性假设，我们希望领导者能对自己管理行为背后的人性观有清醒的认知，以便进一步修正和提升。其次，管理者因为拥有资源而影响别人，这就是权力。但是，从心理学的角度来看，人一旦拥有了权力，其认知、情感和行为就有了一系列的变化，领导者只有自知，才能更有效地识人用人，而权力心理研究的介绍能让领导者更能认清和反省自己的心态现状与发展变化，从而更好地促进管理实践。

一、管理与领导心理概述

（一）管理、领导与心理学

管理与领导是我们日常生活中常遇到的两个概念，这两个概念既有联系，又有区别。所谓管理，是在特定的环境下，对组织所拥有的资源进行有效的计划、组织和控制，以便完成既定的组织目标和结果；而所谓领导，则是在一定的社会组织和群体内，为实现组织预期目标，领导者运用其法定权力和自身影响力影响被领导者的行为，并将其导向组织目标的过程。在这里，领导是决策的过程，管理是执行的过程；领导倚重的是影响力，管理倚重的是职能赋权；领导主要处理变化的问题，管理主要处理存在的问题。这两个概念内涵与外延相互交叉，又略有不同。

作为“人”的指代，领导者和管理者相比较，领导者含义更为广泛，因为管理者往往只具有正式职权，而领导本身还包括非正式职权。简言之，管理者一般是有实际的职位来为其行为做保障，而领导者可能职位并不高，或没有具体的职位，但却因为魅力可以影响不同的人。在“人”的指代上，领导者更注重人，强调的是做正确的事；而管理者更注重系统，强调正确地做事。

作为“行为”的指代，领导和管理相比较，管理的含义更为广泛。因为在管理的实践中，本身就包括计划、组织、领导、控制等多种行为过程，在这里，“领导”就是管理等重要职能之一。此外，管理展开来说，管人理事，管理的对象有人、有事，包括了人、财、物等多种内容，而领导的对象只能是人，只能是对人的影响。所以，从行为层面来看，管理的外延更为宽泛一些。

一般来说，领导心理是管理心理学的重要组成部分，但管理心理学包括个体心理、群体心理、组织心理、领导心理等多种范畴。在这里，我们之所以将此部分归结为“管理与领导心理”，是期望在管理心理学的学科框架内，以领导心理为核心内容，来展现在组织管理中的心理学的现象、规律以及实际应用。本章的内容，也是按照这样的思路来展开的。

（二）领导、追随与情境

如前所述，我们这里的管理心理学讨论以领导心理为核心展开，这里的领导，更多指一种行为与过程，它并不是存在于领导者身上的一种特质或特征，而是发生在领导者和追随者（即被领导者）之间的一种交互活动。

在领导过程中，领导者和追随者同时也受到具体工作情境条件的约束。即，领导是在领导者和追随者之间有影响力的一种关系，发生在他们试图真正地加以改变并期望得到反映他们共同目标的结果时。从上述概念，我们可以看出领导行为由领导者、追随者和工作情境三个要素构成，它们之间是一种互相影响的关系，如图16-1所示：

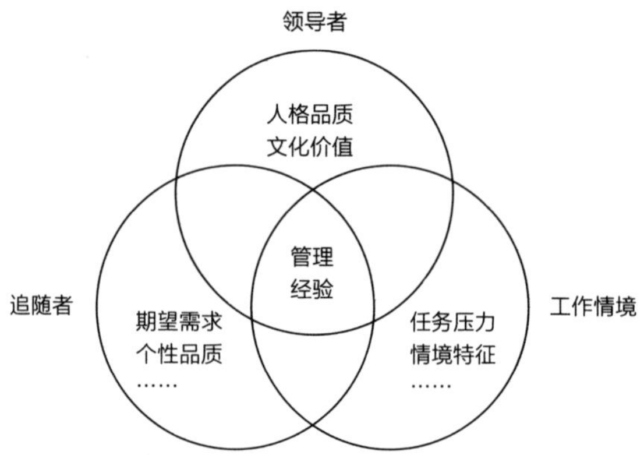

图16-1　领导者、追随者和工作情境的关系

领导者和追随者构成领导行为的主体，组织的目标经由领导者细化和分解，传达给追随者，再经过大量的任务指令、沟通、反馈，共同实现目标。然而，任何的领导行为都发生在某个特定的组织内部，不同的情境特征又会影响领导行为的效果。领导者、追随者、工作情境也是我们这里所讨论的管理与领导心理的核心内容。

首先，领导者由于其自身的人格品质、价值观念、工作经验等会形成不同的领导风格。比如，有些领导者以任务为导向，关注任务是否能如期完成、完成的质量怎样。这种类型的领导就可能较少地关注组织中的人际关系，其在领导行为中较少关注组织成员的心理、感受，而更倾向于依照程序办事。有些领导则以关系为导向，经常倾听追随者的意见并给予支持，尽力在组织中维持一种愉快、和谐、融洽的氛围。在日常的管理工作中，也相对较少地强调组织的规则和工作程序。另外，有些领导事必躬亲，不管大小巨细的事都要亲自过问；相反有些领导则赋予追随者更多的自主性。领导者自身的人格品质、信念价值和个人经历会形成不同的领导风格。

其次，追随者也有各自不同的个性品德、价值观念和期望需求。如有些追随者认为，自己的工作职责就是执行领导的命令，不管这个命令是否具有操作性。而有些追随者认为，每个成员对于组织的发展都是很重要的，因此会主动参与组织的活动，思考组织的制度规则是否合理。相应地，除了基本的薪酬和福利外，他们也会比前者更需要机会来展现自己的能力，实现自身对组织的价值。也就是说，每个追随者都会基于自身的个性、价值观念和期望需求形成不同的反应模式。

有种由来已久的观点，认为领导者是领导行为中的主导者，追随者的存在只是为了能让领导者实现领导。事实上，领导者与追随者的影响是双向的。一方面，追随者要服从领导者的指令，适应领导者的行为方式；另一方面，追随者固有的个性和特点也需要领导者加以观察，并适时地调整自己的领导策略。除此之外，共同目标也非常重要，这是领导者和追随者行为的共同基础。心理学的研究表明，每个人都喜欢和自己有相似特点的人，在组织中亦是如此。追随者更容易认同和接纳与自己有相似点的领导者，而共同的目标就是相似性的重要体现。

最后，领导者与追随者都置身特定的情境之中，领导行为的最终效果受到情境因素的调节。可能领导者和追随者都付出了相同的努力，配合得同样默契，但由于情境因素的变化取得了截然不同的结果。任务的难度、压力、相关的政策法规等都属于情境因素。

总之，虽然研究者关于领导的本质说法众多，但追根溯源，就是“要别人去做你想做的事”。然而，追随者为什么要听从领导者的指挥，领导者凭什么对追随者“指手画脚”，难道仅仅是简单的权力不对等？很显然，答案并不那么简单，这里面牵扯到领导自身的定位、追随者（下属）的个性特质，以及在特定情境下两者的相互作用，等等。我们将从心理学的角度出发，对于领导者管理和领导过程中各种心理行为现象及其规律进行阐述和讨论的著述，我们首先从管理点心理基础人性假设谈起，随后展开领导、追随者与情境三个方面的讨论。

二、人性假设与管理

管理学家道格拉斯·麦格雷戈（Douglas M·Mc Gregor）认为，所有的管理行为和管理理念背后都隐藏着巨大的人性假说。管理者在实践某种管理行为时，总是会首先把被管理者认定为“某类人”，如，在一个四处安装摄像头的车间，不论管理者怎么宣传自己的管理理念是以人为本，摄像头本身就暗含着他对被管理者的不信任，在他的心目中，下属是懒惰同时需要监控的。在管理的历史演变中，关于人性的假说基本包含以下类别，不同的人性假说基础上，也呈现出不同的管理风格。

（一）基于人性假设的管理理念

1.“经济人”假设与管理

19世纪末20世纪初，在欧美兴起一种把科学的理念和思路运用到管理中的思潮，形成了古典管理理论。在古典管理理论中，基本遵循“人是机器”的论调，形成了著名的“经济人”假设。

经济人假设的关于人性的基本观点如下：

- 多数人十分懒惰，总想方设法逃避工作。
- 多数人没有雄心大志，不愿负任何责任，而心甘情愿接受别人指导。
- 多数人的个人目标都是与组织目标相矛盾的，必须用强制、惩罚的方法，才能迫使他们为达到组织的目标而工作。
- 多数人工作都是为了满足基本的需要，只有金钱和地位才能激励他们工作。
- 人可以划分为两类：一类是符合上述设想的人；另一类是能够自己鼓励自己，能够克制感情冲动的人，这些人可以担当管理的责任。

基于“经济人”的假设，必然会采取“胡萝卜加大棒”式的“严密监控、赏罚分明”的管理措施。这些措施可归纳为以下三点：

- 管理工作的重点是在提高生产率、完成生产任务，而没有对于人的感情和道义的责任。
- 管理工作只是少数人的事，与被管理者无关，他们的主要任务是听从管理者的指挥。
- 在奖励制度方面，主要用金钱来刺激工人生产的积极性，同时对消极怠工者采取严厉的惩罚措施。

“经济人”假设曾风行于20世纪初到30年代的欧美企业管理界。这种理论改变了当时放任自流的管理状态；加强了社会上对消除浪费和提高效率的关心，促进了科学管理体制的建立。

然而，科学管理理论因为推崇自上而下的管理和控制、严格的等级观念和制度等，也在实践中使得工人们产生了强烈不满和抱怨情绪，特别是随着经济技术的不断发展，工人们更加注重保护自己的权利，促使工会组织形成与壮大，而资本家与工人间的冲突和矛盾也愈加激烈。

同时，管理工作的复杂性和管理任务难度的增加，使得学者们开始不断思考，仅依靠之前一直推崇的管理方法是否真的有效？因此，一些与企业、社会发展相适应的理论、政策应运而生，而管理者们也顺应时代发展的趋势，在日常的管理实践中不断检验和发展这些理论、政策等。

2.“社会人”假设与管理

20世纪30年代，基于霍桑工厂的照明实验，社会心理学家梅奥（Mayo）发现影响员工工作效率的最重要因素不是员工获得的物质利益，而是工作中的人际关系。梅奥认为，工人产量受限的原因不是担心被解雇，而是反感技术人员测定他们的工作效率，这种工业生活会造成工人的无能为力感，使其产生不满，而工人找不到满意的渠道表达对人际问题和工作的不满，这导致了悲观主义的产生，进而出现对权威的不满和产量受限现象。也就是说，一些社会因素和工人的需求会对工作产量产生一定的影响，这导致了著名的“人际关系运动”。这场运动中诞生了“社会人”假设，认为人不但有经济方面和物质方面的需求需要得到满足，更重要的是人有社会方面和心理方面的需求需要得到满足。

具体来说，“社会人”假设有如下三个特点：

- 工人在劳动中同其他人进行交往，紧密地结合在一起。经营管理者忽视人际关系的调整，必然造成生产中的重大问题。
- 一个工人进入工厂以后与同班组其他人的关系如何，在很大程度上决定这个工人的工作表现，并直接地影响其才能的正常发挥。
- 经营管理人员一旦抛弃认为工人群众是群氓的错误假设，重视企业内部的人际关系的不断调整，就能获得惊人的效果。

在“社会人”假设的指导下，管理者开始采取“以人为本、注重参与”的管理模式，主要表现在如下方面：

- 企业的管理不应只关注工作任务，还应注意员工的人际关系问题，尊重和关心员工。
- 在对员工的激励方面，用集体奖励制度代替个人奖励制度。
- 管理人员的职能不仅是计划、组织、控制，还包括了解员工的人际关系情况，协调好员工之间的关系，培养员工对组织的归属感。
- 鼓励员工之间的沟通与交流，实行参与式管理。

相对于只重经济利益的“经济人”假设，“社会人”假设指导的管理模式下的员工更有集体归属感与工作满足感，在工作中也取得了更高的效率，更有利于缓解越发紧张的劳资关系。可以说，从以工作任务中心的管理到以职工为中心的管理无疑是管理思想与管理方法上进了一步，在许多企业的实际管理中都收到了显著的效果。

同时，“社会人”假设认为人与人之间的关系对于激发动机、调动职工积极性比物质奖励更为重要，这无疑也具有比较积极的意义。不过，“社会人”假设的管理过于偏重非正式组织的作用，对正式组织有放松研究的趋向，而且，这种人性假设对人的积极主动性及其动机研究还缺乏深度，是其遗憾之处。

3.“自我实现人”假设与管理

“自我实现人”假设的理论基础源自美国人本主义心理学家马斯洛的需要层次理论。马斯洛认为，在最基本的生理、安全和归属与爱的需要得到满足后，人有自我实现的需要，这种需要是指人们需要不断地发展、提升和完善自己，实现自己的目标与理想。所谓自我实现，是指人们对于发挥自身潜能的需求，只有当自己的潜能得到充分的发挥时，人们才会有自我实现的满足感。

麦格雷戈将马斯洛的需要层次理论迁移发展到管理领域，提出了“自我实现人”假设，其主要观点是：

- 在满足了基本需求后，员工会主动追求工作中的成就感。
- 人们不是厌恶工作的，且在工作中会主动承担责任。
- 人们对待工作的激情取决于控制条件，相对于外部控制条件，人们更多地选择在内部控制和自我管理下工作。
- 对管理者来说，不应只用强制和惩罚来管理员工，也就是说，相对于金钱等外部激励，采取共同达成组织目标等内部激励更容易让员工满足自我实现需求。
- 在组织中，应注重员工的参与度和创造力的发挥。

在“自我实现人”假设的基础上，相应的组织管理策略也具有了“丰富内容、充分授权”的特点，主要表现在以下四个方面：

- 在管理重点上，从人的身上转移到工作环境上，要创造一种适宜的工作环境、工作条件，使人们能在这种环境下充分挖掘自己的潜力，充分发挥自己的才能，充分地自我实现。
- 在管理人员职能上，管理者的主要职能是一个访问者。他们的主要任务在于如何为发挥人的智力创造适宜的条件，减少和消除员工自我实现过程中所遇到的障碍。
- 在奖励方式上，从传统的关注外在奖励，如工资、提升、良好的人际关系，转变为更重视内在的奖励，即让人们在工作中能获得知识，增长才干，充分发挥自己的潜力等。

- 在管理制度上，也要力图保证员工能充分地表露自己的才能，达到自己所希望的成就。

“自我实现人”假设的提出与发展，使得20世纪60到70年代学者们开始从社会学、心理学的视角来研究人的行为、需求和动机，基于此产生的理论对管理理论的发展和对实践的指导均有重大的意义。与此同时，在实践上，管理者则更为注重高度人性化的管理模式，主要表现为注重员工心理因素的作用，充分认识到员工的动机和需求，从而注重个人目标和组织目标的统一，有效地促进了管理实效，也提高了员工的满意度和生产力。

不过，从理论上来看，“自我实现人”的理论基础是不充分的。现实社会中真正达到自我实现的人是极少数的，由于受到环境的束缚和限制，一般人很难自我实现。实际上，人的发展主要是社会影响，特别是社会关系影响的结果。这些问题无疑削弱了“自我实现人”假设的说服力和实践价值。

4.“复杂人”假设与管理

20世纪60年代到70年代，一些学者又提出了管理中的“复杂人”假设，这种观念认为，员工可能同时存在多种不同的需求，且在不同的时间段需求也会发生变化。正是需求的多样性导致了错综复杂的动机模式，“复杂人”假设主张从组织、环境的角度，系统地考察人性假设。

基于“复杂人”假设的视角，员工需要的复杂性，可分为以下五点：

- 人的需要是多种多样的，而且这些需要随着人的发展和生活条件的变化而发生变化。
- 人在同一时间内有各种需要和动机，这些需要和动机会发生相互作用并结合为统一整体，形成错综复杂的动机模式。
- 人在组织中的工作和生活条件是不断变化的，因此会不断产生新的需要和动机。
- 一个人在不同单位或同一单位的不同部门工作，会产生不同的需要。
- 由于人的需要不同，能力各异，对于不同的管理方式会有不同的反应。因此，没有一套适合于任何时代、任何组织和任何个人的普遍行之有效的管理方法。

“复杂人”假设观是权变管理的基础，因为不存在适用于所有组织行为、所有员工个体的管理方式，管理实践者需要根据个体之间的差异，结合多样的组织形式、企业情况，采取灵活多变的、有弹性的领导与管理模式。

可以说，“复杂人”假设，强调根据不同的具体情况，针对不同类人采取灵活机动的管理措施，对于我们的管理工作是有一定的启发意义的。同时，随着社会进步、现代科技的快速发展与应用，基于“复杂人”假设的理论也得到了快速的发展。当下许多流行的管理理论与学说，如约翰·科特的领导理论、彼得·圣吉的学习型组织理论、马斯·彼得斯的管理革命理论等，都带有“复杂人”假设的基因，使得该理论呈现新的繁荣景象。

（二）人性假设的管理启示

1.人性假设演化进程及其对现代管理的启示

从“经济人”假设、“社会人”假设、“自我实现人”假设到“复杂人”假设，我们应该看到，每种人性假设没有孰优孰劣，只要有合适的条件，都是合理的假设，都是好的理论。否则，不考虑社会情境、基于人性假设而提出相应的管理，理念再好，也会效果不佳。

历史上，每种人性假设的出现，都是符合了当时“时代精神”（黑格尔语）的结果，都是与时俱进的表现。通俗点说，在“经济人”假设之前，历史的背景是：劳动者没有一点地位，人身并不自由，不论是西方的奴隶，还是东方的仆人，生产者都是管理者的一种私有财产。在这样的条件下，管理者很难把被管理者当作有尊严的个人而存在，加之生产规模也有限，因此，此时缺乏基于人性假设的管理就不足为奇了。

而随着社会的发展，尤其是工业革命之后，企业的规模也从手工作坊演变为机械化生产。同时，劳动者虽然经济上依附于企业，但其人身自由了，他们如果觉得薪资待遇不好，完全可以另谋生路。这时候，管理者把人当成以利益为导向的“经济人”是最自然不过的事情。但是，在社会经济发展之后，劳动者在企业中工作，基本的生活需要已经满足，在工作赚钱之外，他们更希望在工作中找到归属、找到爱，这时候，提出强调人际交往的“社会人”的假设，也是顺理成章的事了。而“自我实现人”的假设，恰恰发生在一个比较发达的社会中，这时候，人们所有的活动都不再仅仅是“为稻粱谋”，人们的温饱甚至小康问题可以不用通过工作来实现。同时，创造性的工作也大量产生，严格控制的管理不再适合此时的人，进而产生“自我实现人”的假设也就毫不奇怪。而随着时代的进步，企业组织规模越来越大，工作分工也越来越细，多姿多彩的社会，千奇百怪的人，做着各种各样的工作，那么“复杂人”的假设便因此应运而生了。

因此，随着社会的发展进步，管理者对于人性的看法经历了一个“经济人”→“社会人”→“自我实现人”→“复杂人”的过程，这恰恰是时代发展的必然结果。

同时，从人性假设的变化我们也不难发现，人们开始从关注自己向关注他人转变，从强调人的生物属性向强调人的社会属性、精神属性转变，人性假设伴随着经济、技术、文化的发展越发成熟和完善。不同人性假设下的管理与领导模式也存在差异，对管理实践者来说，对人的定义和假设不同，采取的管理措施也有所区别。随着人性假设的演变，研究视角和内容也不断丰富与完善，不再局限于研究提高组织绩效的微观层面因素，而是研究如何从战略的角度，建立战略目标，获得独一无二的竞争优势，以提高企业与组织绩效。

从人性假设的发展历程中，我们可以看到每种人性假设其实都有其展现的历史背景，都有其可取之处。同时，这些人性假设，对于我们今天各级领导的组织管理而言，依然具有鲜明的启示意义。尤其在社会发展的今天，组织规模往往也在不断增长，一个组织成员构成比较复杂、个人背景、知识层次体现出多元化的特点，作为管理者，在管理时要对员工进行精准定位，并根据相应的人性假设，采取有针对性的措施。比如，对于企业的研发、管理人员，以“自我实现人”“复杂人”假设理解为基础管理会更起作用；而对于一线员工则基于“经济人”“社会人”假设的管理效果更好。可以说，没有一条放之四海而皆准的管理学命题，也没有一个可以适应各种条件的人性假设，我们只有理论上理解了人性假设的要义，现实中确认组织成员的基本背景与需求，才能选取合适的人性假设并做出有实效的管理决策。

2.人性假设对新生代下属管理的启示

作为当下这个时代的领导者，许多人会为管理新生代下属感到困扰，根据人性假说的发展演变，可以看到与以往的时代相比较，生活在新时代的年轻人也表现出一些新的特性，这突出体现在两个方面。

一方面，当下的年轻人处在一个复杂的、不确定的世界。与以往相比较，他们由原先单一的需要模式，或递进式的需要模式，正演变为多种需要并存、主次分明的多元需要模式。他们不是单纯的“经济人”“社会人”“自我实现人”或“复杂人”，他们在工作中需要经济基础，同时也希望在工作中寻找自我、确定自我。他们不仅追求高收入，也注重个人的未来发展空间、强调自我价值的实现。

另一方面，当下的年轻人也处在一个发展中的、自由度逐渐提高的世界。在经济发达、自由文明的空间中成长出来的一代年轻人，不论组织采用什么样的管理模式，他们都会有追求物质利益与人格平等的需要，而且崇尚思想自由与行为自由。这样，他们会表现出对宽松的工作环境、自由平等的人际关系的向往。

人性的变化必然带来管理的变化。对于新时代的年轻人，在理解人性假设理念的基础上，新生代的管理必须注意到以下几点。

首先，要注重柔性管理的应用。西方管理思想研究的重心在物的管理、组织的管理和人的行为研究，但在东方的文化语境下，特别是在受到孔孟思想影响几千年的中国，在规章制度之外，道德规范、人与人之间的交往常常也扮演着重要的角色。所以，在管理实践中，西方刚性的制度化的管理模式虽然科学性十足，但如果忽略了情感因素、心理因素，则不一定符合中国新生代的需要，管理效果上可能会适得其反。因此，领导者在管理新生代时还应注意管理的艺术性，应该充分利用中国传统文化中的精华，刚柔相济，既注重制度要硬、执行要硬，又要考虑方法得当、手段要软，做到从关心

“物”到关心“人”。注重人的内心需要，通过对人心人性的柔性关怀，促进新生代的年轻人积极参与工作，并获得成长。从这一点上来说，领导者要学点心理学，以便了解人心人性。

其次，要注重多层次多方位的沟通。沟通是领导者激励下属、实现领导职能的基本途径，是企业与外部环境建立联系的桥梁。当下的某些组织中，对待新生代的员工，仍存在忽视沟通，或者沟通渠道单一、沟通机制不健全等问题。基于新生代年轻人的特性，有必要结合个人职业发展，与其进行多层次、以组织个人双赢为目的的沟通。这种沟通既可以是正式沟通，也可以是非正式沟通；既有下行沟通，又有上行、平行沟通；既有单向沟通，又有双向沟通……总之，领导者必须树立沟通意识，增强沟通实践。了解年轻人，才能收获年轻人的心，最终使沟通成为实现企业目标和个人发展的有力手段。

最后，要注重奖励与惩罚的有效性。有研究发现，在缺乏激励的环境中，员工的潜力只能发挥出20%到30%，但在良好的激励环境中，同样的人员却可以发挥出个人潜力的80%到90%。新生代年轻人成长环境相对单纯，大部分人也有文化，自尊心比较强，同时心理承受力比较弱，所以对于他们而言，更希望有一种积极的正向的鼓励，在奖惩的时候，最好是以奖励为主，惩罚为辅。同时，即使在惩罚时也要肯定其成绩，在惩罚时也要让他感受到被尊重和被关怀，防止其因为惩罚而导致旷工、离职等过激行为。

三、权力及其心理作用

权力现象是人类社会最普遍的现象之一，也是管理心理学研究的一个热点话题。人们普遍所熟悉的一句话是“绝对的权力导致绝对的腐败”，其实从心理学的角度来看，并不是权力直接引发了腐败，而是拥有了权力之后，掌权者对自身心理行为的变化缺乏相应的觉察与警惕，最终有意无意诱发了腐败。在心理学研究中，权力暗含拥有相应的影响他人的资源，而权力心理则重点研究当一个人拥有了这类资源之后，身心会有哪些变化。我们就从这个角度出发，重点介绍当一个人拥有权力之后，其认知观念、行为决策方面的心理变化。换言之，这里所讨论的是一个人当官之后，会出现哪些无意识、自动化的心理行为的改变。

（一）权力对认知观念的影响

心理学研究发现，权力对领导者认知思维的影响主要表现在两个方面。

1. 权力促进抽象思维，更具全局观念

人类的信息加工方式有抽象思维和具体思维两类，抽象思维具有适应性、灵活性，它意味着更少的局限，包含更多的概括化，更有深度；而具体思维则注意力聚焦、关注环境中的细节，思想处于表面水平。面对著名的自由女神像，具体思维的人看到的是一个人拿着火炬；而抽象思维的人看到的是自由的象征。

人们发现，高权力者因其对他人的依赖程度小而具有更高的独立性，进而产生与他人相区别的感觉，因此拥有权力使人在心理上采用较远的视角来认知自己的情境。换句话说，权力导致了抽象认知的生成。相对于权力低的人，高权力者更经常以抽象的方式加工信息，而抽象信息加工的对象可以是拥有权力者所面对的任何认知任务，而不仅是人际知觉任务。

用通俗的话讲，当一个人拥有了权力之后，看问题会更全面、更整体。在现实生活中，如果一个年轻人刚刚被提拔到管理岗位时，可能周边有些人还会担心这个年轻人会不会缺少大局观、不注重整体利益。其实这种担心往往是多余的，年轻人一旦到了领导岗位，手中一旦拥有了代表资源的权力，他的言谈举止中就会体现出大局观，格局也打开了，思考问题也更理性，更注重抽象的数字。当然，与此同时，他可能也会出现一个问题，他不再关注一些事件的细节，对于一些具体的案例感受不深，对一些事情的同情心、同理心表现得弱一些。

2. 权力促进刻板思维，容易固执己见

高权力将产生自动化的社会认知，采用更加概括信息的加工模式，而刻板思维则是其自动化加工的重要表现。权力所引发的刻板思维表现在两个方面：一是对他人或下属的刻板认知；二是对既定规则的刻板接受。

根据权力控制模型（Power-as-control，简称PAC），权力与刻板印象之间具有相互增强的关系。首先，刻板化意味着控制，这种控制有两种途径：描述性信念和规范性信念。描述性信念指人们以刻板化的方式预期个体的行为特征，如当我们与湖南的朋友聚餐的时候，总会预期他将要点很多香辣的菜；规范性信念的作用是束缚个体的行为，即认为属于某群体的人应该如何，如人们认为湖南人就应该能吃辣。如果处于刻板印象规范性信念中的个体行为不能符合这些刻板印象，个体将受到有形或无形的惩罚。刻板印象具有控制作用，没有人愿意被刻板化。其次，控制意味着权力，刻板印象即是控制的一种途径。由于有权的人经常面对众多无权的人，所以注意的能量限制也使他们不能充分认识无权的人，而是对他人类别化。刻板化他人者通过限制刻板印象群体的行为选择而增强了自己的权力。有权力的人不用担心被刻板化，但没有权力的人却深受刻板印象的苦楚。所以，不仅刻板化他人增强了权力，同时权力也加强了刻板印象。

权力不仅导致领导者对他人的刻板印象，同时也引发其对既定规则的刻板执行。在大多数情况下，领导者基于既定的组织规则进行管理。高权力会增加个体基于规则的道德思维，而低权力会增加人们对行为后果的道德思维。

举例来说，在一个医疗情境中，医生发现一位年轻的男性患者得了绝症，将会在6至9个月内死亡，而该男性患者的女友请求医生先让他们结束计划中的旅行再将诊断结果告诉患者。那么人们会认为医生该如何处理这个问题呢？研究发现，高权力者在了解到这种情况后还是坚持认为医生应该按照医院的规定，马上将病症的真实情况告诉患者；而低权力者则认为接受患者女友的请求更加人性化。

（二）权力对行为决策的影响

权力对领导者的影响，更体现在行为决策上，包括以下几个方面。

1.权力促进行为的主动性

权力的定义就表明有权的人控制着资源，更能满足自己的需求，有权的人有更多的机会来行动。此外，权力的接近/抑制理论表明，高权力引发行为接近而低权力激活行为抑制。因此，在个体行为层面，高权力者更具主动性。

一些研究结果更为详尽地说明了这一点：在与搭档商量奖金的分配方案的情境中，高权力者更能表明自己的态度，说出自己的不同意见；而低权力者较少地表明自己的态度，倾向于保留自己的不同意见。在面对奖赏时，高权力者表现出更高的敏感性，并能采取更多的策略得到奖赏。在关于权力的一个经典研究中，也发现了权力导致行为的直接证据。研究者发现，与低权力的被试相比，高权力被试在玩类似“二十一点”的扑克牌游戏中，表现出更多的叫牌行为；在完成任务的过程中受到风扇的干扰时，高权力者往往会采取更多消除干扰的措施。

另外也有发现，权力增加了攻击性，当自我感觉到威胁时，不管自己能力水平如何，那些有权力的个体都会显示出更多的攻击性。此外，在一项权力影响决策的研究中，研究者发现了权力与冒险两者之间的关系。他们发现，拥有高权力倾向的被试，无论是在权力感操控中，还是在权力倾向操控中，比那些无权者会表现出更多的风险追求，因为他们觉得这样会取得更大的成功。

换言之，当拥有权力之后，个体会更具有进取性，更显现出勃勃的生机与咄咄逼人的特性；他们甚至不计算损失，更喜欢冒险，更冲动。这些特性，从好的方面讲，领导者容易开拓进取取得成功，但也容易犯盲目冒进的错误。

2.权力提升人际互动的敏感性

人际敏感性能够准确地评估他人的能力，评估的内容包括个性特点、情绪、思想意图、言语信息和非言语信息，等等。众多研究表明，高权力的领导者具有更高的人际敏感性，相对于低权力，高权力使个体能够更好地了解他人的想法和感觉。

对于高权力的个体而言，具备更高的人际敏感性是一个明显的优势，这会让其建立一个良好的人际关系，从而增加工作效率，提升合作者的满意度。许多研究亦表明，作为领导，高权力者常常需要根据从他人那里获得的信息进行决策，并与有潜力的义务伙伴建立新的关系，而这些活动的完成都需要更准确的人际信息解释能力。

然而，也有一些研究发现，在某些条件下，低权力的人比高权力的人有更高的人际敏感性，仔细考察这些研究就会发现，这些人际敏感性偏转的现象多发生在上下级互动之间，即上级对下属的敏感性不如下属对上级的敏感性。这可以从上下级之间互动的动机进行解释，因为高权力者即使不关心下属，问题也不大，但低权力的个体则更有动机去察觉上级是否对其认可。

这些研究给我们的启示是，高权力拥有更高的人际敏感性，但这种敏感是有选择的，是一种功利性的敏感，比如，领导者在面对自己的上级、面对工作的对象时会展现自己细致、耐心的一面；但对于不大重要的下属，甚至习以为常的亲人，则会表现出不那么敏感，忽略下属和亲人的感受。人一旦当了领导，与一些工作相关的重要人物的关系可能更好了，但下属和家属却可能感到受到了冷落。

3.权力提高社会行为的目的性

领导者的行为常常以目标为导向，将注意力灵活分配在所需要的任务和目标中，而领导者的目标既包括任务导向也包括人际关系导向，这取决于情境的不同需要。简言之，权力将人的注意力聚焦在个体的特定目标上，进而增强其行为的目的性。例如，有权力的个体在执行以人为中心的目标时，能够对权力低的人形成更好的个性化认识。

权力所导致的目的行为，既可以是意识参与的，也可以是无意激活的。当一个人进入某一情境，该情境就会自动激活能在该情境中进行的行为与目标。有研究发现，提升权力，可以促进情境所蕴含的目标行为。在其中的一项研究中，研究者要被试描述其在工作日和周末要做的事，结果发现，与低权力者相比，高权力者在周末计划了更多的以休闲为目标的行为，在工作日则计划了更多的以工作为目标的行为。换言之，权力让人更快地发现情境所赋予的目标，并引发趋向目标的行为；同时，也有研究发现，高权力者还善于保护其焦点目标免受干扰。

权力对社会行为目的性的影响还表现为高权力者更容易将他人作为实现自己目标的工具，即，领导者更容易物化（Objectification）他人。在心理学的研究中，物化被描述为以一种更方便地利用他人的角度去看待他人的过程，而工具性假设是物化定义的根本，对象只是个体达到目的的工具。权力导致物化的一个表现是接近或完成工具目标后会贬低工具目标的价值。例如，在一个组织模拟情境中，与没有权力的经理相比，有权力的经理在执行任务过程中进行了更多与下属沟通的尝试，但在实验结束后表现出更少与下属见面的兴趣，因为此时下属对于完成目标的价值降低了。

有研究发现，高权力被试不仅对目前的人际关系（包括下属和同级）报告出更高的物化程度，物化趋势还会影响领导者选择那些利于实现岗位目标的工作伙伴，而不考虑被试的其他非工具性品质，如：善良。

总而言之，权力导致物化，而物化增强接近更有用社会目标的趋势，因此，领导者一定要警惕自己物化他人、工具化他人的倾向。

4.权力诱发利益分配的功利心

经济学中的“经济人”假设认为，人在任何时候都追求利益最大化，利益是人们最关心并且也最敏感的主题之一。然而，人们常常发现，利益总是不能和公平和睦共处。

然而，这并不意味着，现实生活中权力必然导致“腐败”，它受到多种因素的影响。有研究发现，当一个任务要求个体为大众利益献出自己的资源的时候，与低权力者相比，高权力者会献出更多的资源，因此表现出更高的亲社会行为。而当一个任务要求个体从大众利益中获取资源时，高权力者会比低权力者从公共利益中获取更多的资源，从而表现出更低的亲社会行为。这里的发现很有意思，高权力者往往做事主动积极，奉献的时候容易积极，索取的时候也容易积极。

此外，是否“腐败”还与领导的领导信念有关，信奉谋私利己型领导信念的个体，在高权力条件下给自己分配更多的报酬；而信奉服务大众型领导信念的个体，在高权力条件下给自己分配更少的报酬。所以，权力并不一定导致腐败，关键在于你当政时的信念如何，是“千里为官只为财”，还是“当官不为民作主，不如回家卖红薯”，不同的信念，对于利益的分配会采用不同的策略。

总之，当下权力心理研究的这些结论对我们领导者是有启发的。权力是一把“双刃剑”，它既可以提高领导者思维的概括性、情绪的积极性与行动的主动性，促进我们在工作中的表现，提升我们的工作绩效；但与此同时，它也可能让我们固执己见、情绪失调，甚至贪污腐化。因此，领导干部在充分发挥权力本身给我们工作带来的正面影响的同时，还要时刻提醒权力给我们带来的一些负面作用，学好权力相关的心理学知识，时刻警醒自己，掌握权力、用好权力，莫让权力在无意识中主宰了我们的社会行为，最终害人害己。

第十七章　领导者的胜任特征

有没有一种人，天生就适合当领导的？或者从另外的角度，高效领导者具备什么样的特点？这些问题，一直是管理与领导心理的核心议题之一。在以往的研究中，会更多考察领导者的人格方面，如探讨一个领导者具备什么样的人格特质更受欢迎，如自信、谦逊、严谨等；或者单纯考察一个领导者的能力水平，如语言能力、沟通能力等。而当下，研究者更愿意关注领导的工作绩效，探讨一个人能够把工作从“好”做到“卓越”的所有表现，也就是胜任力的考察。在本章中，我们将从胜任力的历史与基本概念出发，首先介绍一般领导者所需要的胜任素质，然后聚焦于当下的党政领导工作、一个优秀党政领导工作者所需要的素质结构等表述，供相关的管理工作者参考及其确认努力的方向。

一、领导胜任力概念与模型

（一）胜任力的概念与测量

1.胜任力的基本内涵

20世纪50年代初，美国政府要选拔一些新的外交官，具体工作是甄选驻外联络官（Foreign Service Information Officers，简称FSIO），这些人要在国外开展各种外交活动，让更多的人理解和喜欢美国，属于在世界各地宣传美国亲善的人。在以往的选拔中，用的多是学历文凭、智商测验等手段，但效果并不好。于是，美国国务院邀请哈佛大学心理学家戴维·麦克里兰

（David McClelland）为其设计一种能够有效预测实际工作业绩的人员选拔方法。麦克里兰否定了以往以智力因素为基准的评价方法，他和自己的同事们仔细研讨之后，拿出了一个如下的有效的解决思路：

既然政府要选优秀的外交官，那么我们首先要看看那些优秀的外交官是个什么样子的，他们具有什么样的特性。然后，我们再看看做得一般的外交官，他们具有什么样的特性。两相比较后共同的东西，就是做外交官的基本需要；而优秀者比平庸者更强的特性，就是做好外交官的关键，这也应该成为我们测试与选拔中关注的焦点，这就是各种职业评测中一直应用到今天的胜任力。

麦克里兰最初将胜任力定义为与工作或工作绩效直接相关的知识、技能、能力、特质和动机，能够较好地预测个人在特定职位上的工作绩效，并能区分组织环境中特定工作职位绩效水平潜在的个人特征。而随后的研究者们，如斯潘塞（Spencer）则更强调了两类人的区别，认为“胜任力是能将某一工作（或组织、文化）中有卓越成就者与表现平平者区分开来的个人的潜在特征，它可以使动机、特质、自我形象、态度或价值观、某领域知识、认知或行为技能——任何可以被可靠测量或计数的并能显著区分优秀与一般绩效的个体特征”。在这里解释一下，“胜任力”，英文Competency，这个词现在心理学界、管理学界都在用，翻译成中文有胜任力、胜任特征、才能、素养、能力等多种译法，从专业词汇最好要和日常词汇相区别的角度来看，“胜任力”或者“胜任特征”应该是比较好的说法。

麦克里兰用胜任力的思想，比较了优秀与一般的外交官胜任特征的区别，构建了新的外交官选拔的思路与技术，1973年，他在《美国心理学家》上发表《测量胜任力而不是智力》一文，这标志着学界和管理实践界胜任素质运动的开端。其基本的理念是诸如学历文凭、智商之类只是表层的、完成工作所必需的基准性胜任特征；一个工作的关键在于动机、特质、自我认知等深度的能够区分优秀与普通绩效的胜任特征，同时倡导使用胜任力模型设计取代智力测验作为预测未来工作绩效的方法。

2.胜任力的测查方法

可以说，胜任力的研究思路是不错的，能够让我们更容易区分一项工作的优秀者与一般者，能在人才选拔、绩效考核等多方面管理中利用这种思路来促进工作实效。但是，如何来测量一个岗位的胜任力呢？当前的研究中主要采用的是访谈与问卷的形式。而具体操作中，往往依据最初的研究者麦克里兰创建的“行为事件访谈法”（Behavioral Event Interview，简称BEI）。

行为事件访谈是一种开放式的行为回顾技术，它通过一系列问题，收集被访者在代表性事件中的具体行为和心理活动的详细信息。简单来说，典型的做法是让你说出你以往工作中最成功的事件，并详述其间的背景、所思所想所行，以及最后的结果。这里有两点要注意一下：

一是行为事件访谈法谈的都是过去的事件，其间暗含的思路是一个人对未来的畅想其实用处有限，把未来的忠心和努力表述得再好，不如真实的以往的工作表现更实际。研究也表明，过去的工作经历对未来的表现更具有预测作用。

二是行为事件访谈法重点在行为。虽然要求你对以往事件的描述，但核心在考察以往工作的行为表现，因为只有行为才更容易考察、测量与培训。重点考察行为，也是出于对未来实际人才管理的需要。

很明显，一访谈你就知道，绩效优异者的成功案例和一般人的成功案例是不一样的，《三国演义》里关羽的成功事件可以说是温酒斩华雄，而一般人的成功事件则可能只是夜下追小偷。伟人的失败，比庸人的成功离真理更近。找出具体优秀者与一般者的成就事件相互比较，并寻找总结出其中的特质差异，那么一份工作的胜任特质模型就此产生了。

起始于麦克里兰的胜任特征研究在随后的学者与实践工作者的不断完善下，现在依然是许多企业人才培训与选拔的重要依据。麦克里兰的观点也彻底改变了管理中的招聘实践，现在的招聘中很少测智商了，而胜任力则成了许多人力资源经理的最爱。各种面试的时候，考官一般都会对如下的问题展开提问：你对于当下的岗位以前有类似的经验吗？你能不能说一个以前工作中最能代表你水平的事件？……这些面试中常见的类似问题，就是源自行为事件访谈的思路。

（二）高绩效者一般胜任特征

那么，如何来理解胜任力，胜任力模型中又包含哪些内容呢？借助麦克里兰的研究，越来越多的学者与公司参与到胜任力运动中来，发展出了不同岗位的胜任特征模型，描述了成为某一行业佼佼者的各种特质。斯宾塞等人历时近20年的研究，提出了冰山模型（The Iceberg Model）。

在冰山模型中，研究者把胜任力模型形象地比喻成漂浮于水中的一座冰山，漂浮于水面之上的为基准性胜任力特征，包括知识和技能，这些特征是对胜任者基本的素质要求，是一种基准性的胜任力。换言之，具备相关的知识技能，能够保证可以开展一项工作，但这不足以把绩效优秀者和普通者区别开来。隐藏在水面下的为鉴别性胜任力特征，包括社会角色、自我概念、人格特质和动机，这些深层特征越往水下越难发现，越不容易被人们所感知，但它们是决定人们行为的关键因素，可以预测个人工作上的长期表现。

同时，斯宾塞总结了在各项职业中最常用的胜任特征。换句话说，若想在你所从事的职业中出类拔萃，靠仅有的智商和文凭是不够的，一般来说，下面的这些因素更决定着你成就的高低：

一是成就特征。这种特征描述的是一个人是否拥有能够主动追求事业的欲望，关注工作发展的规律以及工作的成效，这将成为你事业上能否取得成就的最首要的因素。一个人在大学毕业多年之后，如果回望自己同学的职业发展，就可以发现，当年学习最好、智商最高的那个人往往不是世俗意义上最成功的人，而当年那些智商一般，但却始终不断孜孜追求的人，往往走得更远，发展得更好。

二是助人特征，也是服务特征。就是具有较强的人际洞察力，较高的客户服务意识，能够敏感意识到对方的需要，并想到为之服务，通过让别人得到更好的体贴与照顾，进而更好地发展自己。自我中心者在这一点上往往有所不足，所以，当下的一些年轻人，看不到周边人的脸色，在事业上就难有起色。

三是影响特征。不仅要觉察和了解对方，还要具有权限意识和公关能力，知道自己的边界在哪里，能否通过影响他人来获得工作上的进展，这一点对于领导者特别需要。认识人，还得影响人，我们在日常工作中也会发现，虽然有些人在职位上并非管理者，但在各项工作中实际上却是个带路人，大家随着他的步伐前进，这就是影响力。

四是管理特征。这是一个希望自己职位升迁必备的素质了。在一个比较高的岗位上，如何指挥下属，进行团队协作、认识人培养人，带好队伍。管理特征是领导必备的特征，有的人天生就有管理的天分，有遗传基础，这是事实，但这种管理特征，其实也是可以通过培训来提升的一种能力。

五是认知特征。综合分析能力、判断推理能力、信息寻求能力，在对世界的认知上你总要找到自己的一技之长，才是你立足的根本，职场的需要不是一开始就让你管人，而是做事，做事做得出色，就需要这种对世界的认识、分析和判断的能力。

六是个人特征。这牵扯到一些个体的特质，一般来说，在工作中自信、能够自我控制、为人有一定灵活性、对组织忠心耿耿者，更容易做好工作并取得职位的晋升和获得更多的利益。

当然，上面列举了一般成功者的六大胜任特征，这些只是对大多数工作而言一些普适性的特征。具体到某一工作岗位，要求并没有那么多。比如，在麦克里兰最初的管理者胜任特征上，就只包含两类内容：一是内部的成就动机、主动精神和概括思维；二是外部的影响力、团队意识与领导能力。

二、党政领导的胜任特征

（一）党政领导干部的胜任特征

随着胜任力研究的不断发展，国内外的研究者们对各种专业技术人员、销售人员、社区服务人员、管理人员和企业家等岗位都进行了考察，成果也非常显著。那么，如果聚焦于党政领导干部，根据管理的历史与当下的研究结论，作为一名党政领导所需要的胜任特征要包含哪些内容呢？

从历史上看，中国人对于人才管理与能力素质的思想就非常丰富，孔子在论及智力与能力问题时，就提出了“上智”“下愚”“中人”的概念；而《孙子兵法》中则明确表明，“将者，智信仁勇严”，强调领导者必须具备智信仁勇严这五个方面的领导能力与道德修养。近年来，原国家人事部推出了《国家公务员通用能力标准框架（试行）》，在全国推行九种公务员通用的能力，即政治鉴别能力、依法行政能力、公共服务能力、调查研究能力、学习能力、沟通协调能力、创新能力、应对突发事件能力和心理调适能力。而在颁布的《全国公开选拔党政领导干部考试大纲》中，规定选拔对象所接受的测评要素包括一般能力、领导能力和个性特征三个方面，其中一般能力包括逻辑思维能力和语言表达能力；领导能力则由七个因素组成：计划能力、决策能力、组织协调能力、人际沟通能力、创新能力、应变能力、选拔职位需要的特殊能力；个性特征则是选拔对象在面试中表现出来的气质风度、情绪稳定性、自我认知等个性特征。这些要求，也基本体现了在中国公共管理中党政干部胜任特征的基本要求。

而回顾胜任力研究的历史，麦克里兰第一个管理者胜任力模型，其实就是在帮助美国政府选拔驻外机构外交人员。换言之，胜任力研究的源头就是政府行政官员。当时的研究表明，对于该岗位而言，有三种胜任力是必需的，它们分别是：跨文化的人际敏感性、人的积极欲望以及快速进入当地的政治网络。

近年来，对政府机关的研究也逐渐受到关注。不过，由于我国的国情不同，对政府机关公务员的分类和级别定义与国外有一定差异，我国政府在选拔任用干部时的条件和国外也有所差异。与此同时，随着全球一体化的进程日益加剧，传统的行政管理模式也受到越来越多的挑战。时代的发展要求，我们的政府行政职能要有所转变，这对于已经习惯了以往工作方式的各级干部来说，是一种从外在到内在的挑战。当前，我国公务员队伍主要面临五大挑战：第一，对决策能力的挑战。第二，对依法行政能力的挑战。第三，对政府宏观调控能力的挑战。第四，对社会服务能力的挑战。第五，对管理手段、方式的挑战。这些挑战其实也对我国的政府机关干部提出了更高的要求。

当然，在形式与政策之外，一些学者也对领导干部的能力素质进行了研究。比如，华东师范大学敖小兰（2004）将干部领导能力及有关特质构成要素总结为：决策能力、组织能力、协调能力、识人用人能力、激励能力、创新能力、语言表达能力、发现问题分析问题能力、应变能力、预见能力、判断能力、自知之明、学习新知识的能力、自信心、事业心、责任心、进取心、条理性、宽容心和效率感。

其中，司局级干部领导能力及有关特质的构成要素可归纳为以下几个方面：

- 领导组织能力，包括自知之明、激励能力、发现问题能力、组织能力、协调能力；
- 领导风格，包括宽容心、效率感、条理性；
- 预见与创新能力，包括预见能力、判断能力、应变能力、自信心、创新能力；
- 敬业性，包括事业心、责任心、进取心；
- 领导表达能力，包括识人用人能力、激励能力、语言表达能力、学习新知识接受新事物的能力；
- 决策能力。

县处级干部领导能力及有关特质的构成要素可归纳为以下几个方面：

- 组织办事能力，包括协调能力、组织能力、决策能力、预见能力、判断能力、分析问题能力、发现问题能力；
- 敬业性，包括事业心、责任心、进取心、自信心；
- 自知力，包括自知之明和宽容大度；
- 学习与为创新能力，包括创新能力、学习新知识接受新事物的能力、应变能力；

- 表达能力，包括语言表达能力和条理性；
- 识人用人能力，包括识人用人能力和激励能力。

（二）基层党政领导干部胜任特征

在确认政府公务人员能力素质的同时，许多学者也从胜任特征的角度，展开了对党政领导干部的考察，不过由于地域、级别等方面存在诸多不同，采用的研究方法有的是传统的行为事件访谈，有的是简单或复杂的问卷调查，最后所研究的胜任特征素质在各研究间也存在差异。综合当下的一些研究，我们认为，以下方面体现了基层党政领导干部的主要胜任特征，尤其是区分了优秀与一般绩效的深层次的鉴别性胜任特征：

一是成就动机。与成功者一般的胜任特征相类似，在基层党政领导中，广受好评的领导干部也具有高成就动机的特点。他们总是善于学习，经常向有关部门领导汇报思想与工作成绩，并能利用各种机会主动协调各部门和各方人士。他们在工作中不是简单地下命令，而是努力争取各方支持，在主要领导不在的时候，也能积极主动把上级安排的各项工作做好。

二是同事关系。党政领导干部在工作中能否注重搞好上下级、同事关系，也是其胜任能力的重要体现。这主要表现在工作中能努力协调各方面的人际关系，在按原则办事、政策办事的基础上，体现出具有人情味的特性，经常与同事联系，友好沟通。

三是处事方式。对人对事的处理态度和手段，也是党政干部胜任特征的重要表现。这突出体现在，领导干部在处理问题时是否成熟稳重、考虑问题是否周详、是否敢于承担责任并不回避冲突、直面问题，等等。此外，如果在工作中能够采用进取创新的态度，熟练掌握现代办公手段和电子商务，并能利用新的科学技术手段解决一些工作中的问题，则在工作中更会受到大家的认可。

四是自我特质。自我特质中主要包含的是党政干部的德行特性和人格特质，在胜任特征的调查中，一般都会强调思想品德的重要性，特别是对于党政机关干部尤为如此。对党忠诚，坚定的政治立场，自觉地为人民服务的意识，廉洁奉公、不以权谋私的行为举措，都是党政干部必备的胜任素质。而在人格特质中，一个优秀的党政干部主要体现在情绪稳定性和自控力，他们遇事沉着稳定，能够很好应对各方面的挑战；同时，他们也有着较强的自控力，能够在各种挑战与诱惑中控制住自己的欲望和行为，自己的言谈举止得体，符合职业身份与角色的要求。

第十八章　对追随者的影响策略

追随者一般可以理解为下属、管理者的工作对象，然而，这种认识并不全面。在学术探讨中，追随者的含义又包括了在追求组织利益和价值中的合作者、参与者、共同领导者、共同拥护者。追随者对领导者的追随是以共同目标为基础的，追随行为可能发生在组织的任何一个职位。组织中的某个成员，可能既有领导者的身份，也有追随者的身份。追随者跟随的对象不一定是管理者，但管理者的目标一定是成为被追随者。然而，目标容易建立，但实施起来并不容易。在当下的管理与领导实践中，许多领导者所面临的问题是新时代的下属们捉摸不透、难以理解，甚至对其暗生抱怨，不知道怎么管理，更别说追随。

我们说，实施有效的管理和领导，只会依赖制度和强制的权力并不够，还需要符合人心人性、依据心理学的原理进行，而领导的本质就是一种社会影响。作为领导者，应该如何引导追随者接受自己的观念，尤其是当追随者与自己的观点不一致的情况下，如何改变追随者的观念，这里面有科学，也有艺术。在本章中，我们将基于心理学的研究和中国文化的特性，谈谈领导者怎样从观念、行为、关系三个方面对追随者产生影响，具体谈谈管理影响中的认知改变策略、行为激励策略和人际关系策略。

一、认知改变策略

（一）认知失调理念及其应用

1.认知失调理论的基本理念

现实生活中，每个人都要追求心理平衡。怎么样才能平衡呢？一个自以为是好人的人，他（她）做了好事心理就平衡；一个自认为是坏人的人，做了坏事也心理平衡。这里所谈及的心理平衡问题，可以用心理学上一个经典的理论加以解释，那就是认知失调论（Cognitive Dissonance Theory）。认知失调理论是美国社会心理学家费斯汀格在1957年的《认知失调论》一书中提出来的，他认为，人有一种保持认知一致性的趋向。在现实社会中，不一致的、相互矛盾的事物处处可见，但外部的不一致并不一定导致内部的不一致，因为人可以把这些不一致的事物理性化，从而达到心理或认知的一致。但是倘若人不能达到这一点，也就达不到认知的一致性，心理上就会产生痛苦的体验。

费斯汀格认为，假如两个认知要素是相关的且是相互独立的，我们可由一个要素导出另一个要素的反面，那么，这两个认知要素就是失调关系。例如一个抽烟的人有这样两种认知："吸烟有害健康""我吸烟"，这个人就会体验到认知失调。因为由"吸引有害健康"可以推导出"我不应该吸烟"的结论，而自己当前的行为恰恰与这一结论相反。如果这种现象出现了，那么一个人在心理上就会产生痛苦的体验。而这种失调的感觉，就成为一种内驱力，就像饥饿和口渴一样，激励着我们去减轻认知失调，尽力改变其中一个或者两个认知，最终达到两个认知一致、和谐，心理上就平衡了。

比如这里说的"吸烟有害健康"与"我吸烟"的矛盾，怎么解决，当然最好的是用实际行动戒烟，我不吸了，矛盾就解决了，但是戒烟太难了，很多人多次无功而返，因此，人们一般会从另一种认知入手，即通过转变"吸烟有害"的观念来达到心理平衡。他们会寻找一些证据，比如科学家对吸烟有害的说法并无定论、我家邻居抽烟喝酒活到九十九；或者增加一些新的观念来形成认知协调，如“虽然吸烟有害健康，但吸烟让人开心，我吸烟我开心，人重要的就是开心啊，不开心活着也没意思”。这样一来，心理从失衡转变为平衡，烟就可以接着抽了。

在费斯汀格之后，人们进一步把认识失调问题之源归结于人的自我概念和自尊。人有两种基本的认知需要，一是正确认识世界的需要，这也是我们赖以存活延续的基础；二是维护良好自尊的需要，这是一个人积极成长的根源。那么，两者之间产生冲突怎么办？也就是说要想正确认识世界，就必然带来自尊心的毁损；要想保存自尊心，就必须扭曲错误地认知这个世界。举例说明，一个人客观上因为水平有限，难以有成就，如果他按照客观事实来理解自己，那么他必然得出结论，自己的水平就是比一般人低，那就会影响到自尊；但要维护自尊呢，认识世界就不客观了，这种认知上的失调怎么处理？研究发现，对于大部分人来说，往往最后的选择是：为了维护良好的自我感觉，宁可扭曲地认知这个世界。于是，这个工作中的失败者就会把自己的绩效不良归结于领导不重视、小人当道等一些外在的原因，这样心理平衡了，自尊心也得以维系。

2.认知失调理论在管理中的应用

那么，认知失调理论怎样用在工作中，管理者如何根据认知失调理论来改变影响下属呢？其中最简单的一个应用便是批评要从表扬开始：

当下属在工作中存在失误或者有一些令人不满意的现象，这时候需要指出他的问题，甚至批评他，这也是常见的事。然而，并不是每个人都会愉快地接受批评的，当一个人自暴自弃，“我就这样了，你能把我怎样？”对于这类人，你怎么办？

很简单，根据认知失调理论，每个人都是需要自尊的，每个人在内心深处都觉得自己是不错的，但是一个犯了错误面对批评的人，“我是好人，我犯了错误”，心理失衡，改正错误虽然最简单，但是最痛苦，那么他就会转换方式来达成心理平衡，即，“反正你们也都看不起我，那我就不是好人了，犯错误正常，你批评吧”，这样认知就平衡了。好人做好事心理平衡，坏人做坏事心理也平衡，有些人为了避免批评带来的伤害，他先把自己的自我概念临时修正一下，把自尊放低，倒地“躺平”。换言之，所谓他无所畏惧的状态无非是心灵怕受到伤害而放弃自尊的结果。

一个没自尊的人是没有办法被批评的，按照心理学的原理，只有好人做坏事才会难受、认知失调。所以，在批评一个人之前，得确认他有好人感。见到一个放弃自尊、自我评价低的下属，领导者要做的不是暴怒发泄，而是先慢慢聊，赞美他，卸掉他的防备之心，然后再展开批评。一般谈话的基本思路如下：

先别谈他的错误，从一般的工作生活聊起：近来怎么样啊，工作怎么样啊，生活怎么样啊，纯闲聊。

接下来谈优点，夸他，唤醒自尊与好人感：我上次听到一个什么什么事，说明你是一个什么什么人，不管别人怎么看你，反正你在我心目中，有理想有未来是大好青年……

当看到对方自尊心升腾，眼中放亮，笑容渐起，这时候才指出其错误：既然你这么好，为什么犯那么蠢的错误？！这样，一个那么好的人，犯了那么大的错，难受失调是不可避免的了，前面夸得越到位，后面的批评会让他越失调，越难受，修正自己的动机也就越强烈。

当然，唤醒失调成功，并不说明思想工作就结束了。虽然“好人做坏事”引发了心理痛苦的体验，但最后的改变并不一定符合我们的期待。因为根据认知失调论，减少认知失调的方法不仅仅只有一种，至少下面这些都是可能的选择：

一是改变认知。如果两种认知相互矛盾，我们可以改变其中一个认知，使它与另一个相一致。当“我是好人”与“我犯了错误”两种认知引发失调时，可以通过改变“犯错误”的认知来恢复平衡，比如，死不承认自己的错误来平衡自己的高自尊。

二是增加新的认知。如果两种不一致的认知导致了失调，那么失调程度可由增加更多的协调认知来减少。如对于“好人犯错”的失调，可以再增加一个“是人都会犯错”来获得新的平衡。

三是改变认知的相对重要性。因为一致和不一致的认知必须根据其重要性来加权，因此可以通过改变认知的重要性来减少失调。如犯错者可以在认知上降低“犯错误”的权重来平衡高自尊，即形成“我是个有自尊的人，我犯了错误，但错误不大”进而达成心理平衡。

四是改变行为。这才是我们期待的结果，但很明显，行为比态度更难改变，犯错者总是不大愿意做。

所以，我们在批评一个人的时候，“好人犯错”者有四种逃跑路线，我们一定要对前三种路线进行封堵，只留一条改正错误恢复心理平衡之路。比如，批评人之前要认真取证，防止他抵赖狡辩说没犯错；并且告诉他“谁都会犯错误，但不是谁总是犯错误”；而且，要提醒他所犯错误并不是小事，影响很大，等等。当然，最后只有一条路留给他：用实际行动，修正自己的错误。

（二）要求—承诺策略及其应用

认知失调之后都有一种协调平衡的需要，好人做好事心理平衡，说到做到心理也平衡。从心理学的角度来看，每个人都希望自己是言而有信的，承诺的行为都有义务去履行。一项承诺，就是一个对自己的郑重期望、一个对自己未来行为的操作指南。

心理学家曾做过一个研究：把参与者分成两组，其中的一组人让他们讨论一个关于助人的倡议书，同意的在上面签名；另一组则什么都不做。过一段时间之后，跟他们讲述一个志愿服务的任务，希望他们能放弃一些休息时间，参加某种志愿助人活动，结果，相对于未讨论的一组，那些讨论了助人倡议，尤其是在倡议书上签过名字的人，参与后来的志愿活动的可能性大大增强。

从心理学的研究及其理念来看，如果领导者希望影响改变下属的行为，可以从承诺开始。具体操作的行动策略应该是：不承诺→小承诺→公开承诺→行为转变。从领导者的角度说，要想下属做出大转变，领导要先提小要求。要想让他做到，先得让他说到。大的转变往往是从小要求开始的。

美国著名影片《卡特教练》讲述了卡特教练怎样把一群顽劣少年组成

的篮球队带出成绩，并把他们送进大学的故事。这是一部真实案例改编的电影，故事内容用管理学的语境说，就是如何影响下属带团队的故事。那么，他是怎么开始的呢？我们看到，最初的做法中，他对队员没提大的要求，只是要求彼此称呼“先生”，而不是胡乱叫一些绰号。同时，他拿出一份合同要队员们签署，要求队员做出彼此尊重、努力改变的承诺。新官上任，明确提出新的要求，制定新的政策也是一种必然，特别的是，卡特教练最初提的要求并不高，队员也容易做到，只是让他们做出微小的承诺和努力，然后跟随的给予鼓励，违反的给予惩戒；最终培养形成的，是一个追随领导、努力前行的团队。

但是，很清楚并不是每个承诺都能达到最终行为的改变，若想让下属的承诺产生真正的行为改变的效果，还要注意要求与承诺之间的一些必要条件。

首先，要求应该是合理的。当领导在给下属提要求的时候，比较忌讳的是希望“一口吃个胖子”，提出一个比较大的要求，下属难以完成。虽然这样的要求也表示领导对下属满含期望，但这样的要求也容易流于形式，让下属知难而退，最后不了了之。要知道，问题不是一天两天养成的，改变也不会是一朝一夕之事，所以，领导对下属提的要求不要过分着急，不要希望下属一下子就有一个行为的巨变，而是应该从“小要求”着手，提一个不复杂、容易达到，或者少许努力就可以达到的要求，这样，也利于下属做出自己的承诺。

其次，承诺最好是公开的。下属的承诺可以是领导与下属私人间的，也可以是当着组织成员全体的。当一个人做出承诺时，如果知道的人越多，履行承诺的心理压力便越大。试想，那么多吸烟的人为什么屡次承诺却戒不了烟，因为很多人只是自己在洗手间对着镜子默默下定决心而已，这样的自我承诺因为缺乏监督，很容易流于形式。所以，对于下属答应的事，最好给予其公开，让其面对领导以及同事的共同压力，这样，履行承诺的可能性也更大。当然，这并不是说，要求和承诺同时在公开的场合进行，对下属的要求以及承诺可以经历一个从私下到公开的过程，逐步展开，先是私下决心，然后找适当的机会和场合让更多的人知道。这里需要注意的是，需要公开的承诺应当以不侵犯下属的隐私和权利为宜，不能事先约定不公开的事情一下子公之于众，让下属下不来台，应当在尊重的态度、表扬的语气、和谐的气氛下将承诺公开。

再次，履行承诺后有奖励。下属履行了自己的承诺，完成了领导的要求，这时候，领导要给予及时的鼓励和肯定，这包括各种形式、各种水平的表扬。否则的话，下属即使经过一些努力，达到了领导要求，但无所得，那就会降低其未来努力的可能性。

最后，要求与承诺有层次。最好的领导要求与下属承诺的关系应该是逐级递增的。在心理学的社会影响理论中，有一个现象称为“登门槛效应”（Foot In The Door Effect），认为当个体先接受了一个小的要求后，为保持形象的一致，他可能在随后接受一项重大的、更不合意的要求。这就好比在商业推销中，推销员首先的目标不是卖商品，而是能把脚踏进客户的大门，而只要一进大门，那么随后推销成功的可能性便大大增加了。前面所谈及的几个领导转变下属的例子中，其要求与承诺都是逐级递增的，领导所采用的其实都是“得寸进尺”的登门槛技术。

二、行为激励策略

（一）行为激励的基本理念

领导者完成有效管理的根本任务是能够调动员工的积极性，这必然会涉及员工的激励问题。激励指的是组织通过设计适当的外部奖酬形式和工作环境，为实现某种组织目标而采取的能够激发组织成员实施与组织目标一致，并最大限度实现组织目标的行为的一个或者一组机制。它会借助信息沟通来激发、引导、保持和规划组织成员的行为，以有效地实现组织及其成员个人目标的系统活动。一直以来，激励都是管理学、心理学的学者们关注的焦点议题，许多研究者也提出了不同类型的激励理论，接下来我们介绍其中有代表性的三种。

1. 成就需要理论

成就需要理论是一种内容激励理论。美国心理学家麦克里兰提出："成就需求强烈的人是一个企业的宝贵财富。"他认为人有三种需要，领导者若想有效激励下属必须从这些方面安排合适的激励内容。这三种需要分别是成就、亲和及权力需要。

所谓成就需要（Need for Achievement），就是争取成功希望做得最好的需求。它是指人希望通过自身的努力和能力而达到一定目标，获得成就感的需要。具有强烈的成就需求的人渴望将事情做得更为完美，提高工作效率，获得更大的成功，他们追求的是在争取成功的过程中克服困难、解决难题、努力奋斗的乐趣，以及成功之后的个人的成就感，他们并不看重成功所带来的物质奖励。个体的成就需求与他们所处的经济、文化、社会、政府的发展程度有关，社会风气也制约着人们的成就需求。

所谓亲和需要（Need for Affiliation），就是建立友好亲密的人际关系的需求，有的时候也称为归属需要，是一种渴望被群体接受，能够与人亲密相处的需要。高归属动机的人更倾向于与他人进行交往，至少是为他人着想，这种交往会给他带来愉快。高归属需求者渴望亲和，喜欢合作而不是竞争的工作环境，希望彼此之间的沟通与理解，他们对环境中的人际关系更为敏感。有时，归属需求也表现为对失去某些亲密关系的恐惧和对人际冲突的回避。一般处于这种需要占主导地位的人都期望能够被团体和社会所接受，能够和他人有亲密的交流，获得他人的信任和关心，同时能够去关心别人。

所谓权力需要（Need for Power），就是影响或控制他人且不受他人控制的需求。这是一种控制和影响他人的需要。这种需要占统治地位的人很期望通过自己的行为来控制其他人的行动，追求更高的职位，具有好斗的性格，对问题能够全面地分析，喜欢在其他人面前获得地位。常常表现出喜欢争辩、健谈、直率和头脑冷静；善于提出问题和要求；喜欢教训别人并乐于演讲。他们喜欢具有竞争性和能体现自己较高地位的场合或情境，他们也会追求出色的成绩，但他们这样做并不像高成就需求的人那样是为了个人的成就感，而是为了获得地位和权力或与自己已具有的权力和地位相称。

2. 公平理论

公平理论是一种过程激励理论。美国心理学家亚当斯（Adams）认为，人们有一种保持分配上公平感的需要，员工的公平感将直接影响其工作动机。员工不仅关心自己经过努力获得的报酬的绝对数量，也关心自己的报酬和其他人的报酬的相对比较，并且与个人的历史收入相比较。对比较结果公平与否的判断会对工作积极性产生影响。

当个人比率与他人比率相等时，员工会认为合理公平，从而保持积极的工作心态；当员工感觉不合理时，就会采取措施以减少不公平感。如果一个员工感到报酬低于其他员工而不公平，则他会通过自我解释，曲解自己或别人的收支比率，如自己收入少但工作也不辛苦，主观上造成一种公平的假象，以便自我安慰；或选择另一种比较基准，与另一个职工或自己历史上的另一个时期相比较，比如当下虽然收入不理想，但比当初生活在贫苦的小山村毕竟强多了，有了这种想法，就可以获得主观上的公平感；或采取行动改变别的职工的收支比率，如要求领导把别人的报酬降下来或增加别人的劳动投入等；采取行动改变自己的收支比率，如要求领导给自己增加劳动报酬或减少劳动投入等；发牢骚，讲怪话，消极怠工，制造矛盾或另谋高就。在少数情况下员工会感到报酬高于其他员工而不公平，则他会想办法减少报酬或增加劳动贡献。但是和低报酬带来的不公平相比，人们更能容忍报酬过高带来的不公平，或者说，更能使之合理化。

3. 强化理论

强化理论是一种行为改造激励理论。美国心理学家斯金纳所倡导的强化理论是以学习的强化原则为基础的关于理解和修正人的行为的一种学说。所谓强化，从其最基本的形式来讲，指的是对一种行为的肯定或否定的后果（报酬或惩罚），它至少在一定程度上会决定这种行为在今后是否会重复发生。人的不同行为过程中应该有不同程度的强化，根据强化的性质和目的采用不用的强化方式。在管理上，正强化就是奖励那些组织上需要的行为，从而加强这种行为；负强化就是惩罚那些与组织不相容的行为，从而削弱这种行为。正强化的方法包括奖金、对成绩的认可、表扬、改善工作环境和人际关系、提升、安排担任挑战性的工作、给予学习和成长的机会等。负强化的方法包括批评、处分、降级等，有时不给予奖励或少给奖励也是一种负强化。斯金纳认为，通过正强化，员工因原有行为受到鼓励和肯定而自觉地加强该行为；通过负强化可以使员工感受到物质利益的损失和精神的痛苦，从而自动放弃不良行为。而且，正强化或负强化必须紧随行为之后才最具效果。

强化理论在激励运用时应遵循一些行为原则：

- 要有目标，明确定向行为；
- 要依照强化对象的不同采用不同的强化措施；
- 小步子前进，分阶段设立目标，这样不仅有利于目标的实现，而且通过不断的激励可以增强信心；
- 及时反馈；
- 积极反馈，正强化比负强化更有效，在运用上应以正强化为主，适当奖罚。

以上简单介绍了三类激励理论，在具体的工作场景中，已经很少见到单一激励理论的应用，在实践层面必须对已有激励理论进行整合，同时找到符合当前时代要求的研究落点，才能获得长足的发展和强有力的实践意义。尤其是在中国运用西方激励理论，必须充分考虑中国文化这一特殊背景的影响，只有突出中国特色，才能保证有效激励。

（二）行为激励的应用实践

基于行为激励理论，管理实践者综合组织的现实，形成了一些有效的管理策略。我们这里介绍其中三类。

1. 目标管理策略

“目标管理”（Management By Objectives）的概念是管理专家彼得·德鲁克（Peter Drucker）1954年在其名著《管理实践》中最先提出的，其后他又提出“目标管理和自我控制”的主张。德鲁克认为，并不是有了工作才有目标，而是相反，有了目标才能确定每个人的工作。所以“企业的使命和任务，必须转化为目标”，如果一个领域没有目标，这个领域的工作必然被忽视。目标设置理论表明：相比容易的目标，困难的目标能带来更高的个体绩效；而相比没有目标或笼统的目标，具体的目标能激发员工尽最大的努力完成目标，从而实现更高的绩效；绩效反馈会带来更高的绩效。因此，管理者应该通过目标对下级进行管理，当组织最高层管理者确定了组织目标后，必须对其进行有效分解，转变成各个部门以及各个人的分目标，管理者根据分目标的完成情况对下级进行考核、评价和奖惩。

目标管理一般有四个组成成分：目标具体性，参与决策，明确的时间规定，绩效反馈。这其中，目标的设置以及对目标完成情况的监督的评估是决定目标管理的有效性，以及能否对绩效产生积极影响的关键。

2.参与式管理策略

员工参与的内容非常广泛，蕴含着一系列方法，如它包括工作场所的民主，授权和员工所有制。事实上，员工参与指的是发挥员工所有的能力，并为鼓励员工对组织成功做更多的努力而设计的一种参与过程。其隐含的逻辑是：通过员工参与影响他们的决策和增加他们的自主性和对工作生活的控制，员工的积极性会更高，对组织更忠诚，生产力水平更高，对他们的工作更满意。参与式管理是最常见的一种员工参与的方式，它有时被推崇为治疗士气低落和生产率低下的“万灵药”。

参与式管理就是指让员工和下属在不同程度上参加组织的决策过程及各级管理工作，将下级和员工置于与企业的高层管理者相平等的地位，共同研究和讨论组织中的重大问题，以此让员工感到上级主管对他的信任，促使员工将自己的利益与组织发展相结合而产生强烈的责任感；同时，参与式管理为员工提供了一个赢得被重视的机会，会获得一种成就感，更由于能够参与商讨与自己有关的问题而受到激励。因此，参与管理既对个人产生激励，又为组织目标的实现提供了保证。

参与式管理的核心是形成员工对组织的“心理契约”，只有这样员工才能真正从参与中获得激励，激发与组织目标相一致的行为。心理契约

（Psychological Contract）是美国著名管理心理学家施恩（E.H.Schein）正式提出的。他认为，心理契约是“个人将有所奉献与组织意欲有所获取之间，以及组织将针对个人期望收获而有所提供的一种配合”。心理契约是存在于员工与组织之间的隐性契约，其核心是员工满意度。如果将员工的工作任务分为封闭式和开放式，将组织提供的报酬分为短期和长期，我们也可以发现四种类型的心理契约：交易型，有详细的任务，组织提供短期报酬；过渡型，没有详细的任务，组织提供短期报酬；平衡型，任务非常详细明确，而且组织提供长期报酬；关系型，任务不明确，但组织提供长期报酬。一般而言，心理契约包含以下七个方面的期望：良好的工作环境，任务与职业取向的吻合，安全与归属感，报酬，价值认同，培训与发展的机会，晋升。

3. 灵活福利策略

20世纪70年代初，灵活福利在世界范围内兴起。灵活福利制度是组织设置的，允许员工从众多福利项目中选择，允许每个员工选择一组适合他们的需要的福利。灵活福利又被称为“自助餐式福利”“弹性福利”等，它改变了传统的“一个福利计划适用于所有人”的现象，一些公司正在把灵活福利制度整合为一种降低员工流动率和缺勤率、提高员工生产率和工作满意度的人力资源管理和激励工具。灵活福利通过允许员工选择最能满足他们当前需要的报酬组合，使报酬个体化，从而实现将单一福利方案转变成激励因素，它的理论基础就是假定所有员工的需要类型是不同的。另外，灵活福利制度的设计方式是多种多样的，企业可以通过确定福利的组成项目、核定每个福利项目的货币成本以及员工的购买力等方面来考虑设计组织的福利制度。近期的企业实践中运用比较广泛的两种福利项目是员工持股计划和心理援助计划，前者有助于提高员工的薪资水平和主人翁意识，后者则重点帮助解决员工面临的工作生活问题以提高其工作绩效。

所谓员工持股计划（Employee Stock Ownership Plans），是指企业员工通过现金或贷款等其他方式获得融资购买所在企业的股票，并通过某一机构委托运作、集中管理，代表员工股东身份参与公司经营决策和监督或由员工自己行使股东权利，员工按所持股份份额可分享企业利润，从而使员工能够以劳动者和所有者的双重身份参与企业的生产经营活动的一种产权制度或激励制度。这里的员工泛指企业的所有员工，包括管理层和普通职工，因此在此意义上的员工持股计划包括管理层持股。员工持股计划不仅是职工的一种福利计划，同时也是一种股权激励制度。

而所谓员工援助计划（Employee Assistance Program），是企业组织为员工提供的系统的、长期的援助与福利项目；通过专业人员对组织及员工进行诊断和建议，提供专业指导、培训和咨询，帮助员工及其家庭成员解决心理和行为问题，提高绩效及改善组织气氛和管理。员工援助计划包含为员工提供保密的个人评估、心理咨询和治疗服务，帮助员工解决家庭、法律、医疗和经济问题，等等。员工援助计划自1917年在美国企业中首先开始应用。近百年来，在个人层面，EAP可以帮助企业中的问题员工（Trouble Employee）应对所遇到的应激事件，后来逐渐演变为帮助他们获得成长、掌握心理调适的方法，从而帮助他们更好地适应工作环境，提高个人绩效；在组织层面，可以帮助管理者进行管理，处理危机事件，提高组织绩效。简言之，心理援助计划是企业用于管理和解决员工个人问题，从而提高员工与企业绩效的有效机制。同时，员工心理援助方案也能够增强员工对公司的向心力，提高士气，增加留职率，改善组织气氛和提高公司形象。心理援助计划体现了组织对于员工更高层次需求——精神层面的需要的关注，能让员工产生归属感，对组织的情感依恋更深，有利于组织文化的建设。另外，应用员工援助计划还可以协调员工关系、促进员工之间的合作，减少员工抱怨，提高士气和积极性，表明对员工的关心态度等。

三、人际关系策略

（一）中国人的人际关系

在领导者的胜任特征中，我们曾谈到人际关系在其中的重要作用。许多跨文化的研究表明，中西方人际互动的规律有很大差别。与注重规则的西方人不同，中国人在处理人际互动中首要及更多考虑的问题就是：关系。

具体而言，中国人关系与运作也有一定规律，它主要表现为两个特点。

首先，中国人在面对他人的时候首先会对他人进行分类，不同类别的人其关系的性质也不同。其次，人们对于不同类型的人交往的目的往往不同。一般人们会根据交流目的将关系分成三类：

生人关系。生人关系是一种工具性关系，具体来说，你和陌生人接触，主要是为了满足你的物质生活需要，所谓陌生人，就是你获得物质需要的工具而已。

亲人关系。亲人关系是一种情感性关系，具体来说，你和亲人接触，主要是为了满足你的情感需要，所谓亲人，就是在你伤心的时候给你关爱，在你开心的时候与你分享的人。

熟人关系。熟人关系是一种人情关系，这是一种最为复杂的关系，具体来说，和熟人接触，有的时候是为了满足你的物质需要，如和熟人合伙做生意；有的时候是为了满足你的精神需要，如与熟人一起侃大山；也有的时候，同时满足精神与物质需要，如在合伙做生意的同时彼此交换一些私人秘密。

根据心理学者黄光国的研究，对于中国人而言，不同的人际关系下，实施的运作法则也不相同。

生人关系主要依据的是公平法则。和陌生人打交道，我们主要考虑的是合算不合算，物质利益合算即交往，不合算即不交往。例如，一般而言，我们不会因为售货员对我们有笑容，我们就会多花钱买她的东西。

亲人关系主要依据的是需求法则。和亲人打交道，我们就不会计较合算不合算了，对方有什么需要我们会尽可能满足他，因为是一家人。例如，你为家里的孩子操了很多心，其实从经济上考虑可能并不合算，但你依然无怨无悔。

熟人关系主要依据的是人情法则。中国人的人情讲究的是有来有回，是所谓人情往来。我今天对你好，其实是因为昨天你对我好；同时我今天对你好，也期望你明天能对我好。在这里，你对我好，我对你好的“好”，可以体现为“物质上的获取”，也可以体现为“精神上的满足”，即我今天物质上对你好，让你完成了一单生意；你可以明天在精神上做出回报，如帮我介绍一个女朋友。在人情法则中，又有来，又有往，又物质，又精神，非常容易发生不对等的情况，那么，中间就有可能有人感觉不值得、人情冷暖等，所以中国人熟人中的人情关系最为复杂了。

举例来说明中国人人际关系的运作：比如有人借1000元钱，借不借呢？如果是西方人，可能就简单一些，按照他以往的既定人际原则，该借就借，不借就不借，非常干脆。可中国人就不同了，他在做出决策之前，所想到的不是什么既定的原则，而是首先考虑咱们什么关系，通过关系定位的亲疏远近，来决定行为的准则，最后引发是否借钱的行为。比如说，如果借钱的是头一次见面的人，基本等同于陌生人，这时就会运用公平法则，有什么好处，利息以及信誉如何，如果尚可，可以考虑一借，否则不会施以援手。如果借钱的是自己的亲人，那就没得讲，只要自己有能力帮忙尽量帮忙，即使没有，也会到处想办法，因为这是亲人，实施的是需求法则，亲人提要求，一般我们不会拒绝。如果借钱的是熟人呢，那就得按照人情法则来行事，借钱的时候想的是能否有往来，我借你钱是因为你以前帮助过我，而今天我借你钱，也希望明天我遇到困难的时候得到你的回报。

那么，这种人际关系的规律对于领导者而言有什么意义呢？很简单，中国人一般采用一种随关系远近而实施不同交往策略的特点，简言之，对于关系比较亲密的人，会实施更为亲和的方式与之交往；而对于关系比较疏远的人，则会采用更为冷漠的方式与之交往。领导者在我们这样一个文化下做事，必须处理好各方面的关系，能够自如地与人交往，才能更好地促进工作、影响身边的人，比如影响你的下属、追随者。

（二）人际关系的管理运用

既然在不同的关系定位下人际互动运行的法则不一样，与下属关系亲密的领导，更容易受到下属的认可、更可能对其他人施加管理影响，那么，领导者与追随者拉近关系之后再做管理影响工作，也是工作的一个必然选择，这其实也是我们在众多管理实践中所观察到的现实。那么，如何才能和下属“拉近关系”呢？

1.行动上，多进行私下交流

我们知道，关系越亲近越容易答应一个人的要求，亲人关系的运行法则是需求法则，即只要对方认可你是他（她）的亲人了，什么要求对方都会毫无原则地答应。对于如何达到亲人关系，港台地区的心理学者们曾提出的一个概念很有启发意义：“拟亲人场景”。其中暗含的意义是，如果你想和别人营造一种亲人般的关系，必须在一种类似与亲人在一起的场景下交流。那么，亲人们在一起干什么呢？吃喝玩乐，分享秘密。当然，领导者和下属的交流不一定这么完全亲人化，以至于影响了自己的威信，甚至违反了相关的禁止公款消费的干部管理规定，就得不偿失了。我们借用“拟亲人场景”的理念，是鼓励在一些特别的工作处理中，做好和下属的私下交流，像亲人一样满足其情感需要。

这里提醒领导者，包括下属的态度不认真、工作不上心，许多时候并非能力所限，其背后的原因只是和领导的关系不大融洽，从而做事敷衍而已。要让下属做好事，必须事先建立好和下属的关系，关系好了，事情也就好办了。

通过私下交流的方式，不仅能改变下属的工作态度，而且也容易将一些“困难”工作布置下去。在工作中，总会有一些工作内容，干好了大家觉得正常，干得不好，影响非常恶劣，谁也不愿意去干。这种工作，如果你执意安排给某个下属，他也会一肚子情绪，觉得领导有为难自己的意思。按照规章制度，往往难以解决此类的工作安排，这时候，在中国式的领导情境中，许多人会采用先拉关系，再安排工作的策略。现在的年轻人，往往有知识有文化，古语云，“士为知己者死”，作为有文化的人，领导私下又表明这么看重自己，不勇于承担、认真完成工作真的说不过去，一般便会应承相应的工作了。

这里我们还要必须强调一下：拉近与下属的关系要点在于，不是在工作场景内如何互动，在一个办公室工作10年，也不见得彼此关系亲密。关系的拉近往往取决于在非工作时空，与相关的人物有多少与工作无关的良性互动，这才是关系亲密的要点。

2.政策上，多占据私人时空

如果说行动上私下交流是为了满足下属的情感需要，那么政策上多占据私人时空就是为了培养下属对于环境的依赖。在这一点上，那些企业管理的大师们做得更好。

IBM（国际商用机器公司）的创始人托马斯·约翰·沃森（Thomas John Watson）被誉为“计算机之父”，在对IBM的管理中就充分利用了上面说的这一点。沃森在管理中首先提出三条要求：第一，必须尊重每一个人；第二，必须为用户提供尽可能好的服务；第三，必须创造最优秀、最出色的成绩。这些措施极大地激励了全体员工团结向上的积极性。为了实践他对员工爱护的理念，他在IBM首创了终身雇佣制，使得员工消除了后顾之忧，进而乐于为公司尽心尽力。而且，尤为特别的是：沃森开创式地在厂区附近建立了一个乡村俱乐部。包括两个高尔夫球场和一个射击场。任何IBM的职工一年只需交一元会费就可以参加和使用。

从心理学上看，成立乡村俱乐部的好处在于员工不管是在工作时间和休闲时间，都可能在一起，而在一起就免不了互动，互动中就容易增进情谊，就容易拉近彼此关系，就容易在随后的工作中更有效地沟通。本来，工作之外的时空是属于私人的，但是由于企业乡村俱乐部的存在，私人时间又分配给了企业，带来了有利于企业发展的更好的关系与有效的沟通。在管理学上，“乡村俱乐部式管理”就是一种注重需求、工作满意度、友好的组织气氛和工作环境的管理模式。

其实，类似于“乡村俱乐部”的管理策略，在中国文化的管理中，更是屡见不鲜。传统的中国企业，办食堂、办幼儿园、办学校，这种企业小社会的设置，就是把人从单位到家庭，从个人到家属都绑定在了一起，别的不讲，彼此之间的人际往来肯定增多了，这种安排实质上也是有利于工作中的个体彼此沟通的。

当然，党政机关等部门，也往往有家属楼、家属院、附属幼儿园等设置，这在工作层面上说，也是促进了工作人群的彼此沟通，也对后续的工作产生着影响。近些年来，中小型企业中流行的团建活动，也产生了类似的效果。团队建设的活动常见的是以聚餐为主，同时举办各种集体活动。国外的研究发现，仅仅是通过团建聚餐，便可以促进团队的团结与凝聚力，并最终影响工作效率。

研究者走访了美国中型城市的13个消防站，考察了一个问题：一起吃饭的消防队是否比不一起吃饭的消防队工作更出色？结果发现，一起吃饭是保持团队高效运转的关键环节之一，这能让他们感到家庭般的温暖，而且在不出警时也能保持注意力集中。消防员一起吃饭和团队良好表现之间显著相关，经常团建聚餐的消防队的合作程度大约是不一起吃饭的消防队的两倍。研究的结论是，团建聚餐这种在外人看来多余的行为对于组织的整体表现有很高的重要性。

当然，回到国内党政机关的工作现实，禁止公务吃请的原则必须遵守，但有许多策略可以使工作中的人在工作之外多交流和沟通，比如工会组织的各项活动，过年过节的庆祝安排，一些党团活动的开展，鼓励下属多多参与组织多种活动等，也是彼此人际交往沟通的好时机，最终将有利于下属工作效率的提升。

第十九章　情境管理与团队引领

组织和团队都是工作情境下常用到的概念，它们都是由多人组成的群体，都有一个基本的共同目标或者使命。管理学者斯蒂芬·P.罗宾斯（Stephen P. Robbins）认为，团队就是由两个或者两个以上的，相互作用、相互依赖的个体，为了特定目标而按照一定规则结合在一起的组织。然而，如果从概念辨析的角度，组织与团队还是有一定区别的：比如，在工作表现上，工作组织中成员侧重于个人能力与个人结果的表现；而工作团队在资源、信息共享的基础上，侧重于团体的整体业绩，共同成长。再比如，在工作责任感上，工作组织之中，由于彼此的配合度低，强调各自守好自己的一亩三分地，突出个人部分的利益。可能一个工作组织中，人人都是等量的人才，但由于相互性不强，最终结果是每个人都达成了个人目标而团队目标却未达成。

可以认为，团队是一种特殊的组织，是建立在工作组织之上的；团队成员与组织成员相比，要求有较高的修养与内涵，更乐于奉献与学习。因此，许多时候，尤其是在日常的工作场景下，一个管理者常常会愿意说“我们团队”，而不是说“我们组织”，很多人也会把工作组织与工作团队统合起来，不加区分。在本章中，对组织与团队做出精细的区分也不是我们关注的重点，我们将以实践工作为出发点，重点谈谈权变管理的理论及其在团队实际管理中的意义。首先，我们谈了管理权变理论的发生发展，随后，讨论了权变理论和情境领导理论如何利用于团队管理的实际。

一、权变理论和情境管理

（一）权变理论及其管理应用

传统的管理理论，如泰勒的科学管理理论，一般的思路在追求理论的普遍适用性和最合理的原则、最优化的模式，换言之，在传统管理中，试图找到一种“放之四海而皆准”的管理上的规律，可以说，寻找一般规律确实是科学研究的方向，这种思路也促进了管理的科学化和现代化。

然而，20世纪60年代以后，在西方，美国经济空前发展，企业规模的发展变化对管理提出了新的挑战；同时，人们的生活水平迅速提高所带来的多样化和多层次需求，对领导方式、激励方法、人事管理提出了新的要求。对于这些变化，传统的理论有些难以应对。此外，传统管理理论往往从封闭系统的角度看待组织及人群关系，主要侧重于研究加强组织内部的管理，从而忽视了社会外部环境对组织的影响，这也明显与变化的时代要求不相符合。正是在这样的时代背景下，人们不再相信管理实践会有最佳的行动方式，而是必须根据情境的改变采取相应措施，由此形成了一种根据所处环境条件采取对应管理方式的理论，即权变理论。

1.权变理论的基本理念

权变理论的核心要义在于因势制宜和权宜应变。与传统的更侧重于宏观、抽象层面的理论不同，权变理论更为具体，强调各分系统间的更特殊的特征和相互关系模式，强调管理中的实践指导与具体技术细节。很明显，这有助于人们对情况的诊断，这种诊断将导致出适于具体情况的管理行动。因此，权变理论逐渐成为管理理论的主流便是一件自然的事了。

最早提出权变思想的人是心理学家费德勒（Fred E.Fiedler）。在15年调研的基础上，他提出了一个“有效领导的权变模型”，即费德勒模型。这个模型是最早，也是最著名的权变理论。该理论的核心观点是，有效的群体绩效取决于以下两个因素的合理匹配：一是与被领导者相互作用的领导者的风格，二是情境对领导者的控制和影响程度。其中，一个人的基本领导风格是领导成功的关键因素。

所谓领导风格，一般指惯性化的领导方式所表现出的种种特点。这种行为方式在长期的个人经历、领导实践中逐步形成，并在领导实践中自觉或不自觉地起作用，具有较强的个性化色彩。不同的领导在影响下属的过程中表现出不同的领导风格。领导者的领导风格主要受过去的经验和现在情境的影响。费德勒将绝大多数领导风格划分为两个类型：任务导向型与关系导向型。

具有任务导向型领导风格的管理者，很关心生产，表现出重任务的特性，因为他最关心的是工作。这样的领导是以完成任务需要为主，而以维持良好的人际关系需要为辅。换言之，任务导向型的领导主要靠任务和完成任务中获得的满意感来激励自己，凭借完成任务的好坏来实现自我。这一类型的领导更加关注与任务有关的事情，包括计划和安排时间表、明确群体成员的职责、协调下属之间的活动、提供必要的帮助。这一类型的领导也承担着帮助团队成员合作的职责，但是他们协调的合作更多的是功能性的而不是关系型的。他们最不愿意合作的人是那些不能胜任工作的人。如果他们领导的团队没有成功地达到工作目标，他们很可能苛责地对待下属，其方法通常是高惩罚性的。如果下级令人满意地完成了分配的任务，他们就会试图与他们建立并保持良好的关系，并满足于对细节和常规事件的控制。

与之相对应，具有关系导向型领导风格的管理者，很擅长与合作者处理工作关系，表现了重关系的特性，因此即使对一个自己认为最难共事的人评价也不太坏，说明他必想到此人工作活动以外的其他表现。这样的领导以搞好人际关系需要为主，而将完成任务需要为辅。换言之，这些领导主要从建立和保持密切的人际关系来获得满足，通过与其他人建立良好的人际关系来实现自我，只有在人际关系的主要需要得到满足之后，完成任务的次要需要才变得重要。这种类型的领导重视与人沟通和正面激励，有利于促成合作，提高下属的满意度。但他们容易对琐碎的细节产生厌恶的情绪，而会更加关注社会交往，他们最不愿意与之合作的人是那些不忠诚、不给予支持的人，而不是那些无法胜任的人。

那么，在具体的工作实践中，任务导向型风格和关系导向型风格，哪种更起作用？这里没有固定答案，费德勒提出，领导风格的管理效果还必须依赖“领导情境”这一复杂的变量，而这一情境，必须考虑领导—成员关系、任务结构、职位权力三个要素：

领导—成员关系，是指团体成员对领导者的情感，包括下属对其领导人的信任、喜爱、忠诚和愿意追随的程度，以及领导者对下属的吸引力。如果领导者与成员有良好的关系，或者他们被信任、尊重，他们会觉得团队具有凝聚力，自己得到了成员的支持，可以依靠成员对自己的忠诚。在这种情况下，领导者就可以通过高度控制来实施自己的想法；而在团队松散或缺乏对领导的尊敬与支持时，领导者的控制程度就比较低。因而拥有好的人际关系的领导就比没有好的人际关系的领导拥有更大的权力和影响力。这是最为重要的起决定性作用的影响因素。

任务结构对情境的有利影响位居其次。它指的是团体目标与任务的界定是否明确及妥当，有无含糊不清之处。包括目标对成员来说是否清晰，是否能够让下属明确他所承担任务的上下所属的关系，成果的可测度如何，其规范和程序化程度如何，解决问题的方法是否具有正确性及完成任务的途径或手段之多寡等。通常说来，高度结构化的、有详细说明或计划的任务和作业，比那些模糊的、说明不充分的和缺乏组织性的任务能给予领导者更多的影响力。一项组织得较好的任务有清晰明确的目标及程序，有有限次数的正确解决问题的路径和正确答案，并且易于评价。一项未组织的任务，它的目标是不明确的，几乎没有或很少有执行任务的程序，存在许多执行的方法，答案繁多，很难证明哪个答案是正确的。当领导者执行一项有组织的任务时，他进行控制的难度不大，但对一项未组织的任务，领导就不好控制了。

职位权力是情境有利影响最弱的要素。它是由领导者对他的下属有多少权力决定的，通常是指奖赏性、强制性与合法性的权力。简言之，就是领导者所处职位的固有权力。包括其所处的职位能提供的权力和权威是否明确充分，在上级和整个组织中所得到的支持是否有力，对雇用、解雇、晋升和增加工资的影响程度大小。如果领导者所处的位置被授予更多的特权，领导者就会有更多的权力和影响力。拥有较多正式权力的领导者比那些权力少的领导者会感到更容易控制任务的执行。

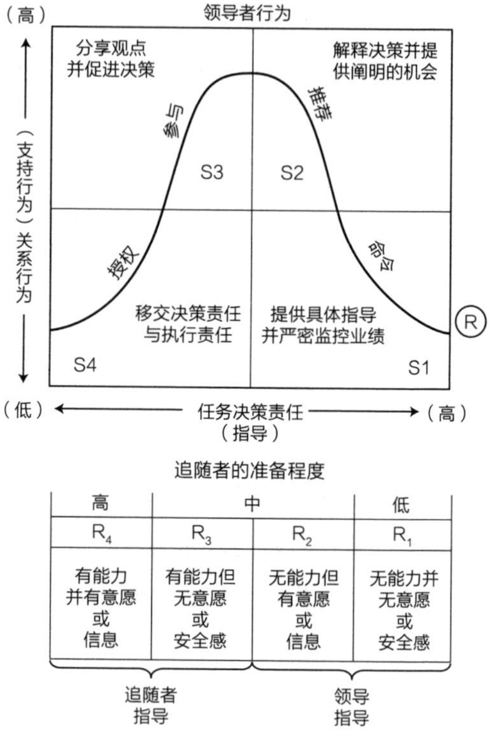

图19-1　情境领导模型

将这三要素的相对权重放在一起考虑，就形成了情境控制变量，根据情境变量的好坏、高低、强弱情况，费德勒区分出八种情境组合，代表不同的情境有利性水平，而对这些情境不同的领导风格下，会展现不同的管理效果，这也是费德勒权变模型所表达的内容。

2. 对新生代下属的权变管理

可以说，费德勒关于领导情境中领导—成员关系、任务结构、职位权力三因素的考虑是有意义的，那么这种思想如何运用到我们的管理实践中，比如对于新生代下属的管理？针对千禧一代下属现实主义、自我中心、崇尚自由等特性，我们可以依据费德勒的三要素在管理中有针对性地进行处理：

首先，在领导—成员关系方面，新生代员工会关注发号施令的领导者本身对相关要求的执行程度，尤其是该要求与切身利益存在冲突时；领导者的执行程度，会严重影响崇尚自由平等的新生代员工的贯彻度。因此，领导者若想获得新生代员工的认同，必须体现出以身作则、率先垂范的领导风格。同时，领导者应建立起常态化的沟通机制，运用如网络平台、座谈会、员工满意度调研等灵活多样的形式，让新生代员工可以放心、及时地发表对管理现状或问题的看法，使其有获得感、有成就感、有展示闪光点的平台。

领导者还需要注意疏导新生代员工的心理压力，在入职、岗位变动、绩效考核、组织变革等特殊时期，为员工提供涉及个人职业发展、生活、理财、法律、心理等方面的咨询服务，帮助新生代员工处理好感情、生活、工作的苦恼与问题，解决其后顾之忧，引导其对问题的全方位思考。

其次，在任务结构方面，领导者需要根据其成长的不同阶段，设计调整不同的工作任务。新生代的下属对于信息收获与处理方面具有优势，但对于其如何将储备知识与实际相结合方面却存在不足，对工作的专注度也往往存在不如人意之处，因此，领导者在布置任务的时候，要注意其工作优势的发挥，同时随着职业发展的变化，不断对工作任务进行多样化、丰富化的组合与演变，以适应新时代下属的认知优势与特性。与此同时，针对新时代员工参与度高、自我意识强的特性，领导者要鼓励下属参与决策，让其参与决策的过程，实际上也是对政策有效宣传的过程，最终促使其实现“被动服从→主动接受→形成习惯→自觉体现→成为榜样”的逐步转化。

最后，在职位权力方面，领导者需要营造兼容并包多元化的组织氛围。新生代的下属注重自由与自我，所以领导者应尽量避免家长专制风格和命令式工作布置，努力营造倡导民主、开放的管理环境，建立容错机制和塑造宽容的管理氛围。对于一些非原则性问题，多运用启发、引导的方式，即使新生代员工能感受到有充分地发挥特长、提出想法的空间，又能保证组织朝期望方向前进。此外，针对新生代员工注重现实，关注自我利益的特性，领导者要特别注意对涉及员工切身利益的内容，如薪酬、职业发展、休息休假、员工奖惩等，必须保证合法、合规、合程序，构建起和谐的劳动关系，以消除新生代员工的猜疑与困惑，并避免其因感知权益受到侵害而引致报复行为，使其注意力能集中在提升劳动效率、发挥岗位价值的目标上。

（二）情境领导模型及其实践

费德勒模型的“权变管理”的思想打破了静态企业管理中所提倡的普遍性管理原理，具有开创性的意义，同时，也激活了更多的相关理论研究与实践应用。这其中，最具代表性和影响力的是赫西和布兰查德（Hersey &

Blanchard）提出的情境领导模型。

1.情境领导的基本理念

情境领导模型认为，领导的行为要与追随者的成熟程度相适应，才能取得有效的领导效果，也就是说领导风格不是一成不变的，而要根据环境及员工的变化而改变。该模型在考虑了领导者的工作行为和支持行为之外，还重点考察了追随者成熟程度。该理论也正是根据这三个因素之间的曲线变化关系来研究领导方式的。根据领导情境理论，当下级成熟程度提高时，领导行为也需相应地变化，从工作为主逐渐转变为以关系为主，最后需要重视其自主性。情境领导模型可概括为图19-1所示。

情境领导模型重点考察了如下要素：

一是两种领导倾向互动下的四种领导风格。

情境领导认为领导行为体现出两种倾向：一种是任务行为倾向，被定义为领导详细地向下属说明在哪儿、谁来做、做什么、怎么做的倾向，这与费德勒的任务导向风格相对应；另一种是关系行为倾向，被定义为领导执行双向或多向交流的倾向。交流行为包括倾听、提供方便与支持，这与费德勒的关系导向风格相对应。

接下来，比费德勒更进一步的是，这两种领导行为倾向相互作用产生了四种领导风格：

- 命令式。用S1表示，这种风格表现为高任务行为和低关系行为。通常这种领导会告诉你做什么，为什么，什么时候完成，怎么做等等。决策由领导者自己来制定，更多地采取单向沟通的方式，领导者说下属听。领导采用严密的监督，必要时运用制度和规则来进行约束。
- 推荐式。用S2表示，这种风格表现为高任务行为和高关系行为。用推荐式风格的领导者在做决定时通常会征求下属的意见，在听取下属意见的基础上最终做出决定。但决策的控制权仍然掌握在领导者手中。推荐式的领导者会在巡视中随时给予下属反馈，认可员工好的行为和表现，纠正工作偏差。

- 参与式。用S3表示，这种领导风格表现为低任务行为和高关系行为。尽量激励下属自己去做，而不是告诉下属如何去做。参与式领导风格和方法在做决策的时候有一个特点，就是让下属参与进来，创造一种宽松的气氛；鼓励下属提问，跟下属共同做决定。一个参与式风格的领导者常常举行团队会议，通过群策群力，集思广益。大家共同做决定。
- 授权式。用S4表示，这种领导风格表现为低任务行为和低关系行为。领导让下属自行决定如何做。授权式的领导风格和方法将决策权完全交给下属，允许下属去进行变革，明确地告诉下属希望他们自己去发现问题，纠正工作中的错误，让下属在一个更为广阔的平台上。

以上四种领导风格的任意一种都可能在特定的环境中生效，能影响其成功的关键变量在于追随者的成熟程度。

二是追随者成熟程度的两个方面、四种类型。

首先，追随者的成熟程度包括两个方面：工作成熟度和心理成熟度。工作成熟度主要指追随者拥有的与任务相关的知识、经验、能力。心理成熟度是指追随者的意愿、信心、努力。这两方面因素是相互作用的，个人意愿和信心不仅影响能力的运用，而且影响能力的提高。而这两个方面的高低组合形成了追随者成熟过程的四个水平：

- 水平1为R1：没完成任务的能力并且缺乏完成任务的意愿和信心。
- 水平2为R2：没完成任务的能力但愿意完成任务，也自信能完成任务。
- 水平3为R3：有完成任务的能力，但对自己没信心，也不愿意完成任务。
- 水平4为R4：既乐意完成任务，又具备完成任务的信心和能力。

最后，在情境领导模型中，为了代表特定的追随者成熟度所适应的有效领导行为，赫西和布兰查德在模型中增加了一条曲线。为了使用该模型，领导应当首先评估下属与任务相关的成熟度水平（R1~R4）。然后从成熟度的中心画一条总线，直到与“领导者行为”图中的曲线相交。这个焦点所在的象限代表了最有可能得到最佳成果的任务和支持行为的水平。通过4个领导行为象限的领导风格曲线，可知追随者从水平1发展到水平4分别适宜的领导风格为命令式、推荐式、参与式、委派式。

2.情境领导的应用案例

对于情境领导模型中不同员工的管理，在一些组织的管理实践中得到了贯彻。比如，在某著名互联网企业的人才盘点矩阵中，他们根据下属的能力和态度，用通俗的动物类比，将其划分为五类员工：明星、瘦狗、野狗、小白兔和牛，并根据这五类员工的不同特点实施不同的管理模式。

“明星”是指个人工作能力强、工作意愿强烈，高度认同企业价值观的员工。对于明星员工，企业就应该“捧”。不仅要给予他们资源支持，也要给予精神支持。对于表现优异的员工要采取晋升的激励方式，鼓励其更好地为企业服务，避免出现跳槽的现象。对于“明星”员工，领导者应该采取的是授权式领导方式。

“瘦狗”是指对于个人工作能力弱，而且对于企业的价值观认同度低的员工。对于此类员工，此时应该采用的是告知式领导，如果在告知无效后，要采取的方针是“杀”。这类员工增加企业负担却没有为企业带来利润，因此管理者会选择辞退这类员工。

“野狗”是指个人工作能力强，但是对企业的价值观认同度较低的员工。对于这类员工，企业会及时采取措施来提高员工对企业的价值观认同度，例如组织团建、进行素质拓展等等。因为这类员工工作能力强，会为企业带来较高的绩效和利润，因此即使是非常注重价值观认同感的企业，也不会轻易开除此类员工。但是如果不能及时提高他们的价值观认同感，长期下去会给团队带来负能量，威胁管理和制度的威望，为企业带来难以估计的后果。因此应该采用参与式领导。

“小白兔”是指个人能力弱，但非常认同企业的价值观，工作态度较好而且工作意愿强烈的员工。这类员工非常渴望提高自己的工作能力，因此对于此类员工应该采用的是推销式领导。对于这类员工，领导应多加鼓励，同时增加培训机会，提高其工作能力。

“牛”最大特点是“随风倒”，工作能力和价值观认同都处于中等水平，对于此类员工，领导者应该帮助其提升工作能力，增强其工作意愿，使其更加认同企业的价值观，争取上升为“野狗”或“明星”员工，更好地为企业服务。

在费德勒开创的权变理论道路上，情境领导模型对实践产生的影响超过了其他许多领导理论，因为它引入了领导者要根据下属能力与动机矫正自己行为这一重要概念，是领导权变理论的精髓，并区分了任务与关系两种领导倾向，使得该模式盛行于培训领域和实际工作部门。我们随后讨论的团队领导也是在这一理论的基础上展开的。

二、团队发展的管理策略

（一）高效团队及其发展阶段

从领导权变理论的发展中可以看出，没有最佳的领导方式，领导有效性取决于各种情境权变因素，没有一个统一的普遍适用的管理原则，也没有一个“最好的管理方法”。在实践层面上，团队的发展过程中也充满着各种变化，单一的管理特质和行为也很难起作用于整个历程。因此，可以说，权变理论恰好可以成为团队管理的理念基础，管理者也只有充分研究理解权变理论，然后将其运用在团队建设过程中，才能进一步提升工作绩效。

作为特定的组织形式，团队是由一定数量的员工和管理层组成的一个共同体，它合理利用每一个成员的知识和技能协同工作，解决问题，达到共同的目标。团队的发展过程也是管理情境变化的过程，从这个意义上讲，依据团队情境的变化而实施相应的有针对性的管理策略，是一种典型的情境管理。在这里，我们以团队管理为例，具体阐述情境管理的实践应用。

1.高效团队表现

一个管理者带团队的目标很明确，就是形成一个高效率的团队。高效团队往往具备如下特征：

一是目标明确。高绩效团队的成员对于团队要达成的目标要有清晰的认识和了解，所有成员都应该坚信团队目标的意义和价值，并致力于实现这一目标。目标清晰明了还包括，团队制定的目标能够有效地划分为各个子目标，并具体落实到每个成员的工作上，也就是说，团队目标必须具体、可衡量、现实可行。在高绩效团队中，每个成员都应该为团队目标所激励，愿意为实现目标做出承诺，清楚地知道在团队中他们应该承担的工作，以及熟悉实现目标的方法、手段和需要的协作关系。

二是技能完备。高绩效团队成员必须具备相关的知识、技能和能力，不但要具备专业特长或技能特长，还要具备决策力和执行力。高绩效团队需要成员间的能力结构高度互补，不能存在能力结构或知识体系上的短板。成员之间的人际沟通能力以及良好的个性品质也显得十分重要，这是处理团队协作关系、实现团队协调一致的必要保障。当然，高绩效的团队必须具备充分的创造力，因为它往往是组织开发新产品、拓展新服务领域或者新市场的中坚力量。

三是气氛和谐。在这里，首先，团队高绩效的成员必须相互信任。这种信任包括对团队其他人能力和品行的信赖和肯定。只有成员之间彼此信任，才能在工作中密切配合、相互协作，在实现目标的过程中集思广益、博采众长。其次，高绩效的团队必须有良好的沟通。这种良好的沟通不仅指拥有完善便捷的信息渠道，还包括管理者和团队成员间平等、开放、相互尊重的沟通态度。良好的沟通才能使成员的工作形成合力，并及时处理问题、消除误解，正确理解彼此的想法和情感。最后，高绩效团队必须使成员具有高度的团队认同感，使他们认同团队目标的价值和重要性，忠实于自己的团队、愿意为团队做贡献，愿意为实现团队目标发挥自己最大的潜能。

四是有效领导。高绩效团队的领导，应该能够为团队成员指明前途所在。他应该在团队中鼓舞成员信心，帮助成员认识自己的能力和不足以及开发自己的潜能。高绩效团队中的领导往往不依靠指示、命令或控制来运作团队，他应该成为团队的教练和后盾，对团队提供指导和支持，但不会试图完全控制它。

五是适当激励。团队的目标也要解释为具体的、可测量的绩效目标。高绩效团队中的测评系统应及时向上级报告团队的绩效，并帮助团队成员了解自己的进度。团队和个人一样需要对绩效的反馈，及时的绩效反馈能够强化团队的进取精神和承诺。当然，团队激励对于打造高绩效团队是必不可少的。团队激励和个人激励有很多共同之处，但是组织在激励团队时，一定要注意在激励团队个人和激励团队整体上实现平衡。

2. 团队发展阶段

很明显，高效团队不是一蹴而就的，它的发展常常会形成不同的阶段，并在不同的阶段具有不同的特点。关于团队发展阶段的划分，不同的学者观点并不相同。例如，有人将团队发展阶段划分为成立阶段、震荡阶段、规范化阶段、高产阶段和休整阶段。也有学者将团队发展划分为四个阶段，分别是：形成阶段、规范阶段、风暴期和执行阶段。还有人将团队发展划分为预备团队阶段、新团队阶段和成熟团队阶段。综合各家观点，并结合情境管理模型，我们将团队的发展划分为组建阶段、磨合阶段、规范阶段、成就阶段四个阶段。下面，我们对团队发展各个时期的特点作一简要介绍：

一是组建阶段。当一名管理者刚接手一个团队的时候，往往也是这个团队刚刚组建的时期。在这个阶段，首先要得到上层领导和组织的支持，然后选定团队创建人，接下来要完成一系列的准备工作。

在团队的组建阶段要完成团队方案的勾画和其他准备工作，一般要花费几个月的时间。这一阶段首先要考虑的问题是团队的定位。这包括：其一，创建者必须根据团队的任务、目标来思考创建一个什么样的团队，即团队的类型与功能；其二，本团队应该控制在多少人的规模；其三，本团队应该包含哪些必需的技术人才、管理人才等，各自的角色是什么。对这些问题，创建者必须拿出一个明确的规划来。如果目标不明确，在选择团队成员的时候会出现成员配合不当的问题。当团队得到正式认可并召开第一次会议后，这一阶段的工作即告完成。

当这一阶段结束时，团队的每个成员都应该清楚本团队能够达到的组织愿景。

接下来，团队要建立与外界的初步联系。这种联系包括建立起团队与组织的联系、确立团队在组织中的权限、建立组织对团队绩效进行考评的制度、确立组织对团队行为进行激励与约束的制度体系。另外，还需要建立团队与组织外部的协调关系，如建立于顾客关系、行业协作者的联系，努力与社会制度和文化取得协调等。

团队组建初期，在团队成员的心理表现中，成员之间最渴望的是增进相互的了解和交往，彼此表现出一种在一起的兴趣和新鲜感受。每一个团队成员都希望尽快了解他人对自己的期望和印象，以及初步的评价，这种评价包括其他成员对自己品格和工作能力的评价。由于组建初期团队的规范、目标、价值观和领导还不明确，团队中的成员都在努力摸索团队的规则和价值观，希望尽快形成团队的规范和共同的价值取向。

团队组建初期，团队成员在行为方面则可能表现为：在完全了解情势之前，不会轻易投入；承受着可能的对个人期望的模糊和不确定状况；保持礼貌和矜持，至少一开始不表现出敌视态度，等等。

二是磨合阶段。也有人称之为激荡期，或风暴期。团队在经过了组建阶段后，原先的新鲜感和冲动感会逐渐消失，成员彼此的性格特征和行为风格的差异会逐渐暴露出来，冲突也在产生，而且是不可避免的。这就需要团队成员学习如何协作和沟通，同时需要在工作任务方面进行磨合，这时，团队运行就进入到了震荡阶段。在这一阶段，虽然团队成员接受了团队还在，但对团队加给他们的约束，仍然予以抵制。

这一阶段的激荡包括成员与成员之间、成员与环境之间、新旧观念与行为之间三方面的磨合。

首先，团队进入磨合期后，成员之间由于立场、观念、方法、行为等方面的差异必然会产生各种冲突。此时，人际关系陷入紧张局面，甚至出现敌视等强烈情绪以及向领导者挑战等情况。

其次，团队成员在新的环境中一时难以适应。因为成员可能对团队采用的技术系统或新的制作技术不熟悉，难免会出差错。同时，在团队建设中，组织会考虑建立起尽量与团队运作相适应的制度体系，如新的人事制度、考评制度、奖惩制度等。但是，由于这些制度是在组织范围内制定和实施的，相对于小范围的团队来说未必有效，也就是说，针对性差，团队在这种新制度环境面前也需要调整期。而且，团队和组织中其他部门要建立新的合作关系，这种关系的磨合也需要一定的时间，这期间也会产生各种各样的矛盾冲突，需要进行各方协调。

最后，组织建立团队这一形式本身就是一种管理上的变革，这种变革不仅是组织形式上的，还包括了管理理念上的创新。团队中的成员来自组织中的相关部门，沿袭了过去习惯的管理模式或工作方式，在新的团队中却需要尽快转变思想，这也会造成团队成员心理上的冲突。

这一阶段，团队成员的心理表现可能有以下表现：因为期望和现实的脱节而产生了一定的挫折感和焦虑感，在一定程度上失去了完成任务的信心，对工作能力的自我感知度降低；团队中人际关系紧张、冲突加剧，成员之间的抗拒、嫉妒和负面情绪开始表露出来，对其他成员的耐心也有所下降；当问题和冲突出现时，往往归因于团队领导的能力和素质，容易攻击团队领导的权威。磨合阶段，也是最考验团队领导耐心的阶段。

三是规范阶段。在团队建设的过程中，经过了磨合阶段，团队开始逐步走向稳定和成熟，沟通之门打开，相互信任加强，团队内部成员的人际关系由分散、矛盾逐步走向凝聚、合作。团队成员开始关心团队的共同发展问题，并开始建立工作规范和流程，团队的工作特色逐渐形成，成员们的工作技能也有所提升。

这一阶段也成为组织建设团队文化的最有利时期。团队文化建设内容是培养成员互助合作、敬业奉献的精神，增强对团队的归属感和凝聚力，促进团队共同价值观的形成，鼓励团队成员为共同承诺的团队目标尽责。

这一阶段，团队成员的主要心理表现为：团队内部成员之间开始形成亲密的关系，团队表现出一定的凝聚力；成员会产生强烈的团队身份感和友谊关系，彼此之间保持积极的态度，表现出相互之间的理解、关心和友爱，并再次把注意力转移到工作任务和目标上来，大家关心的问题是彼此的合作和团队的发展；在新旧观念的交锋中，新型的观念逐渐占据上风，并逐渐为团队成员普遍接受。这一阶段的最大问题是：团队成员怕发生冲突，怕得罪他人而不敢提问题，不正面提出建议。

这一阶段团队成员的行为表现主要有：团队成员对新的技术、制度逐步熟悉和适应，并在新旧制度之间寻求某种均衡；团队与环境的关系逐渐理顺，团队绩效稳步提升；团队成员的忠诚度提高，表现出积极的工作态度和努力的工作投入，个人绩效也明显提升。

总之，这一阶段团队会逐步克服团队建设中碰到的一系列阻力，新的行为规范得到确立并为大家所信任。当团队结构稳定下来，团队对于什么是正确的行为基本达成共识时，这个阶段就结束了。

四是成就阶段。如果规范阶段能够顺利度过，就会发展到高效运作阶段。在这个阶段，团队结构已经开始充分地发挥作用，并已被团队成员完全接受。团队成员的注意力已经从试图相互认识和理解转移到充满自信地完成手头的任务。至此，人们已经学会了如何建设性地提出不同意见，能经受住一定程度的风险，并且能用他们的全部能量去面对各种挑战。大家高度互信、彼此尊重，也呈现出接受团队外部新方法、新输入和自我创新的学习性状态。整个团队已熟练掌握如何处理内部冲突的技巧，也学会了团队决策和团队会议的各类方法，并能通过团队追求团队的成功。在执行任务过程中，团队成员加深了解，增进了友谊，除了高度的相互信任外，还可以退后一步，让团队显示自己巨大的能量。

这一阶段，团队成员的心理表现主要有：团队成员信心强，对工作能力的自我感知也在提升；团队文化定型，普遍形成了民主、平等的团队文化；团队成员的忠诚度加深，有完成任务的使命感和荣誉感；在团队任务完成并受到组织肯定和奖励时，团队成员有着成就事业的高峰体验。

很明显，在团队发展的四个阶段中，团队成员的表现不一样，心态也不同，那么，作为团队领导，就必须在理解成员心态的基础上，在不同阶段针对不同的工作重点，采用不同的管理策略，形成不同的管理模式，这样，才能收到事半功倍的效果。

（二）团队发展中的情境管理

那么，如何利用情境领导理论的相关原理，来打造一支高绩效的团队呢？很明显，团队发展的不同阶段，所需要的领导风格是不一样的，要成为高效的情境领导者，必须具备三项技能：

- 诊断。能够观察员工的行为，正确判断他们所处的情境。
- 灵活性。能够根据不同的发展阶段选择使用不同的领导风格，因人施教。同样的人在不同的任务和工作环境中，领导者也要能运用不同的领导风格。
- 建立伙伴关系。领导者和员工对发展阶段及适合的领导方法能够达成一致，共同努力提高绩效表现。

领导需要运用以上三种技能，灵活处理不同阶段的不同问题，领导的方式也应随团队的发展而变化。一般而言，不同团队发展阶段中，领导的管理重点如下。

在组建阶段，领导的重点是：团队的成立必须得到上层领导的支持。在团队创建人拿出具体规划的时候，很可能要在整个组织内部挑选成员，这就涉及组织内部的协调和沟通问题，尤其是和人力资源部门的配合问题，任何一点小的失误，都会影响创建的热情和改变创建的初衷。因此，要明确本团队直接向谁负责，谁是团队的最终裁定者，并争取得到他的有力支持。团队创建人必须花很多时间和精力带动自己的团队，因此其责任重大。首先，创建人必须明确团队的目标，分配每天的任务，进行生产流程的监控以及假期安排，还要更多地介入公司的预算方案等。其次，要把具体的目标和任务告知每个团队成员，促进团队成员之间的信任与合作，让成员共同构建团队目标。最后，还要鼓舞团队成员的士气，培养他们的团队精神。

在磨合阶段，领导的重点是：首先，领导者要做的是安抚人心，这是最重要的措施。领导者要认识并能够处理冲突，不能以权压人。领导者还应当鼓励团队成员对有争议的问题发表自己的看法，积极进行有效的沟通。其次，领导者要带领团队成员建立工作规范，并做到以身作则。最后，领导者要调整自己的角色定位，要给予团队成员充分的授权，鼓励支持团队成员参与决策。

在规范阶段，领导的重点是：领导者要做好团队成员的培训和潜能开发，使团队成员迅速掌握工作技巧、熟悉工作流程，并实现团队的协调与合作；领导者要带领团队成员与组织中其他部门或团队建立良好的工作关系；领导者要引导团队成员接受和认同团队的文化，使团队成员对团队忠诚。

在成就阶段，领导的重点是：领导者要思考和推动变革，更新业务流程与工作方法；领导者要逐步给团队成员下达具有挑战性的目标，鼓励和推动员工的成长；领导者要及时监控工作的进展，通过承诺而非管制达到更佳的效果；领导者要充分及时地肯定团队的整体成就，并承认个人的贡献。

参考文献

一、中文文献

1.金盛华主编:《社会心理学》(第二版),高等教育出版社2010年版。

2.金盛华、张杰:《当代社会心理学导论》,北京师范大学出版社1995年版。

3.［美］理查德·格里格、菲利普·津巴多著,王垒等译:《心理学与生活》,人民邮电出版社2014年版。

4.时蓉华:《现代社会心理学》,华东师范大学出版社2007年版。

5.时蓉华:《社会心理学词典》,四川人民出版社1988年版。

6.佐斌:《刻板印象内容与形态》,华中师范大学出版社2015年版。

7.郑全全、俞国良:《人际关系心理学》,人民教育出版社1999年版。

8.郑雪:《社会心理学》,暨南大学出版社2004年版。

9.陈福今、唐铁汉:《公共危机管理》,人民出版社2006年版。

10.［法］古斯塔夫·勒庞:《乌合之众:大众心理研究》,世界图书出版公司2013年版。

11.［美］戴维·迈尔斯著,侯玉波、乐国安、张智勇等译:《社会心理学》,人民邮电出版社2016年版。

12.李飞主编:《〈中华人民共和国突发事件应对法〉释义及实用指南》,中国民主法制出版社2007年版。

13.麻宝斌、王郅强等:《政府危机管理理论与对策研究》,吉林大学出版社2008年版。

14.聂晓阳:《态度比事实更重要:领导干部网络素养与舆论危机应对》,新华出版社2013年版。

15.汪永清主编:《中华人民共和国突发事件应对法解读》,中国法制出版社2007年版。

16.王来华:《舆情研究概论:理论、方法和现实热点》,天津社会科学院出版社2003年版。

17.杨兴坤:《舆情引导与危机处理》,中国传媒大学出版社2015年版。

18.杨艳杰:《危机事件心理干预策略》,人民卫生出版社2012年版。

19.张永理、李程伟主编:《公共危机管理》,武汉大学出版社2010年版。

20.赵玉芳:《社会转型时期群体性事件的心理学研究》,东南大学出版社2016年版。

21.孙宏伟等:《心理危机干预》,人民卫生出版社2018年版。

22.郭念锋主编:《心理咨询师(三级)》,民族出版社2012年版。

23.郑希付主编:《心理咨询原理与方法》,人民教育出版社2008年版。

24.迟毓凯主编:《领导心理学》,暨南大学出版社2012年版。

25.黄光国、胡先缙:《面子:中国人的权力游戏》,中国人民大学出版社2004年版。

26.彼得罗夫斯基、施巴林斯基、卢盛忠:《集体的社会心理学》,《应用心理学》1981年第2期。

27.毕鹏程、席酉民:《群体决策过程中的群体思维研究》,《管理科学学报》2002年第1期。

28.李朝旭、冯文侣:《社会助长研究的历史与现状》(Ⅱ),《心理科学进展》1999年第4期。

29.罗殿军、李佳晏:《论自我监控程度与印象管理之间的关系及影响》,《理论界》2008年第11期。

30.夏倩芳、原永涛:《从群体极化到公众极化:极化研究的进路与转向》,《新闻与传播研究》2017年第6期。

31.杨懋、祁守成:《囚徒困境:从单次博弈到重复博弈》,《商业时代》2009年第2期。

32.佐斌、刘晨、温芳芳等:《性别化名字对个体印象评价及人际交往的影响》,《心理学报》2021年第4期。

33.赵静波、范方:《疫情心理援助与典型案例剖析》,《华南师范大学学报》(社会科学版)2020年第3期。

34.《国家突发公共事件总体应急预案》,《中国中医基础医学杂志》2006年第1期。

35.国务院应对新型冠状病毒感染的肺炎疫情联防联控工作机制〔2020〕8号:《新冠肺炎的心理危机干预指导原则》。

36.韩振文:《群体性事件发生的认知心理机制及其法治化防控》,《学术交流》2017

年第8期。

37. 季建林：《危机干预的技术应用》，《中华行为医学与脑科学杂志》2012年第4期。

38. 栗鑫：《网络舆论功能的社会心理学分析》，《青年记者》2009年第18期。

39. 林小曼、宋群、童涌：《突发公共卫生事件过程中心理危机干预的重要性》，《海南医学》2021年第10期。

40. 刘妍：《从社会心理学角度分析群体性事件》，《智库时代》2017年第12期。

41. 刘正奎、刘悦、王日出：《突发人为灾难后的心理危机干预与援助》，《中国科学院院刊》2017年第2期。

42. 梅松丽、于佳鑫、何博武等：《高校突发公共卫生事件的心理应对分析》，《医学与社会》2011年第5期。

43. 苗国厚、谢霄男：《传统媒体舆论与网络舆论的异同分析》，《社科纵横》2014年第10期。

44. 牛慧霞：《心理学视角下的突发事件网络舆情分析》，《长江大学学报》(社会科学版)2013年第4期。

45. 乔东平、陈丽：《重建期震区居民心理状况与心理援助——基于四川理县和汶川县的实地调查》，《华中师范大学学报》(人文社会科学版)2011年第1期。

46. 盛月红、吴菁、叶旭春：《灾难救护医护人员心理救援能力培训需求调查分析》，《解放军护理杂志》2015年第8期。

47. 隋双戈、黄晓鹏、王孟成：《灾难救援的青少年团体心理咨询：“简快重建法”初探》，《中国青年政治学院学报》2011年第1期。

48. 田瑞琪：《灾后心理援助督导中存在的问题及关键概念》，《中华灾害救援医学》2017年第5期。

49. 谢晓非、郑蕊、谢冬梅等：《SARS中的心理恐慌现象分析》，《北京大学学报》(自然科学版)2015年第4期。

50. 张丽霞、原岩波、王泽荣等：《汶川地震后1个月内不同受灾群体心理应激状况调查》，《中国心理卫生杂志》2010年第2期。

51. 张赛宜：《群体性事件形成过程的社会心理学分析》，《政法学刊》2018年第3期。

52. 张童童、葛操：《突发性公共事件的心理危机干预研究》，《现代预防医学》2009年第17期。

53. 赵彬、毕银花、闫同军等：《汶川地震救援官兵创伤后应激障碍患者的生存质量》，《中国心理卫生杂志》2011年第8期。

54.杨蕴萍、王倩：《创伤：精神分析进展》，全国首届心理创伤治疗和危机干预学术研讨会文集，2005年。

55.刘琪：《情境领导理论下的阿里巴巴人才盘点模式》，《现代营销》2019年第11期。

56.孙健敏、张晶：《基层党政领导干部胜任特征模型研究》，《领导科学》2010年第6Z期。

57.杨铭：《基于新生代员工特点的领导模式转型》，《中国商论》2020年第21期。

58.赵曙明、张敏、赵宜萱：《人力资源管理百年：演变与发展》，《外国经济与管理》2019年第12期。

59.孙利虎：《群体动力学中的社会惰化研究》，《生产力研究》2010年第9期。

60.荣鹏飞、葛玉辉、陈悦明：《基于人性假设的90后员工管理研究》，《现代管理科学》2013年第2期。

61.马荔：《突发事件网络舆情政府治理研究》，北京邮电大学2010年博士学位论文。

62.熊雪原：《精神智力与面孔吸引力对职业成功的影响》，重庆大学2019年博士学位论文。

63.孙利：《青少年对若干国民或民族的刻板印象》，华中师范大学2004年硕士学位论文。

64.赵辉：《中国地方党政领导干部胜任力模型与绩效关系研究》，西南交通大学2007年硕士学位论文。

65.傅鹏：《新闻反转剧中的媒介责任探析》，暨南大学2015年硕士学位论文。

66.徐曼颖：《网络群体性事件形成机制及政府应对策略研究》，苏州大学2018年硕士学位论文。

67.闫吉：《我国政府在重大灾难中的心理危机干预研究》，沈阳师范大学2014年硕士学位论文。

68.张烨：《心理效应视阈下的网络舆情反转研究》，长春工业大学2019年硕士学位论文。

69.卞宁：《观点采择对大学生的老年人刻板印象的影响》，华中师范大学2015年硕士学位论文。

二、外文文献

1.Bond,R.&Smith,P.B..(1996)."Culture and conformity:a meta-analysis of studies using asch's (1952b,1956)line judgment task".*Psychological Bulletin,*119(1),pp.111-137.

2.Campbell,W.K.&Sedikides,C..(1999).Self-threat magnifies the self-serving bias:a meta-analytic integration.*Review of General Psychology,*3(1),pp.23-43.

3.Farh,J.L.&Cheng,B.S..(2000).*A cultural analysis of paternalistic leadership in chinese organizations.*Palgrave Macmillan UK.

4.Gabrenya Jr,W.K.Wang,Y.E.&Latané,B.(1985).Social loafing on an optimizing task: Cross-cultural differences among Chinese and Americans.*Journal of Cross-Cultural Psychology,*16(2),pp.223-242.

5.Janis,I.L..(1982).Groupthink:psychological studies of policy decisions and fiascoes. boston.

6.Latan,&Bibb.(1981).The psychology of social impact. *American Psychologist,*36(4), pp.343-356.

7.Latané,B.,Williams,K.&Harkins,S..(1979).Many hands make light the work: the causes and consequences of social loafing. *Journal of Personality and Social Psychology,* 37(6),pp.822-832.

8.Myers,D.G.&Lamm,H..(1976).The group polarization phenomenon.*Psychological Bulletin,*83(4),pp.602-627.

9.Sauerland,M.,&Sporer,S.L.(2009).Fast and confident:Postdicting eyewitness identification accuracy in a field study.*Journal of Experimental Psychology:Applied,*15,p. 46-62.

10.Sherif,M.,Harvey,O.J.,White,B.J.,Hood,W.R.,&Sherif,C.W.(1961).*Intergroup cooperation and conflict:The robbers cave experiment.*Norman,OK:University of Oklahoma Book Exchange.

11.Stoner,J.A.F.(1961)."A comparison of individual and group decisions involving risk". Doctoral dissertation,Massachusetts Institute of Technology.

12.Sweeney,J.W..(1973).An experimental investigation of the free-rider problem. *Social Science Research,*2(3),pp.277-292.

13.Triplett,N.(1898).The dynamogenic factors in pacemaking and competition.*The American Journal of Psychology,*9(4),pp.507−533.

14.Zajonc,&R.B..(1965).*Social facilitation.Science,*149(3681),pp.269−274.

15.Anthony,V.,Rubonis,Leonard,&Bickman.(1991).A Test of the Consensus and Distinctiveness Attribution Principles in Victims of Disaster.*Journal of Applied Social Psychology.*

16.Breslau,N.(2001).The epidemiology of posttraumatic stress disorder:what is the extent of the problem?*Journal of Clinical Psychiatry,*62 Suppl 17(suppl 17),16.

17.Bromet,&Evelyn,J.(2012).Mental health consequences of the Chernobyl disaster. *Journal of Radiological Protection Official Journal of the Society for Radiological Protection,* 32(1),N71.

18.Economic,T.&Pacific,T.(2010).Protecting development gains:reducing disaster vulnerability and building resilience in Asia and the Pacific.

19.Fan,F.,Long,K.,Zhou,Y.,Zheng,Y.&Liu,X.(2015).Longitudinal trajectories of post−traumatic stress disorder symptoms among adolescents after the Wenchuan earthquake in China. *Psychological Medicine,*45(13),pp.2885−2896.

20.Gibb,T.R.Norwood Jr,D.A.Woollen,N.&Henchal,E.A.(2001).Development and evaluation of a fluorogenic 5′ nuclease assay to detect and differentiate between Ebola virus subtypes Zaire and Sudan.*Journal of Clinical Microbiology,*39(11),pp.4125−4130.

21.Green,B.L.(1981).Prolonged Psychosocial Effects of Disaster:Prolonged psychosocial effects of disaster:a study of Buffalo Creek.

22.Harrison,R.&Wu,A.(2017).Critical incident stress debriefing after adverse patient safety events.*The American Journal of Managed Care,*23(5),pp.310−312.

23.Mccormick,L.C.,Tajeu,G.S.&Klapow,J.(2015).Mental Health Consequences of Chemical and Radiologic Emergencies:A Systematic Review.*Emergency Medicine Clinics of North America,*33(1),pp.197−211.

24.North,C.S.,Tivis,L.,McMillen,J.C.,Pfefferbaum,B.,Spitznagel,E.L.,Cox,J.,...Smith,E. M.(2002).Psychiatric disorders in rescue workers after the Oklahoma City bombing.*American Journal of Psychiatry,*159(5),pp.857−859.

25.Pfefferbaum,B.J.,Devoe,E.R.,Stuber,J.,Schiff,M.,Klein,T.P.&Fairbrother,G.(2005). Psychological impact of terrorism on children and families in the United States.*Journal of aggression,maltreatment& trauma,*9(3−4),pp.305−317.

26.Roberts,A.R.(2005).*Crisis intervention handbook:Assessment,treatment,and research:*Oxford university press.

27.Schuster,M.A.,Stein,B.D.,Jaycox,L.H.,Collins,R.L.,Marshall,G.N.,Elliott,M.N.,...Berry,S.H.(2001).A national survey of stress reactions after the September 11,2001,terrorist attacks.*New England Journal of Medicine,*345(20),pp.1507–1512.

28.Schwarz,E.D.&Kowalski,J.M.(1991).Malignant memories:PTSD in children and adults after a school shooting.*Journal of the American Academy of Child&Adolescent Psychiatry,*30(6),p.936.

29.Zhou Y.,Fan F.,Li Y.,Children's Exposure to China's Wenchuan Earthquake:Men tal Health Sequelae (An International Perspective on Disasters and Children's Mental Health),Springer Nature Switzerland AG; *World Psychiatric Association,*2017.

30.Bouchard,T.,Lykken,D.,Mcgue,M.,Segal,N., & Tellegen,A.Sources of human psychological differences:the minnesota study of twins reared apart.*Science,*p.250.

31.Walster,E.,Aronson,V.,Abrahams,D.,&Rottman,L..(1966).Importance of physical attractiveness in dating behavior. J*ournal of Personality & Social Psychology,* 4(5), p.508.

32.Kandel,&Denise,B..(1978).Homophily,selection,and socialization in adolescent friendships.*American Journal of Sociology,*84(2), pp.427–436.

33.MD Back,Schmukle,S.C.,&Egloff,B..(2008).Becoming friends by chance. Psychological Science, 19(5),439–440. Whyte,W.H.(1956).*The organization man.*Simon and Schuster.

34.Sternberg,R.J..(1988).*The triangle of love:intimacy,passion,commitment.*New York.

35.Hatfield,E.(1988).Passionate and companionate love.In R.J.Sternberg &M.L. Barnes (Eds.), *The psychology of love*(pp.191–217).Yale University Press.

36.Latané,B.,Williams,K.,&Harkins,S..(1979).Many hands make light the work: the causes and consequences of social loafing.*Journal of Personality and Social Psychology,*37(6), pp.822–832.

37.Deutsch,&M.(1949).A theory of co–operation and competition.*Human Relations,*2(2), pp.129–152.

38.Deutsch,M..(1949).An experimental study of the effects of cooperation and competition upon group process.*Human Relations,*2(3),pp.199–232.

39.Miller,N.,&Davidson–Podgorny,G.(1987).Theoretical models of intergroup relations and the use of cooperative teams as an intervention for desegregated settings.*In C.Hendrick(Ed.),Group processes and intergroup relations* (pp.41–67).Sage Publications,Inc.